台灣社會、經濟與文化的變遷

賴澤涵主編　賴澤涵等◎著

通識叢書總序

　　在萬物之中，人類是極爲獨特的一種存在，這是很多思想家一致的看法。這種看法並不是單純地出於人類中心的主觀角度，而是有許多客觀事實做爲根據的。例如，亞里斯多德認爲，人之異於其他動物在於具有理性。孟子主張，人之所以爲人在於具有四端之心。亦有其他說法指出，人之獨特處在於人有自覺心，人有反省力，人有創造力，人有超越的需求。凡此種種，皆屬客觀事實，而這些獨特的條件使人類社會得以創造出知識、科學、技術、藝術、道德、宗教等等文化現象。

　　在四十六億年的地球史上，從原初渾沌未分的物質作用環境，發展到人類這種生物的出現，極其難得。而人類之能發展出繽紛燦爛的文化，更是難得可貴。人類的遠祖或許可以追溯到五百萬年前的東非猿人，但人類之創造出文化，只有不到一萬年的歷史。有了文化，不僅使人類脫離野蠻、蒙昧，使人類享有豐富的生命內涵，也讓無聲無臭、無知無覺的宇宙擁有一位參贊天地化育的夥伴。對於這難得可貴的文化，人類不僅要傳承既有的成果，更要暢通創造的本源；而這就是教育的任務了。因此，簡單的說，教育的基本目的不僅在於傳承知識與技術，更在於提升人的品質與能力，使人能夠持續追求理想、開創價值。

iii

由此看來，教育的重要性自然是不言可喻。但是，教育發展的實際情況仍然受到教育資源多寡和社會發展程度的影響。事實上，無論中西，直到西元前六世紀，教育還是少數貴族的專利。即使到了廿世紀初期，世界上能夠接受學校教育的人口比例還是很低的。這種情況一直到了廿世紀後半葉，才大幅改變。在此階段，許多國家都在快速發展，因應各方需求，教育的發展也頗爲蓬勃，其中尤以大學教育爲甚。就台灣二〇〇五年的狀況來說，大學數量高達一百六十餘所，大學錄取率接近九成。

　　在以社會需求爲主導的潮流下，當代大學教育明顯朝向工具化的目標前進：大學科系的設立以實用性爲主，課程的規劃則以專門性爲主。然而，這種趨向固然能解決一時的需求，但是似乎忘了教育的本來目的，不只是爲了滿足社會需求，亦在提升人的品質。縱使我們由實用的目標來看，過度專門化的課程使得學生知識和視野狹窄，也未必有利於社會的長期需求和個人的未來發展。在這種背景之下，美國在一九七〇年代出現大量論述，主張加強大學的通識教育。台灣則在一九八〇年代興起熱烈的討論，教育部甚至於一九八四年通令全國大學必須開設通識課程。自此，通識教育在台灣成爲一個全國性的教育議題，也成爲大學教育的一個重要領域。

　　關於通識教育的理念，談的人很多。例如，哈佛大學通識教育的原始規畫人羅斯福斯基教授主張，通識教育在於使學生達到五項標準：(1)要有最起碼的溝通與說服力，即思慮清楚、文辭達意。(2)對宇宙、社會、人類要有基本的知識，培養獨立思考判斷能力。(3)在生活品質、閱歷上有較寬廣的視野。(4)遇到進退兩難時，要在道德選擇上有足夠的明辨力。(5)在主修科目上能掌握問題的理論、方法和數據，未來可在較深基礎上觸類旁通。中央研

究院前院長吳大猷則表示，通識教育培養出來的人，要有廣闊的「知識」，要有哲學、文學、藝術的「修養」，還要有客觀分析的「習慣」和審辨的「能力」。

當代學者對於通識教育的期望很高，有人強調視野、格局、器識的培養，也有人強調天人物我的交融合諧。不過，對於在課堂上授課的教師而言，這些目標實在很難企及。因此，有些人寧可專就知識層面來談通識教育，在此，範圍雖較確定，亦有如下之目標：(1)基礎之通，如語言表達和資訊運用的基礎能力。(2)橫向之通，如在自然學科、社會學科和人文學科等領域皆有所涉獵。(3)縱貫之通，如學會某種看問題之角度或掌握一門學問之方法。這些目標較易在課堂授課中達成，但其成敗亦有賴於優良的師資以及優良的教材。

回顧廿年來，在教育部的政策支持和熱心人士的鼓吹之下，通識教育成為一個熱門的教育議題。然而，就具體落實的層面而言，通識教育仍有一些必須正視的問題。其中最常被提及的問題是，部分大學生不重視通識課程，甚至視之為「營養學分」。要改善此一問題，不能只是訴求理念上的宣導，根本的對治之道其實就是要把通識課程教好，提高課程本身的「可尊敬性」。落實優質教學是教育的基礎，更是通識教育成功的關鍵。

台灣現有大學校院多非綜合大學，各校在某些通識領域固然有優良師資，但就課程設計的完整性而言，師資陣容在廣度和深度上多感不足。我在過去幾年，因主持教育部的教學改進計畫，有機會邀集全國各個學校的專家學者組成教學團隊，分別就文學、歷史、哲學、藝術、社會學、政治學、法律等領域，設計出十多門通識課程，並撰寫教材。威仕曼文化事業股份有限公司發願將其全套出版，以供教師和學生參考。這些教材撰寫者皆一時

之選，願意在此計畫中共襄盛舉，殊爲難得，對國內通識教育的
提升必有助益。值此系列叢書出版之際，除感謝威仕曼文化公司
外，更要再度感謝各領域的召集人與教授們。

朱建民　謹識

台灣社會、經濟與文化的變遷

序

　　「台灣史」這門課在中國國民黨執政期間（一九四五至二○○○年），只是中國史的一小部分。一般而言，涉及台灣史的討論往往只侷限於原住民的來源、民族英雄鄭成功在台灣的開發及驅逐荷人、清代台灣的開發與近代化、日據時期台灣人的抗日運動與台灣人熱望回歸祖國，及建設台灣成為反共基地等有利國民黨方面的正統歷史。因此，生在台灣不知或未讀過台灣史的人很多，這就是後來民進黨執政一反國民黨的「黨史教育」或「中國教育」的背景，因而大力提倡「本土教育」，「台灣史」因而也被視為是本土教育的根本。

　　「本土教育」自然重要，一個人總是先認識自己生長的地方（空間），然後再擴大到其他地區；想熱望瞭解當代的事遠比認識古代的事要多，這大概也是認知的發展情形，過去學生被教導與生長背景無關的史實，因而也會喪失對歷史的興趣。

　　「解嚴」後，各大學院校紛紛開設「台灣史」，為了應付課程教學的需要，「台灣史」的教科書也紛紛出版，當然每本教科書都有其優缺點，但不論一個人撰寫或二、三個人聯合撰寫，多少還是受限於每個人的專長。概台灣的歷史雖然不夠四百年，但要把這四百年的重大史實精通，也並不是很容易；而歷史課分配的

時間每週只有兩節，因此要講授完整的台灣史更非易事，爲了克服這一缺點，教育部舉辦的巡迴教學講座，就必須針對學生的程度需要而設計，故本書編撰的目的即希望在短短一學期，讓學生對台灣史有概括性的瞭解，爲此我們乃邀請學有專長的台灣史史家、考古學家、人類學家和研究原住民等方面的學者，撰稿講授，兩年下來學校和學生的反應大體良好，因而乃把這些講稿集結出版，作爲院校台灣史的教材，而爲了便於學生的學習，各章作者除提供摘要外，另附研究課題及重要參考書，使有興趣的學生，作進一步的探討，有助全盤瞭解台灣史。

本書雖爲各學者教育部大學院校的巡迴講稿，但卻是他們多年研究成果的心血，本人忝爲歷史學門的召集人，對他們不辭辛苦南北奔波，傳授台灣史新知識，深爲感佩。此外，對教育部大學校院通識教育巡迴講座的總召集人，國立中央大學哲學系朱建民教授（曾任中大文學院院長、主任秘書、學務長等職）的精心策劃，本計畫的助理王怡靜小姐、黃莉芸小姐，以及歷史學門的助理王定國先生、康詩瑀小姐熱心協助，在此均表由衷謝忱。

編者　賴澤涵

台灣社會、經濟與文化的變遷

目　次

第一章　臺灣原住民族的社會與文化體系

王嵩山

國立自然科學博物館人類學組研究員

作者於1979年起接觸民間工藝與表演藝術，1981年春開始向阿里山鄒族（the Tsou）學習文化知識，1988年進入博物館理論與實踐的場域。現任國立自然科學博物館人類學組研究員、國立台北藝術大學博物館研究所教授。並自1987年起，分別在國立台北護理學院、國立台灣大學人類學系、東海大學歷史系與美術研究所、國立暨南國際大學成人與繼續教育研究所、國立雲林科技大學文化資產維護研究所等教學機構兼任教職。主授人類學、台灣原住民族、博物館學等多項課程。其教學與研究旨趣為：南島語族社會人類學、歷史與文化、原住民集體知識體系、文化形式與政治、工藝與藝術再現、博物館學。

本文作者著述甚豐，著有：《文化傳譯：博物館與人類學想像》（1992）、《臺灣原住民的社會與文化》（2001）、《過去就是現在：當代阿里山文化形式的社會建構》（2003）、《差異、多樣性與博物館》（2003）、《鄒族》（2004）等著作。

教學目標

「臺灣原住民族的社會、經濟與文化變遷」課程分為兩講（第1章與第2章），期望學生能掌握下列四個重要內容：

1. 南島民族與臺灣原住民：分布、源流、社會文化特徵。
2. 民族誌的基礎。分別探討自十九世紀以降，歷史脈絡中的臺灣原住民社會文化制度，包括：
   (1) 親屬制度組織與社會結構；
   (2) 宇宙觀、宗教信仰與儀式實踐；

（3）從山田燒墾到市場經濟制度；

（4）權力系統及其象徵：平權社會與階層體系的歷史與政治過程。

3.文化形式與歷史的社會建構。

4.後殖民、全球化中的臺灣原住民之社會文化變遷、困局與展望。

本講講述臺灣原住民不同的文化範疇與社會的關係，傳統的部落智慧（土著知識）的特徵與社會文化體系及其運作的基本性質。

摘　要

　　如同地理環境的變化多端，在人文上，臺灣是一個多元文化並存發展的島嶼。除了三百餘年前移民自中國大陸閩、粵為主的漢民族外，臺灣更有為數約四十餘萬人口的原住民族，分布在三十個山地鄉和二十六個平地鄉鎮；此外，也包括與漢文化互相影響的平埔諸族。雖然臺灣原住民族在社會文化上都屬於馬來／玻里尼西亞系統，但是彼此之間仍存在著很大的差距。人類學的研究指出，臺灣南島語族又可分為平權的社會（雅美、泰雅、太魯閣、布農）與階層化的社會（邵、鄒、排灣、魯凱、卑南、阿美、噶瑪蘭）兩種類型。臺灣十幾個「人族」，呈現多面貌、多樣化的社會文化現象。

壹、前言

　　一如地理環境之變化多端，人文上臺灣是一個多元文化並存發展的島嶼。除了三百餘年前移民自中國大陸閩、粵為主的漢民族，臺灣更有為數約四十餘萬人口的原住民族，分布在三十個山地鄉和二十六個平地鄉鎮；此外，也包括與漢文化互相影響的平埔諸族。

　　臺灣原住民早期居住在中國之「邊疆」，被視為文化水準低落、信仰與行為不合理性原則的「非漢民族」。從有歷史記載以來，臺灣原住民族在文獻和地方志上通常被稱為「東鯷」或「東番」。有清一代，則根據土著「漢化的程度」，稱呼他們為「東番」、「野番」、「生番」、「化番」、「熟番」。日據時期，臺灣土著被稱為「番族」或「高砂族」。光復後，行政上土著族被統稱為「山胞」，並區分為「山地山胞」與「平地山胞」。至於學術上對臺灣原住民族的稱呼，則有「土著族」、「高山族」、「南島語族」等用法。

　　在主觀的認知上，這些族群較願意分別地被稱為達悟、泰雅、布農、賽夏、鄒、阿美、卑南、排灣、魯凱。事實上，這些名稱的意思多半指的是「人」。近十餘年來，原住民運動團體辛苦爭取到的「臺灣原住民」之統稱，成為確定「人族」之主體性的象徵。

　　雖然臺灣原住民族在社會文化上都屬於馬來／玻里尼西亞系統，但是彼此之間仍存在著很大的差距。人類學的研究指出，臺灣南島語族又可分為平權的社會（雅美、泰雅、布農）與階層化

的社會（鄒、排灣、魯凱、卑南、阿美）兩種類型。在政治體系上，從平權的達悟、布農社會到有貴族與平民之分的魯凱、排灣階層社會；在宗教上，從不具特定型態的精靈信仰到多神信仰；親屬組織則不但存在著偏重父系或母系的單系親屬群，也可以看到雙系親屬群的型態。臺灣十幾個「人族」，呈現多面貌、多樣化的社會文化現象。

貳、起源、記憶與歷史：南島語族與臺灣原住民

一般認為華南或大陸東南亞是使用南島語系民族的發源之地。考古學家以為臺灣的史前文化與中國東南沿海古百越之地有密切的關係。臺灣位於目前南島民族分布的西北方。位於文化交往要道的臺灣，有來自於中國大陸華南、東南亞、與大洋洲南太平洋的文化在此聚合。

臺灣位於東亞大陸板塊的邊緣部位，大陸與海洋地殼交接的地塊之上。距今約一萬年到三百萬年前，幾次冰河期曾引起世界性的海面下降；臺灣海峽某些大陸棚地段因此露出，使臺灣與中國大陸華南的陸地連成一體。正由於更新世期的臺灣與華南數次以陸地互相連結，使華南的哺乳類動物與舊石器時代的人類與文化，有可能過渡到臺灣來。近年來，在臺灣海峽所發現的遺物正支持上述的推論。

臺灣的史前文化遠較其歷史時期文化久遠且複雜。史前的遺跡與遺物，分布遍及全島及周圍諸島。目前所發掘出來的器物，包括石器、玉器、陶器、骨角器、青銅器、鐵器及人骨遺留等，

存在的年代遠自舊石器時代、新石器時代到金石並用時代，分屬於不同時代的文化層。考古學家認為，從各個遺址的研究中顯示出不同的史前文化層，不但有臺灣獨有的器物，也有接近東南亞文化系統的器物。換言之，臺灣史前文化並非僅有單一來源而已。

民國五十八年元月間發掘的臺東縣八仙洞長濱文化，年代約在一萬二千年至一萬五千年前左右，屬舊石器時代文化。發現於臺南縣左鎮菜寮溪中的左鎮人，也有兩萬年左右的斷代。新石器時代的臺灣，各具代表性的文化，此起彼落。比方說，在臺灣北部有大坌坑文化（BC.4700年～　）、圓山文化（BC.3000年～　）和十三行文化（凱達格蘭文化，約距今九百至一千五百年間）；在東部則有麒麟文化（或稱巨石文化）（BC.2000年～　）、卑南文化（BC.1000年～　）。

目前我們雖然無法明確的認定這些遺物與臺灣現存原住民之間的關係，但是在原住民中，北部和中部各族與大陸東南海岸的文化有關，南部與東海岸各族與南洋群島文化有關，則被認為是可以接受的。當然，史前文化並非全部是原住民祖先的遺物，例如，大部分在西海岸所發現的新石器時代後期文化與臺灣原住民文化，尚無重要關聯；而東部巨石文化與現今的阿美文化間，也沒有承繼關係。

遠在距今五、六千年前，與現存原住民族群有直接的血緣關係的民族，先後、陸續由華南或東南亞移居到臺灣島，之後又遷徙擴散到大洋洲群島。在族群的學術分類上，這些現存約四十餘萬人口，包括達悟（雅美）、泰雅、布農、賽夏、鄒、阿美、卑南、排灣、魯凱、邵等族群。而被認為與漢文化互相涵化的平埔諸族，也應該是原住民族群的一員。

由於這些早期臺灣的住民都使用「南島語言」，因此在人類學的學術用語上便統稱爲「南島語族」（Austronesian）──活躍在亞洲大陸南方島嶼群上、屬於同一個語系的諸族群。

　　南島語族擁有強旺的活動能力。在地理的分布上，東起南美洲西岸的復活島、西抵非洲東岸的馬達加斯加島、南到紐西蘭爲止的印度洋至太平洋的廣大海域，都是使用南島語的民族居住與活動的地方。臺灣則位於目前南島語族分布的最北方。

　　一般而言，臺灣南島語族又可分爲三群：泰雅群（Atayalic）、鄒群（Tsouic）和排灣群（Paiwanic）。三群之內因文化之間的交流與地域化而產生差異：

1. 泰雅群：泰雅、賽德克二方言系統；
2. 鄒群：阿里山鄒、卡那布、沙阿魯阿三方言系統；
3. 排灣群：魯凱、排灣、卑南、布農、阿美、達悟（雅美）等方言系統。

　　事實上，歧異的語言現象使目前臺灣原住民族群的分類更形複雜；比方說，有許多使用賽德克語的太魯閣人，便認爲自己是「太魯閣族」，而不是「泰雅族」。不論如何，各族彼此之間的語言與馬來語有其密切關係（參見表1-1）。

　　目前，無論是考古學或民族學上的證據，都無法證明原住民各族是「原居」在臺灣；即使由原住民族本身的傳說來看，也有若干傳說指出他們是由海外發源的。然而，在進入一九八○年代後，居住在臺灣的土著族群開始以「臺灣原住民」一詞作爲族群認同、民族識別的訴求，而在社會運動中表現出極強烈的政治意涵。在當前強調多元文化、重視少數族群的社會趨勢中，提舉出「原住民」一詞，已脫離以科學事實爲基礎的判斷，成爲弱勢族群

7

表1-1　臺灣原住民各族語言與馬來語、巴丹群島語比較表

		一	二	三	四	五	六	七	八	九	十
南洋地區	巴丹島 Batan Is.	Sal	Do	Lo	Pat	Lima	Nom	Pitt	Wa	Shiei	Pou
	馬來亞 Malay	Sata	Dua	Tiga	Ampat	Lima	Anam	Tujoh. pitt	Dilapan	Sembilan	Sa' plon
台灣原住民族	雅美 Yami	Susa	Do'ua	Tulu	Pat	Lima	Nom	Pitt	Wao	Shiba	Pou
	排灣 Paiwan	Ita	Lusa	Tiolo	Spat	Lima	Wnum	Piechu	Alu	Shiba	Ta-poloka
	魯凱 Tsarisen	Ita	Lusa	Tolo	Spat	Lima	Unum	Pits	Alu	Shibe	Polo
	臺卑南 Puyuma	Tasa	Lowa	Telu	Bats	Lima	Nan	Pito	Wal	Shiwa	Pal
	阿美 Ami	Chittsai	Tosa	Toiu	Sibbatt	Lima	Anum	Pito	Walo	Shiwa	Pol.muktop
	鄒族 Tsoo	Tsoni	Yuso	Toyu	Sipt	Ye-imo	Nom	Pit	Boyu	Shio	Mask
	布農 Vunnum	Tasha	Lusha	Tau	Pat	Phinma	Nom	Pitto	Wau	Shiva	Masan
	賽夏 Saishet	Aba	Lusa	Tolo	Shupat	Lasbu	Seibushi	Seibshi-aha	Su-ikasi-pat	Laha	Lanpol
	泰雅 Taiyal (Proper)	Kouto	Shajin	Teyugal	Payat	Magal	Mateyu	Pitto	Shipat	Macaelo	Mapo
	泰雅 賽德克雅 (Sedekka)	Win	Vaha	Tol	Shipat	Lima	Matal	Pitt	Mashpat	Macel	Pou
平埔族群	卡瓦蘭 Kabrab	Isa	Dzusa	Toro	Spat	Rima	Unum	Pito	Waro	Siwa	Staga
	凱達格蘭 Ketagalan	Tsa	Rusa	Tsu	Sipat	Tsima	Auum	Pitu	Watsu	Siwa	Ra-batan
	道卡斯 Taokaas	Tsun	Rua	Tur-a	Lupat	Hasap	Tahap	Weto	Mahalpat	Tanaso	Taisid
	拍宰海 Pazen	Idza	Dusa	Toru	Spat	Hasub	Ha-ub-dza	Hasb-ilusa	H-i-toru	H-i-spat	Isit

8

台灣社會、經濟與文化的變遷

（續）表1-1　臺灣原住民各族語言與馬來語、巴丹群島語比較表

		一	二	三	四	五	六	七	八	九	十
平埔族群	拍瀑拉 Papora	Ta-nu	Nya	Tula	Ne-pat	Nema	Minum	Pitu	Mehal	Mesiya	Metsi
	巴布薩 Babuza	Na-ta	Na-loa	Na-teloa	Na-spat	Na-hop	Na-tap	Na-ito	Na-aspat	Tannano	Tsiet
	洪雅 Hoanya（Arikun支族）	Miata	Misa	Mi-ateru	Mi-a-pa	Lima	-	-	-	-	-
	西拉雅 Siraya	Sa-saat	Rouha	Tsuro	Pahpat	Rima	Anum	Pito	Konihpa	Matouda	Kitian
	邵 Sao	Ta-ha	Tusa	Toro	Pat	Rima	Ka-toro	Pitu	Ka-spat	Ta-nasu	Mak-Oin

資料來源：臺灣省通志卷八同冑志。

表1-2　臺灣省原住民族人口統計表

	共計	男	女
1931	142,626		
1939	157,257		
1961	218,098	109,713	108,385
1966	245,661	124,664	120,997
1971	270,572	142,392	128,180
1976	285,778	151,273	134,505
1981	306,831	163,210	143,621
1986	321,888	172,109	149,779
1991	335,650	180,394	155,256
1996	369,251	195,172	174,079
1997	390,244		

資料來源：臺灣省原住民事務委員會，行政院原住民委員會。（不包含平埔族）

第一章　臺灣原住民族的社會與文化體系

表1-3　民國八十六年底臺灣原住民各族人口數

族　別	共　計	臺灣省	臺北市	高雄市
總　計	390,244	377,633	7,030	5,581
雅　美	4051	3993	56	2
泰　雅	91360	89743	1316	301
布　農	41150	40349	470	331
賽　夏	7025	6945	80	0
鄒	7541	7419	92	30
阿　美	146796	139115	4159	3522
卑　南	10571	10285	204	82
魯　凱	12304	11909	108	287
排　灣	69446	67895	545	1026

資料來源：行政院原住民事務委員會。（不包含平埔族）

凝聚渙散的認同、爭取政經資源，行動上的主體性指標或信仰。雖然早期臺灣人類學界所慣用的「土著族」（natives, aborigines）一詞，被許多深受中文教育影響的原住民認為是貼標籤、上污名的意義，事實上這個稱呼卻包含了「最早的、土生土長的」（indigenous）居民等意思，本語詞突顯出人類學者所強調的「尊重被研究者的觀點為本位」的立場。（見表1-2、表1-3）

參、兩種社會文化體系類型

　　雖然臺灣原住民族在社會文化上都屬於馬來／玻里尼西亞系統，但是彼此之間仍存在很大的差距。人類學的研究指出，臺灣南島語族又可分為平權的社會（雅美、泰雅、布農）與階層化的

社會（鄒、排灣、魯凱、卑南、阿美）兩種類型。在政治體系上，從平權的達悟、布農社會到有貴族與平民之分的魯凱、排灣階層社會；在宗教上，從不具特定型態的精靈信仰到多神信仰；親屬組織則不但存在著偏重父系或母系的單系親屬群，也可以看到雙系親屬群的型態。臺灣十幾個「人族」，呈現多面貌、多樣化的社會文化現象。

一、達悟族

雅美（達悟）族分布在太平洋的蘭嶼島上，其居處方式是定居的，家屋毗鄰而建，構成集中型的村落，村落中的政治範圍是以父系世系群為基礎，而表現在水渠灌溉系統和漁團組織上。傳統的雅美（達悟）人，主要生產方式有二：一種是以水田定耕與山田耨耕的農業，另一種是海上捕魚。山羊放牧與豬雞等家禽、家畜的飼養及野生植物的採集，是普遍的次要生產方式。由於雅美（達悟）是典型的島民，其「惡靈」信仰不但與社會整合有密切關係，也與捕魚生業密切關連。（註1）

傳統達悟人主要生產方式之一是以水田定耕與山田耕種的農業。其農耕以種植天南星科根莖類為主；田地可分水芋田和旱田；旱田可輪種小米、里芋、甘薯。另一種是海上捕魚，因居住環境四周環海，所以漁撈作業非常發達，但以近海為主，用不同的技法撈捕游息在沿岸珊瑚礁的魚類、及約在三至六月間隨著黑潮帶來的迴游魚。漁船〔拼板舟（註2）〕是他們在生活上相當重要的工具。牧養的畜類主要是豬與羊，山羊放牧與豬、雞等這兩種家畜的照顧責任也是依性別分工。另外大部分的家庭都飼雞若干，雞和豬的活動範圍相同，但雞卻甚少由人餵食，與羊一般地

任由其自行覓食。家畜的飼養及野生植物的採集，是普遍的次要生產方式。

　　達悟族是一個自給自足的家庭手工藝社會，一切基本器用、衣服及著名的漁船，都是靠自己的技術和原料製造。達悟族的製陶粗礦、樸質，木雕規則而細膩，尤其是大船的雕刻，男子銀盔或黃金飾片的打造也是其特色，在臺灣原住民當中是唯一有冶金工藝的民族。由於達悟族為典型的島民，其宗教信仰不但與社會整合有密切關係，也與捕魚生業密切關連。政治權力普化在社會結構的各個層面上而未集中化。除了有血統的家族以外，漁團組織是男人捕魚時形成的另一個組織，在團隊漁獲期間大家一起分配工作，一起分享食物。

二、泰雅族

　　泰雅族和其他原住民族一樣，以農業為主要的生產方式，原有傳統的農耕方法為山田燒墾，所種植之作物以穀類（如粟、陸稻）較塊根類（如甘薯及芋頭）為多。採用太陰曆作為年中行事的準則，整年作業中以農業為主，雖然因地區之遲早略有不同，但最忙碌的季節是七、八月，其次是十一月，其他月份則安閒，可兼作其他工作，如狩獵等。冬季收穫後，在十一月下旬及十二月上旬，焚燒陸稻旱田及種粟旱田，年底開始播種粟，五月播作陸稻，六月粟收穫後種植甘薯，七、八月份有祖靈祭，第二期播種陸稻的收穫，十月份利農閒時，開始一般陷阱狩獵。在他們一年中，除了雨天的日子，女人躲在家中織布，男人則做一些其他手工之外。以狩獵、採集、飼養及魚撈為副，傳統工藝以紡織、竹藤編織、製瓢和削木為特色。

狩獵是利用農閒時間的一項重要活動，除了從獵物獲得肉食來源外，其皮毛、內臟（熊膽、鹿鞭）、鹿茸等都是和平地漢人交易的主要商品。家庭式的小型畜養，如養雞、養豬等也是聚落中重要的活動之一。泰雅族狩獵多為團體活動，亦有獨自出獵，狩獵團體有一定的組織，並有一定的獵區，不得侵犯他社獵場。團體圍獵行於夏秋乾季，常有宗教意義。在泰雅人各社傳統獵場的區分是以血緣、姻親、友善關係來加以區分，不同的血緣、不同的姻親，各社彼此之間有仇恨存在的話，則獵場就有明顯的區分界線，反之則無。在狩獵對象上，包括所屬的獵場內一切之野獸與野禽，以鹿、羌、山羊、野豬為主。泰雅男人為著名的獵者，女人則善於織衣，男子的編籃及籐帽的編製最為有名。

　　泰雅人轉而借重另一個共同儀式團體gaga（或gaya）。（註3）祖靈信仰是整合社會的重要機制，而且這種信仰更因其在經濟上得到支持，成為一種維持社會秩序的支配性價值。

　　因此在傳統社會上，除了游耕所種植的粟、陸稻、黍、甘藷為主之外，就以狩獵為其主要的生產方式，而在日本政府時代被迫定耕水田之後，歷經政權的轉移至今，狩獵雖然不再是其主要生產方式，但是狩獵活動卻依然存在。

三、布農族

　　未進入市場體系之前的布農族其經濟完全依賴山田燒墾的生產方式，團體或個人的打獵及採集輔之。打獵完全是男人的工作，婦女與小孩主要負責的生產工作是採集，至於最主要的食物來源則是依山田燒墾方式所生產的小米、玉米、甘藷等作物，由兩性共同負責。但隨著生產過程的不同階段，兩性所負擔的工作

也有所差別。比較粗重的工作，如開墾土地，由男人負責；一般其他規則性的工作，如除草、巡視農田等，則由女人負責。但收穫時，則由兩性共同進行。

其主要的生產因素「土地與勞力」都有不同的處理方式。如山田燒墾，當地一年地力正盛時，布農人種植小米；第二年地力開始衰退則種植玉米；第三年種甘藷；到第四年地力已盡時，即棄之為休耕地。待長滿林木的情況（通常約需十年），再重新砍伐開墾利用。這段期間，則到其他土地從事開墾而形成游耕的樣貌。此種生產方式的生產量多寡，主要依賴勞力的投入與土地開墾面積多少而決定（註4）。

勞力並不被某一特定的社會群體所控制，而有許多途徑可以獲得勞力上的幫助。最主要是在開墾階段，需要較多的人力，此往往超過家庭能力所能提供，而以「換工團體」方式來進行。家庭勞力由家內、外人口與姻親組成，而在開墾的階段，則以地緣為基礎組成「換工團體」以獲得勞力。

旱田的精靈（hanito）會保護第一位在此地上成功開墾（播種）祭（Mapulaho）儀式者之家庭成員及其後代的權益。因此，該家庭成員的後代，對此土地有優先使用權。家庭是實際的主要擁有單位，若並非為擁有該範圍的聚落成員，只要經休耕土地者同意，通常不難得到該土地的使用權。使得布農族土地使用上所強調的群體共享規範得以維持。

土地是勞力的運作工具，為家庭及其後代所有；家庭的山田燒墾，是一個自給自足的經濟體系。生產因素及財富並未形成累積的現象，直接提供布農族人權力普化的基礎，此又因布農人強調個人的能力，以其在團體活動中的表現來認定、社會組織呈現多樣性、組織團體小而趨於分裂等三個原則之運作，而更加強社

會成員對社會資源的取得有平等的權利，而且領袖也較不能獨有某些利益。這些情形也見之於宗教上未有神祇系統，而以精靈信仰為主的現象。

四、賽夏族

在經濟生產活動方面，賽夏族早期也從事游耕、山地燒墾及山區狩獵，但以農耕為主，較少狩獵與捕魚，後來漸漸受到周圍強勢民族的壓迫，土地利用範圍逐漸狹窄，而轉變為定耕農業和林業的型態。這與他們居住在淺山地區且漢化較深有關。食物主要是以旱稻為主，還有粟、甘藷、山芋、玉米等，也飼養豬和雞，有些地方的族人甚至還會飼養蜜蜂，也有種植菸草與釀造酒。工藝表現除了織布以外，籐編的竹簍是一大特色；另外，賽夏族特有的肩旗（賽夏語稱Kirakil）及臀鈴（賽夏語稱Tabaasang）也是重要的工藝製品，兩者都使用於矮靈祭典期間。賽夏人是以地域和親屬關係之圖像氏族為社會組織的基本構成單位，三五同姓（同圖像）家族聚居為一聚落並形成一基本地域團體，也是與氏族祭團一致的單元。若干毗鄰的聚落聯合成一個村落，村落中的同姓家族則組成各姓之氏族祭團，是為各姓共有耕地，漁區互助之單位。

賽夏族之住居，家屋二、三家成一小聚落，為散居之村落。父系氏族為部落組織之基本單位，然而氏族並非集中居住，每一氏族所包含之家族單位，零散分布於各部落屬下之各村落。賽夏族人行從夫居制，在繼承方面多半是長子、次子逐次外分，而由幼子繼承家屋。家屋中的內部設備，最主要且具有神聖意義者為祖靈袋。祖靈袋只限於氏族宗家才有，由宗家的家長當司祭。各

15 ●●●●●●

部落或部落同盟間，若干重要祭儀的司祭權，經由世襲而分屬於各主要氏族。矮靈祭是全族性的祭儀活動，通常在粟收穫後，稻已成熟而未收穫前之間舉行，並每隔一年舉行一次。賽夏族的權威逐漸由個人轉向特定的世系群，並在宗教信仰基礎上結合地緣關係運作，出現初步的世襲現象。

五、鄒族

鄒族為一父系社會，行山田燒墾，以小米和甘藷等為主食，而以獸肉、魚類為輔。土地為部落或氏族所有，個人只有使用權，除了簡單工具之外，生產均依賴人力。生產的主要目的在於自用，除了自己生產所得與共享性的分配所得之外，餽贈及物物交易是得到非自產必需品的另一種方式。皮革揉製是鄒族特有的工藝，另外尚以籐編的置物籃或背負獵物用的網袋為主。鄒族之基本社會單位與經濟單位為聯合家族，部落組織分大社和小社，整個社會由頭目、軍事領袖和巫師所控制。

鄒族的基本社會單位與經濟單位為世系群，藉此產生親友關係結合而成的換工生產關係。土地為部落或氏族所有，鄒族人對在溪中捕魚有高度的興趣，在某一流域中劃分出嚴謹細密的河段魚場，由世系群共同嚴格管理。個人只有使用權，除了簡單工具之外，生產均依賴人力。藉由以氏族組織為主的生產關係及生產力運用，其在漁獵、山田燒墾以及晚近的水田耕種經濟作物等種植方面，初步的形成財富的累積，並執行權力或影響力以維持體系的運作，這方面有賴於大小社的階序關係及氏族內在分之結構原則的支持。（註5）鄒族社會呈現出「一個主要中心、周圍環繞數個小旁支，中心與旁支彼此有明顯的高低階序關係」的特徵。

這種結構原則，不但在山田燒墾和漁獵的經濟活動中得到支持，同時更透過父系親屬聯結、男子會所的運作，以及對整體部落價值的輸誠，而得到其整合和延續。

六、阿美族

居住在臺灣東海岸的阿美族雖是母系社會，但是其政治體系的主要基礎乃在於男子的年齡組織上，而非在母系氏族或世系群。阿美族的聚落形態以定居、集中、幅員廣大為其最明顯的特徵；其主要成因乃在於行刀耕火種與水田稻作的生產方式，以及防備平原北部的泰雅族及南部的布農族之威脅這二個因素所影響而形成的。阿美族行從母居，財產和家系的傳承都是以母女相承為主，親屬體系中單系組織有嚴整的階層關係，這種階層關係也呈現在宗教信仰方面龐大的神祇系統，甚至其巫師也自成一個階梯次序。領袖制度和年齡級制是阿美族政治的兩大基本要素，呈現出社會結構之階序原則、組織之專門化與特化的現象。

阿美族傳統的生產方式以農業及漁業為主，早期以小米、水稻為主要農作物，另外輔以打獵及採集。由於日據時代及臺灣光復後政府農業政策的轉變，水稻目前已成為主要農作，以白米飯為主食；打獵則退居儀式與娛樂地位。由於生產力高，聚落較大，甚至有竹編城牆以抵禦外侮。阿美族常自稱是吃草的民族，地上長的植物就有近百種是阿美族採集的食物，也常捕撈海邊及河溪的魚蝦貝類水草等為食物。因耕作經濟生活的方式較進步，他們的土地扶養能力較大，所以部落聚合人口較多。（註6）手工藝方面以製陶最著名，其次是籐編、織布等。

七、卑南族

從日據時期到現代，卑南族以農業為主要生產方式，以飼養為輔，狩獵則僅因個人的興趣及為傳統儀式所需而從事。農業型態同時並存著水田和旱田兩種耕作系統，水田作物約在距今九十年以前傳入，旱田的耕種則自古即有，作物以小米、陸稻、高粱、芝麻、樹豆、甘藷、玉米為主。這種定耕、定居、飼養的經濟型態，配合強有力的部落組織與會所制度、年齡階級制，使得卑南族曾有一度顯示其在東海岸強大的擴張力。共同的姓氏和祖家祭祀象徵世系群關係範疇，家庭中的家長雖由女嗣繼承，但宗族的首長和司祭則由男嗣繼承，男子即使出贅並不影響其成為母族的氏族首長和司祭的機會。部落內公共事務透過會所制度和年齡組織所整合推動。

日人統治以後，為了充分利用該地區的自然條件而發展熱帶栽培業，卻因當地原住民缺少金錢慾望、欠缺經營技術、忌諱施用肥料、及共同耕作習慣等因素，使得甘蔗栽種無法成功，逼得日本政府必須招徠西部漢移民開墾才得成功。（註7）同樣地，當地原住民以小米為主食及行山田燒墾生產方式，也與當地缺少必要的水利灌溉工程有關。一直到一九三三至一九三六年，日本殖民政府推動卑南圳的整修，才使水田化有了可能，因而有第二次西部漢人的大規模移民，甚至戰後的移民，也是國民政府於一九五五年投資農產品加工廠的成功而使鳳梨的栽種得以推廣，也才有了移民的條件。而這幾次移民的結果最終改變了卑南族在臺東平原的人口優勢與霸權。由於卑南族是母系社會，但因社會的改變，逐漸融入父系社會的制度中。

八、魯凱族

魯凱族從事山田燒墾，並以狩獵、採集、捕魚為副業，每一社區之土地屬於幾家地主貴族所有，直接從事生產工作者為無土地權的平民，其生產所得必須向貴族家繳付租稅。魯凱人以家宅、家氏為親族關係發展之基本要素，並施行偏重父系的雙系繼嗣法則，每一家宅原則上由長子承居，無男嗣時由長女承家居住、餘嗣分出。直系承家繼續其家氏，旁系分出之後，自立為分家之家氏單位，而與其家系維持系統的階序關係。部落中之祭儀、行政等事務均由頭目階級所掌握指揮，他們的服飾及家屋雕刻也大異於一般平民，而成為貴族地位的象徵物。

山田燒墾的主要作物為小米和芋頭（旱芋），其他還有樹豆和甘藷。芋頭收成後，以火烤乾加以貯存，可供一年的消費，並以狩獵、採集、山溪捕魚為副業。頭目擁有土地、獵區與河，每一社區之土地屬於幾家地主貴族所有，直接從事生產工作者為無土地權的平民，因此平民需將農、漁、獵所得的一部分納貢於頭目，而頭目再將它回送一部分給需要救濟的平民，或釀酒宴請所屬的平民、勇士一起來分享當季的收穫，這也是收穫祭的社會意義。

階級性的社會和財富的累積及分工的專門化，使得魯凱族的工藝，尤其是雕刻，獲得特殊的成就。而陶壺、琉璃珠的製作最負盛名，其他如籐、竹編器及月桃蓆的製作、刺繡等都是族人日常生活的一部分。

九、排灣族

　　生計方式在排灣族是以山田燒墾為主，兼事狩獵、山溪捕魚和畜養。生產的目的是自用，一部分則作為繳付給貴族的租稅。狩獵與捕魚都需向貴族繳租稅，貴族則可給予平民若干報酬，使平民去做公共或貴族私人之事。排灣族的繼嗣法則為長嗣繼承、餘嗣分出。家是一個最基本也是最重要的社會單位，家庭成員、家名、家屋所在地、家系地位、特權等整個結合成為一個叢結。宗支系統乃由家宅系統發展而成，並且有直系中心，愈接近直系的，其家系地位愈高，因此形成階級化的貴族宗支組織。

　　小米、肉類、檳榔、芋頭等也習慣作為交易的媒介，農作物以小米、芋頭為主要糧食作物，其他還有花生、樹豆、甘藷等。芋頭以火烤乾後加以貯存，可供一年的消費。生產的目的是自用，一部分則作為繳付給貴族的租稅。狩獵與捕魚都需向貴族繳租稅，貴族則可給予平民若干報酬，役使平民去做公共或貴族私人之事。以山田燒墾為主，兼事狩獵、山溪捕魚和畜養。狩獵是男人的工作，與畜養同為肉類食物的主要來源。

　　排灣族是個階級分明的族群。一般分為頭目、貴族、勇士、平民四個階級。頭目為世襲制，擁有土地、獵區、河流；平民為佃農，需向頭目租地耕種，並於收成時納貢於頭目，狩獵分團體狩獵和個人狩獵，但在觀念上獵場為貴族所有，因此獵人必須向獵場所有人繳租金。狩獵與捕魚都需向貴族繳租稅，貴族則可給予平民若干報酬，役使平民去做公共或貴族私人之事。

　　排灣族的工藝也在財富及貴族制度和神話傳說的基礎上，展現極其豐饒的創造力。雕刻是族人日常的消遣，陶壺則是頭目家

族權勢、財富的象徵，色彩豐富的琉璃珠更是男女老少都珍愛的
珠寶。至於籐編、竹編、月桃席的製作在部落裡隨處可見。

十、邵族

邵族人的生產方法，以農耕和捕魚為主。其農耕早期以小米
山田燒墾為主，農作耕作的地點主要是家園附近的田地。清道
光、嘉靖年間，大批漢人入墾「水沙連」，即現今的日月潭、魚
池、埔里、頭社等地方，邵族才漸漸從漢人學得水稻耕種的方
法，形成依山而耕的梯田景觀，另有種植蕃薯、芋頭、樹薯、花
生等經濟作物，玉蜀黍、煙和薑也是每戶必種的。依傍日月潭而
居的邵族，也是擅捕漁的部族，所發展出來的漁獵方式，例如：
浮嶼誘魚（註8）、魚筌誘魚等，是邵族文化獨特之處。每日所撈
的魚蝦是必要的食物及經濟收入的來源。在豐年祭及過年祭時，
狩獵是一項重要儀式，狩獵有武器獵、焚獵、陷獵，飼養家畜是
重要的家庭副業。

肆、生態與聚落

臺灣面積三萬五千九百八十餘平方公里中，三千公尺以上的
山岳超過二百座；主要河川十九條，次要河川三十二條，普通河
川一百餘條。不到臺灣總人口數百分之二的南島語族，居住活動
地分布面積達一萬六千餘平方公里，佔全臺灣面積百分之四十
五。

臺灣地處亞熱帶，年降雨量平均約有二千五百公釐，平地年

平均溫度可達攝氏二十二度。季節性的降雨量差異頗大。由於中央山脈及其餘勢造成高山陡坡，河流短促，河川侵蝕作用激烈，為典型的「荒溪型河川」。在這種變異性極大的自然環境之中，臺灣原住民各族在不同的聚落型態中，過著採集、漁撈、狩獵、農耕並行的生活方式。

其中，縱橫在高山聚落的代表族群為泰雅族（居住高度可達二千公尺至一千五百公尺）、布農族、鄒族、賽夏族、排灣族、魯凱族。集居、大型的平原聚落之代表族群為阿美族、卑南族。蘭嶼的達悟（雅美）則是營造濱海聚落的代表族群。

大多數的臺灣南島語族都居住在山區。目前對於原住民族形成山居之解釋，至少有兩種說法，其中之一是認為受到後來的漢族之逼迫，而往山上遷移；事實上，考古學上的資料顯示出遠在漢人到達臺灣之前的千餘年前，高山區已有族群活動。正因為如此，有學者認為，原住民之所以採取山居的生活方式，是生態適應之下的產物。

關於生態適應，又有兩種說法，一是為了尋找與其原居地生態相似，適合種植小米、進行山田燒墾的場所。其次，則是為了避免所謂的「瘴癘之氣」，也就是為了避免瘧疾的為害，而選擇在一千公尺高度左右的山地居住；即使低於一千公尺海拔的村落，雖然對取水使用並不方便，也大都遠離溪流。

南島語族在到達臺灣之後，逐漸分居於各地，建立不同組織方式的部落，營造其特殊的人際關係與宇宙觀，進入狩獵、採集與農耕並行的生產型態。

伍、自然系統的模倣：生產方式與生態平衡

　　臺灣原住民族群在到達臺灣之後，已進入狩獵、採集與農耕並行的生產型態。這種生產方式一直維持到近代。狩獵採集族群使用多樣的技術和工具來利用生態環境；他們運用各種容器，發明各種武器、陷阱獵、取火方式。在這樣的社會形式中，狩獵與採集活動受到同樣的重視；在某些社會中，採集比狩獵更為重要。不論如何，狩獵採集生產的社會行為，往往具有分享、並試圖與生態取得平衡的特質。進一步的農業活動，開始可以主動的控制食物來源，也漸漸改變自然景觀。

　　臺灣的山地氣候從溫帶到熱帶變化範圍極廣，野生與栽培植物種類頗多，但是由於地形險峻且狹窄，因此不論是在丘陵地從事輪耕式的山田燒墾農業，或是在東海岸的狹窄平原地帶進行水田稻作，以及在蘭嶼島上的構築梯田、生產水芋，都未能發展成大規模的農業型態。進入現代社會之前的臺灣原住民族，採取「山田燒墾」、「刀耕火種」、或稱為「游耕」的耕作方式。

　　人類學的研究告訴我們，這種盛行於熱帶雨林區的耕作方式，具有幾個基本特性。首先，考慮在不同土地輪耕，甚於考慮施行不同作物的輪種；其次，以焚燒的方法來開墾耕地；第三，耕作時不施肥、不用獸力，人是這種農業型態中僅有的勞力來源。為了使地力自然恢復，在短期的工作之後就必須經過長期的休耕。耕耘中所使用的農具，為形製簡單的掘棒和小鋤。由於運用簡單的、就地取材、用火烤硬的掘棒和小鋤，這種不用犁與獸

力的種植方式也被稱爲「園藝栽培」(horticulture)。

　　整個游耕或輪耕的周期分爲：擇地、砍伐、焚燒、耕作、休耕、再擇新耕地等五個不斷循環的階段。這種農業方式所擁有的土地範圍，常常超出實際家族成員之所需。廣大的土地上，可供種植的地力，往往可在休耕十年到二十年之間自行恢復。

　　游耕式的農業經營，在熱帶雨林地帶被認爲是效率高、且與生態保持平衡的適應方式。以研究印尼文化出名的美國人類學家紀爾茲（Clifford Geertz）便指出，雖然任何類型的農業，都試圖努力改變某種生態系統，以增加流向人類一方的能量，但水稻梯田藉著大膽的「再建自然景觀」，來達成這項任務。相較之下，游耕農業則只是技巧的「模倣自然系統」。紀爾茲認爲，從生態而言，游耕農業最特殊的積極特色，就是它可以「整合於原先已經存在的自然生態系統架構之中」，而當其形成眞正適應時，又協助維持其既有的結構。

陸、土地所有權的不同型態

　　不同的資源，可能爲不同的團體所擁有，也可能在社會階層中屬於單一的群體。原住民運動團體曾動員原住民菁英份子與部落住民，向國家提出「還我土地」的訴求。在這個單一的運動之中，實際上卻隱含著多樣化的土地所有權型態。由於集體知識、文化理解和社會實踐的差異，臺灣原住民族群的土地所有權及其運用型式，不同的族別之間的確存在著很大的差異。

　　人類學家黃應貴的研究指出，倍受各個原住民族群重視的狩獵場所，有可能屬於氏族，也有可能屬部落所共有，同氏族或同

部落的人只有使用權。比方說，北部族群中泰雅人的獵場屬於獵團，父系氏系群擁有農田。賽夏人的獵場雖亦屬於獵團，唯不同於泰雅人的是其由地域化的亞氏族擁有農田。（參考表1-4）

　　達悟人的獵場爲聚落所公有，父系世系群擁有農田，漁場則屬於漁團。阿美人與卑南人的會所掌管獵場與漁區，農地由氏族經營。至於在布農人的例子中，獵場屬於氏族，旱田則由家庭所擁有。但布農人的家庭不同於家族，其成員不一定具有血緣、姻緣關係。換言之，家庭並非親族單位，而是社會生活單位。至於漁場，因傳統布農人不熟悉捕魚而未加以利用，所以未爲社會中的某一團體所擁有。

　　在觀念上，鄒人的家族有被視爲主幹、本源的「本家」，及被定義爲分支的「工作之屋」的分別；一個世系群的後代子孫結婚

表1-4　臺灣原住民各族資源所有地單位表

資源地 族別	獵場	農田	漁場
泰雅	獵團	父系世系群	漁團
布農	氏族	家庭	—
雅美	聚落	父系世系群	漁團
賽夏	獵團	地方化亞氏族	漁團
鄒	氏族	家族→世系群	氏族
阿美	會所	母系氏族	會所
卑南	會所	母系氏族	會所
排灣	貴族	貴族	貴族
魯凱	貴族	貴族	貴族

資料來源：黃應貴，1986。

之後，便在田地建立日常生活的家屋。日常生活以各自農田上的家為活動領域，但每年主要節日得要回到位於中心聚落的「本家」的「禁忌之屋」參與儀式活動。所以鄒人的每一個「本家」，往往包括許多「工作之屋」，而形成世系群的組織。與鄰近的布農人不同，鄒人對於在山溪中捕魚有極高的興趣，因此在某一流域中劃分出嚴整細密的河段漁場，便由世系群共同嚴格的管理。

至於排灣人與魯凱人階層社會的習慣，由平民負擔農田耕作的實際工作，且由其長嗣繼承。平民只有土地的使用權，土地的實際所有權為貴族所掌握。平民是因其與貴族團主的「從屬關係」才得以使用該土地。身為貴族的團主，有義務提供其團民生活所需之土地，否則該平民就有可能轉而依附其他的團主。部落中的團主一定具有貴族身分，而貴族往往又分成好幾級，雖然任何一位貴族本身都有從屬於自己的獵場與農田的土地，是土地與漁區等生產因素的所有者，但只有領導的團主有權能將土地分配給平民使用，其他的貴族則沒有這種權威。

柒、結語

十七世紀以前，南島語族構築臺灣的族群版圖。雖然，臺灣史前文化與目前原住民之關係的圖像，尚未完整且細膩的勾勒出來。但我們已經明確的知道，史前文化的主人和南島語族，在不同的時間分批進入臺灣。認為現存原住民族分批進入臺灣的論者，相信這次的遷移最早可能在西元前三千年至四千年左右，也就是距今約五千年至六千年。

分布在臺灣北部的泰雅族與賽夏族沒有發展出陶器工藝，以

善於黥面、巧工織布著稱，這兩個族群到達臺灣的時間最早，約在五千年至六千年前。中部的邵族、布農族、鄒族約於三千餘年前到臺灣。在南部與東南部發展出階級社會且藝術成就極爲發達的排灣族、魯凱族和卑南族，約在一千餘年前到達臺灣。東臺灣的阿美族文化與菲律賓金屬器文化相似，約在公元後到臺。達悟族，則一直要到宋朝時期，才由菲律賓遷徙至孤懸於太平洋中的蘭嶼島上定居。

三百多年前，閩、粵的漢族大量移民臺灣。其時，臺灣西岸的平原，尚有大量平埔族定居，逐漸地受到強勢漢文化的影響。到十九世紀末，可辨認的平埔族，尚有分布於基隆淡水海岸地區及一部分居於宜蘭縣境的凱達格蘭族，居住於臺北盆地及其周圍的雷朗族，宜蘭縣的噶瑪蘭族，分布於新竹、苗栗二縣的海岸平地的道卡斯族，臺中縣境有巴則海族和拍瀑拉族，巴布薩族分布於彰化縣境，和安雅族居於嘉義與南投二縣，西拉雅的三個亞族分布於臺南、高雄和屏東三縣，馬卡道分布於高雄一帶。以日月潭爲生活中心的邵族，有時也被歸入平埔族群。

臺灣的南島語族不只以其特殊的社會文化體系，適應於臺灣的生態環境，也遭遇外來的政治、經濟、宗教力量的影響，在傳統的持續與激烈的變遷之夾縫中求生存。這是下一章的主題。

註　釋

1. 居住在臺灣東方海域島嶼——蘭嶼島——上的雅美族人數並不多，他們和臺灣本島上的原住民有很大的差異，有著相當獨特的文化傳統，例如他們以芋頭當主食，以及他們相當特殊的飛魚文化等，另外還有anito祖靈信仰、飛魚祭、半穴居、拼板船、惡靈觀、髮舞等。

2. 拼板舟之船身以紅、黑、白三色為主，用來裝飾圖案，其中人形紋（表徵家族的英雄，為各家族的徽號）、魚眼紋、海波紋是漁船的主要紋飾。

3. 泰雅族有二個較為特殊的觀念：一是gaga的觀念，另一是rutux的信仰理念。而所謂的gaga，指的是一種社會規範，是泰雅人日常生活、風俗習慣的誡律，如果觸犯了gaga，就表示觸犯了禁忌，有可能會受到神靈的懲罰。在此主要是指泰雅人的另一種共同儀式——共同舉行祭儀、共勞共享。

4. 黃應貴（1992），《東埔社布農人的社會生活》，頁28-29。臺北：中央研究院民族學研究所。

5. 王嵩山（2003），《聚落經濟、國家政策與歷史》，頁10。南投：國史館臺灣文獻館。

6. 東縣全球資訊網：

   http://www.taitung.gov.tw/chinese/exotic/ex_ethnos-c.php

7. 鄭全玄（1995），《臺東平原的移民拓墾與聚落》，頁58。考慮較長期的結構性因素的影響，修正了我們過去認為卑南大王主要是因為取得外來殖民政權的支持而得以在臺東平原建立其支配性政權的看

法。

8.這是邵族人捕魚的科學方法。將竹子編成的竹排，其上堆置泥土，種些野薑花或雜草，草根向下生長，吸引魚群前來覓食，此處便是捕魚最好的地方，這與現代的「人工魚礁」有異曲同工之妙，只是日月潭的人工魚礁是在水面上，一般則是在水底。

問題討論

一、臺灣原住民社會文化體系的特徵。

二、平權社會的經濟與文化及其變遷。

三、階層社會的經濟與文化及其變遷。

四、臺灣原住民社會文化的困局與解決之道。

參考書目

王嵩山（2001），《臺灣原住民的社會與文化》，臺北：聯經出版公司。

王嵩山（2003），《聚落經濟、國家政策與歷史：一個臺灣中部原住民的例子》，南投：國史館臺灣文獻館。

阮昌銳（1969），《大港口的阿美族上冊》，臺北：中央研究院民族學研究所。

夏本奇伯愛雅（周宗經）（1994），《雅美族的社會與風俗》，臺北：臺原出版社。

黃應貴編（1986），《臺灣土著社會文化研究論文集》，臺北：聯經出版社。

黃應貴（1992），《東埔社布農人的社會生活》，臺北：中央研究院民族學研究所。

廖守臣（1998），《泰雅族的社會組織》，花蓮：私立慈濟醫學暨人文社會學院。

鄭全玄（1995），《臺東平原的移民拓墾與聚落》，臺北：知書房。

第二章 臺灣原住民族的社會、經濟與文化變遷

王嵩山

國立自然科學博物館人類學組研究員

作者簡介

王嵩山

　　人類學知識的來源是國立台灣大學人類學系所（1977-1985）、英國牛津大學社會文化人類學研究所（1993-　）。

　　1979年起接觸民間工藝與表演藝術，1981年春天開始向阿里山鄒族（Tsou）學習文化知識，1988年進入博物館理論與實踐的場域。

　　教學與研究旨趣為：南島語族的社會人類學、歷史與文化、原住民集體知識體系、文化形式與政治、工藝與藝術再現、博物館學。

　　現任國立自然科學博物館人類學組研究員、《博物館學季刊》總編輯、國立台北藝術大學博物館研究所教授。1987年秋季起，分別在國立台北護理學院、國立台灣大學人類學系、東海大學歷史系與美術研究所、國立暨南國際大學成人與繼續教育研究所、國立雲林科技大學文化資產維護研究所等教學機構兼任教職。

　　開授的課程包括：醫療人類學、人類學導論、臺灣原住民歷史與文化、臺灣土著宗教與社會、臺灣土著社會人類學專題、博物館與社會史、歷史人類學、歷史與文化、歷史博物館管理、博物館學、比較文化政策與行政、社會文化人類學、博物館經營與管理、多元文化與博物館教育、文化與藝術管理等。

　　已出版專書：《扮仙與作戲：臺灣民間戲曲人類學研究論集》（1988）。《阿里山鄒族的歷史與政治》（1990）。《過去的未來：博物館中的人類學空間》（1991）。《文化傳譯：博物館與人類學

想像》（1992）。《阿里山鄒族的社會與宗教生活》（1995）。《集體知識、信仰與工藝》（1999）。《臺灣原住民的社會與文化》（2001）。《當代臺灣原住民的藝術》（2001）。《過去就是現在：當代阿里山文化形式的社會建構》（2003）。《差異、多樣性與博物館》（2003）。《鄒族》（2004）。

教學目標

　　「臺灣原住民族的社會、經濟與文化變遷」課程分為兩講（第1章與第2章），期望學生能掌握下列四個重要內容：

1. 南島民族與臺灣原住民：分佈、源流、社會文化特徵。
2. 民族誌的基礎。分別探討自十九世紀以降，歷史脈絡中的臺灣原住民社會文化制度，包括：
   (1) 親屬制度組織與社會結構；
   (2) 宇宙觀、宗教信仰與儀式實踐；
   (3) 從山田燒墾到市場經濟制度；
   (4) 權力系統及其象徵：平權社會與階層體系的歷史與政治過程。
3. 文化形式與歷史的社會建構。
4. 後殖民、全球化中的臺灣原住民之社會文化變遷、困局與展望。

　　本講講述被吸納入殖民、國家體制之後，臺灣原住民社會的政治、經濟體系的變遷現象。

摘　要

　　世界隨時在改變，原住民文化本身亦是變動不居的。臺灣原住民族群自十九世紀末以來，便已被納入國家社會的政經與文化脈絡，甚至是世界體系之中。原非封閉式的、非無時間性的思維與非整合的社會關係，更積極的與外來的社會文化體系對話。造成原住民社會轉變的力量，來自工技或生態的物質面相、社會組織或制度、思想或信仰等三方面的外在介入或內在變動。

　　第二次世界大戰戰後民族國家興起，一九六○年代的個人主義，以迄一九八○年代重視差異、重視少數或弱勢的聲音（如原住民和非歷史主流的地方史）、強調多樣性（以及進一步的衍生出物種保護主義與生態主義）等歷史趨勢，繁衍出當前世界最複雜的事務：宗教狂熱與族群意識勃興的現象，這二種現象都屬於文化形式（cultural forms）的範疇。臺灣當代原住民社會文化的發展，也在這個歷史脈絡裡面。與漢人大不相同的起源、記憶與歷史，配合傳統神話、信仰、儀式與物質文化，已成原住民族精英份子建構當前社會生活的依據之一。原住民社會不但有內在的調整之動力，也與外在的影響因素互相關聯。

台灣社會、經濟
與文化的變遷

壹、前言

　　世界隨時在改變，原住民文化本身亦是變動不居的。臺灣原住民族群自十九世紀末以來，便已被納入國家社會的政經與文化脈絡、甚至世界體系之中。原非封閉式的、非無時間性的思維、與非整合的社會關係，更積極的與外來的社會文化體系對話。造成原住民社會轉變的力量，來自工技或生態的物質面相、社會組織或制度、思想或信仰等三方面的外在介入或內在變動。

　　第二次世界大戰戰後民族國家興起，一九六〇年代的個人主義，以迄一九八〇年代重視差異、重視少數或弱勢的聲音（如原住民和非歷史主流的地方史）、強調多樣性（以及進一步的衍生出物種保護主義與生態主義）等歷史趨勢，繁衍出當前世界最複雜的事務：宗教狂熱與族群意識勃興的現象，這二種現象都屬於文化形式（cultural forms）的範疇。臺灣當代原住民社會文化的發展，也在這個歷史脈絡裡面。與漢人大不相同的起源、記憶與歷史，配合傳統神話、信仰、儀式與物質文化，已成原住民族的精英份子建構當前社會生活的依據之一。原住民社會不但有內在的調整之動力，也與外在的影響因素互相關聯。

貳、過去的生產型態

　　臺灣原住民的「生產型態」不一，習俗也各異，但受環境的支配與利用環境的狀況卻彼此類似，近海者捕魚、山居者打獵。

山田燒墾、「刀耕火種」、或稱爲「游耕」的耕作方式爲臺灣本島
各族主要的生產方式。在原住民到達臺灣之後，已進入狩獵、採
集與農耕並行的生產型態。這種生產方式一直維持到近代。

　　狩獵採集族群使用多樣的技術和工具來利用生態環境，運用
各種容器、發明各種武器、陷阱獵、取火方式。臺灣原住民傳統
的生產型態是以農耕爲主，兼以畜養、狩獵、捕魚和採集，而狩
獵與捕魚之盛行與否則視其所處的環境而定。在此社會形式中，
狩獵與採集活動受到同樣的重視；在某些社會中，狩獵比採集更
重要。狩獵採集生產的社會行爲，往往具有與聚落成員分享，並
與生態取得平衡的特質。而進一步的農業活動，可以主動控制食
物來源，漸漸改變自然景觀。例如達悟族（雅美族）會將捕回來
的漁獲分給無能力補食的族人，也不捕幼小的魚與獵物。

　　農作物收入是賴以生存的主要來源，飼養則是各族主要的家
庭副業，過去原住民族的經濟情況是屬於一種自給自足的狀態，
並無明確的職業分化，尚未達到交換經濟，之後再逐漸進入到現
代的交換經濟與市場經濟。

一、採集

　　採集在各族經濟生活中佔重要地位，男女老幼都能參與。採
集是原始生產方式的存留，可補上述諸生產方式的不足，食物採
集的對象以小動物、昆蟲到野菜、野果爲主，其中較重要的可分
爲塊根作物（如：芋頭、薯蕷、甘藷等）、種子作物（如：小米、
旱稻、玉米等）、可食用的樹生作物（如：香蕉、麵包果等）、日
常生活的補充栽培作物（如：綠葉蔬菜、南瓜、豆類、甘蔗等）
等數種。其他陶土、石片、木材、竹、藤等工藝材料及薪柴等亦

為經常採集之物。

二、狩獵

狩獵是各族獲取獸肉的主要來源，狩獵概由男子擔任，以人員多寡可分為團體獵與個人獵，狩獵的方法則可分為陷阱獵、追逐獵和焚獵等。團體獵往往在祭儀之前後進行，其意義是多方面的；個人獵則隨個人所好而行之。獵具一般以獵刀（腰刀）、弓箭、長槍和火槍等為主，火槍從漢人處交易得來，獵獲一般以山羊、鹿羌、野豬和山鳥為多，所得之鹿茸、鹿鞭諸物多與漢人交換日常用品，如：鹽、糖和火藥槍枝等物。

三、捕魚

近海居住者，如蘭嶼島的達悟族（雅美族）、東海岸的阿美族和平埔族都善於捕捉海漁。他們備有漁船、或竹筏，以供出海作業。尤其達悟族，捕魚業最為發達，日月潭的邵族捕魚亦甚為發達，其他各族多從事山溪或河湖魚撈。捕魚亦可分個別和團體兩類，方法有毒魚、（註1）射魚、堰魚、（註2）網魚、誘魚和釣魚等。團體捕魚多與公共活動、歲時祭儀有關，往往全社參加，以毒魚為主，兼具娛樂性。各社有其固定的漁區，所得之漁獲共同消費。

四、農耕

臺灣的原住民已渡過了石器時代，而有簡單的鐵器從事農業

生產，最常見的農耕方式是山田燒墾的辦法，被認為是「保守性的適應」方式，此與開發式的不同。「刀耕火種」就是砍伐林木，焚燒作為肥料，然後就地犁田播種的原始耕種方法。（註3）這種以順應自然的限制，依靠年復一年、自然回到原地的動物及植物來過活，應用輪耕及休田法讓農地避免過度使用，並可自然地恢復養分。耕地多在聚落附近的土地上。在人稀地廣的昔日，他們行棄耕制，每一塊地由於不知施肥，因此經過數年之種植，地力已盡，即棄而另選他地再種。待人口漸增之後，行休耕制，一地經數年耕種之後即閒置一段時間，五、六年不等，然後再行開墾。

原住民族種植的作物繁多，一般以粟為主，並有一連串與粟有關的農耕祭儀，其他如甘藷、芋、玉米、水稻等種植亦多。水稻為漢人傳入，山田種作採用混作的方式種植；離居住處較遠之耕地往往發展出耕作小屋或涼棚之建築，以便貯藏與休息。

一般而言，排灣、魯凱、達悟、卑南族的生計經濟可歸類為「根莖型游耕農業」；泰雅、賽夏、布農、鄒族則屬根莖到雜穀的過渡帶，應可列為「根栽、雜穀並重的農業型態」。除了經營主要的作物生計農作外，東臺灣的阿美族發展出豐富的食用野菜知識。

參、食物生產的社會影響

經濟學家認為狩獵採集生活方式是艱辛而困苦的。不過，民族誌學者卻認為在狩獵採集的社會中，許多人花在「工作」上的時間，只是為了滿足基本生活所需而已，他們反而會把剩餘的時

間，用在休息和享受彼此的陪伴上，因此Marshall Sahilns指出，狩獵社會是一種「原始的富足社會」（original affluent society）。

實際上，世界各地都有很多族群以狩獵及採集維生，有些女性學者指出，正確的說法應該說成「採集和狩獵」，以突顯女人在經濟上扮演提供糧食的主要角色，而男人的狩獵所得只是在特殊及偶發性場合中的輔助，在採集和狩獵的社會中，雖然某些人有能力擁有資產或儲存糧食，但有些人的生活卻相當困苦，在此情形下除了發展出一系列的權力關係及意識形態，採集和狩獵社會也創造出一些高技術的藝術及物質文化。但研究現代狩獵採集種族的人類學家卻指出，社會與文化的複雜性或許會隨著謀生工具的不同而產生變化，研究現代社會的也未必能了解過去的社會。很少有社會完全不與外界聯繫，而社會本身除了科技的發展以外，也會隨著時間而有所變遷。

人類社會自從進入產食階段後，因栽種植物與馴養動物所引發的經濟策略，使食物供應增加且穩定，許多地方人口密度增加；而產食經濟使土地所有權及繼承權的問題重新界定，引起爭端及外移；此外，比較持久的居留地開始發展較堅固的房屋及厚重的工具鋤頭，及其他耕種工具日漸成為必需品。再到持久性的家園出現後，便出現新的社會單位，這些社會鏈環反映出土地的所有權及繼承權引起更大得多的居留地出現，使原先散居的人口更能保持密切關係而經常接觸。也使得人類對環境的態度有所改變，食物的社會性更加突顯出來。

例如達悟族的男人捕魚是日常的主要工作，捕魚技術的好壞是男人社會地位高低的重要決定因子。實際上漁業的社會文化意義凌駕於農業之上；家畜的經濟價值遠低於其社會文化價值；豬、羊並不供日常食用，除非意外或疾病導致傷亡外，家畜不會

在非節慶及祭儀時無端宰殺烹食。同時個人不論擁有多少豬、羊，很少用來出售及交換其它財貨，僅能在自家舉行儀式時宰殺食用。在儀式時宰殺的豬、羊一則是向鬼神奉獻的祭品，另一方面可循社會關係網絡分贈親友，形成時相往還的互惠交換關係。一個經常有能力送出豬、羊肉的人，其社會地位亦高人一等。有些男人終其一生無法累積足夠的豬羊，可在新屋或新船造妥時舉行帶有誇示財富性質的儀式，這樣的男人會被認為沒有善盡社會責任而遭鄙視。

不論簡單或豐盛的食物都與社會分類有關，如涂爾幹學派提到：食物用來作為社會關係的象徵元素，以維持住社會結構。這也說明了各個族群狩獵與分享「山肉」發展出嚴格的規範。阿美人細膩的處理漁獲；蘭嶼的達悟族不但因性別、年齡之不同而吃不同種類的魚，他們把魚類大致分為男人魚、女人魚、老人魚，女人分娩做月子的魚等，也使用特定的器皿專門用來煮食、放置不同的魚類。

達悟人經濟生活的分工主要是基於性別，男人的活動領域在海洋以撈捕魚蝦貝類，在山林中以伐木建屋、造舟，女人則在田中種植水芋，在家中紡織裁衣；此種分工僅就大體而言，實際上農漁的分業並非依性別而截然可分，男人也常需從事一般由婦女擔任的工作，不像某些新幾內亞的部族，男女在生業上各有專司，完全不容相紊。（註4）

肆、社會、經濟與文化變遷

原住民社會並沒有「經濟」一詞，指稱包含生產、交易、消

費的活動，對於原住民社會而言，經濟活動是整個社會體系與文化價值的一環。原住民在經濟活動上面，剛開始雖無市場交易等機制，但不代表原住民無任何交易機制或制度出現，原住民交換與分配系統的表現，往往與其社會文化制度的其他層面環環相扣。社會結構並不僅是一個特定社會中社會關係的總和，它是一個完整的整體，由許多元素組成，其中一個元素的變化，都會受到其他元素變化的限制或是其他元素也跟著變化。因此不同的社會文化有不同的交換與分配制度，且當有外來因素進入，將會牽一髮而動全身。

一、不同社會型態的分配與交換系統

「交換」是指給予和接受有價值的物品或服務，人類勞力生產出來的東西，大多是藉由「交換」而重新分配（唯一的例外是生產者直接消耗物品），交換的目的在於人與人之間的情感和關係本身，過程體現爲一種相互認定的平等互惠。卡爾·波拉尼（Karl Polanyi）指出，人類交換種類主要可分爲三個類型：互惠、再分配與市場交換。（註5）

互惠交換並沒有明確的對等交流

財貨和服務的流動，主要是互惠雙方根據自己的需要去索取，至於什麼時候歸還、還多少則無固定規則。以互惠爲主要經濟活動的社會，人們會注意彼此之間交換的不均等，雖無特定機制可以強迫虧欠者償還或抵銷，但仍有些微妙的懲罰去對付這些予取予求卻不肯付出的人。互惠交換的外顯特徵是：（1）缺乏立即回饋；（2）對於交換物品的價值，缺乏有系統的計算；（3）

表面上否認收支平衡是被計算或被要求地目標。在簡單的隊群、部落社會或漁獵採集或小型的農村經濟中，幾乎所有的交換都發生在親屬之間，再給予、收受或使用物資時，都帶有感情和私人的意義。（註6）

再分配的交換系統的循環

「再分配交換系統」中許多勞力產品需先被集中、分類、計算再分配給生產者與非生產者，這其中尚有賴於居中分配者的協調。此系統的權力中心與邊緣為一種經濟不平等的關係，由中心抽取社會勞動成果，呈現一種物品「向心式流動」，然後再由中心向分散於社會的不同群體重新分配資源，實現另一種物品「離心式流動」。（註7）

市場交易之型態

尚未發展出「通用貨幣」的市場交易型態時，交易過程是以物易物或是以某種程度價值、或具有象徵的價值物品的媒介物來取代，如：鹽、布料、裝飾物。交易內容也只侷限幾項物品或服務內容，大部分的交易還是以互惠和再分配之形式進行。隨著貨幣的出現，「價格市場」的交易取代其他交易方式，買、賣行為成為另一種交易行為，與互惠、再分配之最大不同在於每一樣貨品或服務都貼上價格標籤，一旦付清，買賣雙方就無任何權利或義務，價格市場的交換是匿名和非個人化，決定權在於商品價格，而不是權力的行政分配，不同於互惠交換與再分配交換，是以私人或親屬關係為基礎。（註8）

原始社會被分為階層社會和非階層社會（平權社會）。臺灣原住民社會中區分為平權社會的有雅美族、布農族、泰雅族，其他

為階層社會的有排灣族、魯凱族、阿美族、卑南族、鄒族、賽夏族（註9）。不同的社會結構將會影響或產生不同的分配與交換系統規則。平權社會與階層社會主要之差別在於權威與權力二者上。二者的區別在於強制性和非強制性，前者強調的是已被公眾承認的支配力，後者是未經公眾承認的支配力（註10）。平權社會與階層社會之領導者的權勢來源有世襲、選舉、君權神授等不同方式來獲得領導權或統治權，看似水火不容的兩個社會結構，事實上確有可能在權力爭奪中被置換。

非階層化的交換與分配系統中，分配者參加生產或生產的最賣力，卻分文不取、取得最少或與大家所取得之部分相同，而不比其他人富有或分配較多資源。分配者無權要求生產者強化生產，反而需視生產者的意願，且生產者給予中心的物品或服務出自於自願的，必要時可索回大部分或所有的物品、或得回等值的東西，甚至是選擇離開。

45 ••••••

平等化的分配與交換系統並無「再分配」之制度，且擔任分配者之角色者，並不一定為固定或特定的某些人。在分配物品時，如獵肉、漁獲等，會將好的、大的、多的和不可分之部分，給予年長者、有功勞者、個人能力表現良好者（打到獵物、咬到獵物的獵狗⋯⋯等），且有許多共享之情形出現，如共同看到獵物者或是前去告知者，舉凡一同捕捉到獵物者，皆有機會分配到物品。

階層化的交換與分配系統中，分配者從生產過程中抽離出來，取得最大、最好部分，財富累積得比別人多，分配者有權要求生產者多生產，生產者需聽命於分配者，甚至規定或強迫一定要給予分配者物品或提供服務，不然將會受到懲罰。階層式分配暗示了統治階層的存在。這群統治階層有權要求生產者，形成生

產者勞動力的馴服，相對的生產者也喪失了對自然資源、物品、財富，甚至是自身的控制權（註11）。

從排灣族來看，傳統排灣族是一個階層化社會，酋長亦即統治者，可向平民收取各種稅津，排灣族分配與交換系統可分為稅賦、參與生產的分配、禮物贈與和交易。傳統排灣族社會的稅賦有以下幾種：

1. 田賦：為最主要的稅賦，以小米為徵收對象，徵收的數量約為每年產量的四分之一。
2. 獵稅：在任何地主的土地上獵取獵物，皆須將獵物的左後腿送給地主。
3. 漁稅：在河流捕魚，需送幾尾較大的魚給漁場主人。
4. 飼養稅：酋長有權到養豬與雞的屬民家捕殺雞、豬，屬民不得異議。
5. 人頭稅：屬民的女兒出嫁獲得夫家的聘禮時，需將一部分的聘禮送給酋長，以感謝酋長的保護。
6. 勞役：屬民（以家為單位）必須向酋長家服役若干日。（註12）

排灣族的例子可明顯看出統治者在於分配與交換系統擁有的權力和屬民的義務，統治者可要求屬民生產和服役，統治者本身雖未參與生產，仍可獲得其所需。

分配與交換的系統配合不同的社會結構在分配與交換過程中，領導的團體或階級（如貴族、氏族、大社）累積其財富，可以看出誰是主導者。相對地，母系社會裡女性的發言權也是不可忽略的，如卑南族土地（檳榔園、竹林除外）的管理是由一家之主婦管理。若要將其土地移轉或轉賣給他人，需經過家人同意，

特別是女性尊親不同意，則不可處分，若是兄弟有些異議，亦得聽從主婦的意見。年齡階層對部落內的集體活動，如戰爭、捕魚、狩獵、農耕等公眾事物，年齡階級都有適當工作分配和主導權，發揮其組織的功能。在獵肉或漁獲分配過程，和年齡組織特質及社會結構等有其微妙關係，或是分配時年齡階級領導者或管理者擔任分配者角色。

二、隱藏的社會秩序

莫斯（Marcel Mauss）指出，古老的經濟制度是由「全面性報稱關係」構成的，即氏族之間的餽贈，藉此制度人與人、團體與團體得以互換物品。在這種全面性報稱關係體系的社會，相互餽贈的人群就像是公有共享一種財產的所有權，不斷地實現給與、接受及回報等義務。這些報稱（prestation）與回報（counter-prestation）表現看似無經濟現象、自動自發、出於自願，其實卻是非常有義務性，違反這義務可能私下招致懲罰也可能引起戰爭，（註13）這是形成或表現社會關係的現象。

泰雅族傳統的分配習俗可從嫁妝、豬肉、獵肉、漁獲和採集的分配情形來看。泰雅族同一血親有少女要結婚，同一血親的共食團體需捐輸一至二件布料（如pala、kapan）給予，日後同一血親其他少女要結婚，再給予相同的財物，有相互合作之意。結婚儀式完成後，新娘需按照新郎血族和姻親戶數，將禮品分給各戶作過門禮品，習慣以贈送布料pala或keba-an為主，其餘衣著、日常用品留下來自己使用。分配時為每家一至二件，若有遺漏，會被懷恨在心，甚至斷絕往來。豬肉的分配主要亦用於喜事、獻祭、賠祭等，結婚時男方宰殺豬隻，按女方所提供之戶數分配，

47 ••••••

分配給女方親屬；反之，女方家宴請男方時，也需宰殺豬隻分配給男方親族。豬頭一部分作爲酒菜或留給女方雙親帶回請客，其他部分平均分配之。

漁業的文化在於雅美人的生活裡有其重要性，甚至凌駕農業文化，雅美的副食主要是魚類，漁獲除供家庭每日食用之外，多餘可餽贈親友，或醃曬成魚乾，一則是氣候不佳或無暇出海捕魚之時食用，同時魚乾（尤其是飛魚乾）更是節慶祭典時親友間交換禮物要項之一。豐收節mipiabengan宣告飛魚捕撈季節結束，早上活動就是送禮，親戚之間互送的禮物大致一樣，皆爲三個薯或芋（或是其他塊根植物）及一條魚乾（若有殺豬羊，則送豬羊肉）。各家僅準備少數的芋薯及魚乾，因爲親戚送來的禮物通常立刻轉手送人，所收到和所送出的禮物份數和份量相差不多，因此最後所得的和一開始所準備的數量約略相當。（註14）

對雅美人而言，漁獲量的分配是相當講究的，必須以魚的形式、種類及質量來分配，而且是以輪流的方式來取得。根據一個船組成員的多寡、年齡、輩份等秩序來分配漁獲，分配過程需先把男人魚、女人魚分開，大的魚殺開，一排一排的分配，較豐富的給船組內最老的人家，其餘的人各自去拿自己的一份，雖然每一份大致相同，但他們很清楚誰拿得較豐盛或較差，下次分配時，再做調整。若是有部落外的人參加捕魚工作，分配漁獲時，特別送給他大、好或多一點的漁獲，表示尊重和代表船組的聲望。（註15）

在鄒族也可看到這方面的現象。鄒族生產的主要目的，除了自己生產所得與共享性的分配之外，得到非自產必需品的另一種方式爲「互惠式」餽贈及物物交易。鄒族的交易分同族交易和對外族交易。同族交易有餽贈和交換，餽贈爲剛收穫時、漁獲和獵

獲，餽贈的範圍為同氏族及姻親。交換則是在某一氏族缺乏某物資，而另一氏族是有多餘之時，經過協商，彼此同意即可交換。交換時並無一定價格標準，大抵依習慣。對外族交易主要對象為漢人，以前鄒族對外交易習以鹿皮為議價標準，如一張鹿皮換刀一把或鹽二十公斤，所以鹿皮可以視為鄒族的實際貨幣。（註16）

舊式社會的交換習俗是「送禮與回禮」。在這些舊社會中，人們的物質生活以一個既有利害關係，又是履行義務的方式進行，這些義務是象徵性的又集體性的表現出來。人們所交換的物品永不會與原有者斷絕關係，因為在這個交換物品的過程中，人們建立起一個牢不可斷的聯繫和盟交。這些交換物所形成的影響和關係是長久的。禮物的交換源自於信用，相信對方或是基於社會隱藏的秩序，對方一定會回禮。物物交易其實起源於根據禮物收送之信用原則，只不過它把原先送禮和回禮的間隔時間合而為一，（註17）因此以物易物的情形也有可能發生在高度道德國家或部落之間。如賽夏族若是想買獵犬，會先向飼主借獵犬去狩獵，若表現良好則交涉並決定價錢，先給一至二銀圓，然後再去狩獵，果真合意，則準備肉類、釀酒招待飼主，支付最後金額。若是不滿意則將獵犬還其飼主，再向下一個飼主借犬，但不可追回之前所支付的銀圓。（註18）

三、原有社會的「分配與交換系統」

日治時期開始，原住民社會的經濟體系，才漸漸受到外來資本體系的影響。日本想獲取臺灣豐富的資源，將臺灣開發成為支持日本經濟的力量，以作為南進的基地，因此其施政方針偏向農業殖民地和軍事基地的建立。在這樣的政策指導下，日本政府徵

收戶稅及地租，設立各種金融交易機構（如蕃人交易所、信用組合等），建構資本主義的經濟系統，進而影響原住民的生活方式與交易方式，例如魯凱族由最初的自給自足的經濟生計，轉變爲接受市場經濟的方式。殖民後期，日方設立官營「蕃產物交換所」，購置族人所需之物品，以和族人交換所生產之物品，或是將山地所出售的物品用當時的價格購買。當時雖無貨幣的使用，而且有關使用漢人的貨幣也是晚近才普遍的事，但是在日據時期早已傳入貨幣的概念。（註19）

光復以來原住民的經濟變遷可分爲兩個時期。前一個階段（約爲一九六一年以前），主要爲生產內容的改變和量的提升，但是相關的社會組織並未有多大的改變；後一階段從爲了消費而生產（維生經濟）變成了爲交易而生產（商品經濟），生產要素如土地、勞力等都可進入市場而成爲可交易的對象，也是可以投資的對象（即商品化），因而易造成貧富懸殊，提供了階級形成與發展的客觀條件，社會分工加強，社會制度越趨複雜。市場經濟也使得農業生產趨向商業化、資本集中，資金與交易因而日益重要。

如以布農族爲例，傳統的布農人將動物依可吃與不可吃分爲三類，這三類又反映出動物生活空間的限制，及牠與人親密的程度。第一類不能吃的動物，可以在布農族的住屋裡看到，布農人不會吃食於牠甚至將牠視爲家中成員，反而放任牠共食，對牠的生活空間也不加以限制，因此與人關係也特別親密，如狗、貓、老鼠、蛇。第二類可吃的動物又分爲兩類：一種爲飼養的，如豬、雞、鴨、牛；另一種爲野生的，如野豬、山羌、鹿。對於飼養的動物，布農人強調人與動物之間的平等互惠原則，實際照顧動物的人有殺食該動物的權利而不是擁有該動物，因此布農人想飼養某種動物，跟人借來雌獸，待生下小獸後，只要歸還母獸就

擁有小獸，這類為布農族主要的肉類來源。雖然布農人限制第二類動物不得進入屋中，但亦將牠們視為聚落成員。第三類的動物可吃但卻有許多限制，如熊，布農人一方面認為熊是極危險之動物應避開之，另一方面卻強調殺死熊是極為勇敢之表現。（註20）

資本主義的市場經濟對於原有的交換與分配產生重大影響。首先為人與自然物之成為商品都變成獲利或剝削的對象。例如，布農族在原有動物分類中，有可吃與不可吃的區分，但市場經濟進入，如山產店的設立，原有不可吃的動物都成為可吃或是成為出售的商品。也因為獸肉成為市場上的商品，原有的分配原則，也就不被遵循。另一方面，蕃茄、高山蔬菜等農產品成為當地主要經濟作物，農業生產主要都是出售而非自己食用，換句話說農業生產也走上了商業化。再來，有人至平地工作賺取更高的工資，而以較低的工資在部落裡雇工，這種情形不只使以往的換工團體或互助組織瓦解，變成需以工資給付方式以補勞力不足之問題，此舉不但加速讓勞力成為市場上的貨品，無形中也加速了市場剝削勞力的現象。（註21）

買、賣交易行為改變了原先的分配與再分配形式，改變了原先的社會秩序或社會結構。例如排灣族、魯凱族的貢賦制度被禁止、取消，促使貴族階級的經濟基礎喪失，或是傳統社會以群體為單位的作用及其意義消失，個人不再受群體的制約和規範。面對農業商業化和貧富懸殊，原有社會結構的力量和傳統價值觀念，依然會適時地發揮影響力，泰雅族透過gaga轉換而來的教會組織，負責資金運銷等角色；布農族東埔社於一九六七年成立「生產工作互助隊」和「儲蓄互助社」，教會徵求教友付出當時一般工資的一半，以集體解決個人問題，或是以同事缺乏勞力的姻親用合股經營方式，來協助村民解決部分資金或勞力不足之問

題。這些可說是基於傳統經濟或分配的「共享」原則而來，發揮適應經濟變遷的效果。

　　平權社會如布農族傳統農業為山田焚燒之方式，在農地開墾階段，需要較多人力投入，往往超過家庭人力所能負荷，因此會以換工團體方式來取得人力需求問題。換工團體的組成以地緣關係為基礎，同一聚落的姻親有無條件幫忙之義務。善於打獵者可以用獵肉作為換工的回報，招來所需之勞力。或以殺豬邀工方式，參加者雖無工錢可拿，但可取得豬肉。農業生產的工作通常為兩性負責，但不同生產階段，兩性負責的工作亦不大相同。男性負責較粗重的工作，如開墾田地，女性和小孩則是除草、巡視農地等。阿美族農耕亦由女性為主，勞力不夠時，會有換工團體交換勞力，但開墾新土地全由年齡階層集體工作，再行分配。

　　階層化的社會如卑南族的傳統經濟是以山田燒墾的農業為主，農產品有小米、芋頭、甘藷、樹豆等，漁獵為副。卑南族家庭是一個共同生產、共同消費的經濟單位。在勞力不足時，也有勞力交換的情形發生，卑南族有Misahor的集體勞動隊伍產生，Misahor按字意是指一群人集合在一起，共同完成某件事，在這裡指的是「婦女除草團」。往昔賓朗部落的婦女，在小米播種後，約一個月內，必須完成除草、剔苗等工作，由中年婦女擔任召集人，召集人可有二至三人，視參與人數多寡而定，每一召集人各帶領一支Misahor隊伍，每隊以十五人為宜。召集人是整個Misahor其間的靈魂人物，要負責大小事情、工作分配。這個Misahor在賓朗部落不只是一種每年組成的短期集體勞動隊伍，更逐漸形成賓朗部落的一種習俗，一種特有的文化層面。少女階段的卑南婦女參與Misahor具有學習應對做人處事的功能。對中年婦女而言，Misahor具有培育領導能力，Misahor同時也有著對年長

婦女具有尊崇、權威和典範的功能。（註22）

伍、結語

　　臺灣原住民在殖民者主導的資本主義社會中，受到制度性的排擠。從日據時期開始，為取得臺灣山林殖產的利益，日本殖民政府針對山地地區開創了保留地政策，以保留地為「官有地」的一環；藉由軍事鎮壓、刑罰和山地教育，一方面制止原住民延續傳統游獵生活方式，並強迫他們改為定耕，另一方面又招攬平地人入山砍伐林木。國民政府來臺後，延續日據時期的山地政策，將日治時引進山地的資本主義生產因子更加徹底化，尤其是在平地農業經濟破產後，政府倡導農業上山，開放非原住民申請墾植開墾，再加上鼓勵原住民種植溫帶蔬果和茶等高經濟作物，全面改造了原住民之生產方式、風俗習慣、信仰體系與價值文化。

　　在此發展政策下，原住民一方面無法回到傳統生活與生產方式，另一方面在資本主義的競爭場域裡又受到資金、技術和通路等各種限制，而幾無立錐之地，因此衍生出失業、酗酒等問題。

　　但漢人社會從輿論到政策，未從歷史與結構地分析原住民問題的根源，卻倒果為因地把原住民問題本質化，以原住民「天性如此」和「素質低落」來解釋他們所遭遇到的生存痛苦。這種倒果為因式的理解反映在政策的擬定上是推出一大堆殘補式的措施，這些未對症下藥的措施不僅未解決原住民的問題，反而製造出原住民浪費國家資源的污名。（註23）

　　近年的國民教育也從根開始入侵原住民的生計經濟。接受學校教育迫使學齡兒童及青少年必須留在教室內，而無法像父祖輩

53

一般漫遊於山林及海洋中，因此中老年的族人逐漸能感受其子孫從自然中取食的能力正日漸衰退。其次，國小學童由校方提供午餐，在學的青少年接受的不是簡單烹調的傳統食物，而是內容及調理都較複雜的漢式食物，青少年已拒絕傳統食物。可以想見這些青少年人畢業離校之後，相應著生產方式的改變及適應，無法留在當地謀生，而只能投入臺灣的廉價勞力市場中；工資所得使他們得以換取以前無法取得的商品，如：較高價的衣飾、現代家電用品、汽、機車等，從而更深地捲入貨幣與市場經濟體系中。僅能以現金換取的物品逐漸侵入原住民的生活中，許多傳統的工藝品，如：紡織品、陶器、竹籐編器等，已慢慢被機製品取代，某些商品甚至在社會及儀式生活中也佔有一席之地（如：煙、酒）。市場商品的依賴與青壯流入臺灣的勞力市場，已經形成互為因果的錯綜關係。

臺灣原住民族在數百年來政經結構的壓迫、及急速現代化的過程中，造成了傳統社會結構、文化、語言及經濟產生很大的斷裂與危機。日治時期以來執政者的法令政策，如原住民保留地相關法令限制所牽涉的有：國家公園法、森林法、野生動物保育法、自來水法、山坡地保育利用條例、水土保持法、原住民保留地開發管理辦法、非都市土地使用管制規則、槍砲彈藥刀械管制條例等。對於原來生產方式的限制與土地的奪取，致使享有臺灣百分之七十高山資源的原住民族，無法靠山吃山，而必須流浪到都市求生存。近年來，原住民的生產方式逐漸在改變中，隨著農業商業化、土地政策的改變、原住民的經濟適應都浮出了問題，再加上外勞政策的不當引進，更造成原住民族群性的集體失業。目前也有許多人力回流部落。

伴隨著文化政治、國家政策的影響下，因需求而創造出過去

所無的生產方式，如原住民文化展演的發展，祭典儀式在臺灣的
原住民文化園區表演給觀光客看，工藝術品的創作與體驗，甚至
網路科技也成為原住民的一種生產方式，例如高雄縣三民鄉「網
咖」的出現，網際網路結合民宿旅遊的經營；而各地文化園區的
文化商品成為周邊效益，尤其在1995年後，地方文化被標舉出來
成為文化建設或社區總體營造的核心；就原住民觀光市場而言，
諸如九族文化村、山地園區等文化展演地點反是少數；更多的是
諸如司馬庫斯、山美、布農部落屋等以社區為名的觀光活動。
「發展觀光」不僅成為當前許多原住民地區從事部落／社區營造的
主要內容取向，「觀光」更成為許多部落生存上經濟出路的優先
選擇。在觀光既是國家政策也是地方想望，既是族人生計所在也
是認同來源時；文化之於經濟或經濟對文化的影響再也不能侷限
在單向的分析。

　　觀光地區之所以願意發展觀光，多數也是為了經濟因素。觀
光區的住民似乎是先著眼經濟收入的增加，並希望藉此能有意無
意地再創造他們的族群性。但是，把文化傳統加以「標籤化」，
「文化」便逐漸與社會現實及文化脈絡脫節，而導入文化的褻瀆，
以及文化商品化、庸俗化的陷阱中。在諸多遊樂事業裡，為觀光
客而演出大眾在刻板印象中原住民的娛樂性表演，可能造成展演
的主事者和參與者因為太過於著重表演的精采引人和經濟價值，
投注過多的精神在虛浮的表演工作，而忽略了傳統文化中值得保
存的珍寶。

　　在這種經濟利益先決的條件下，由於和觀光客之間觀念及文
化的不同，觀光互動下的衝突與誤解似乎就成為難以避免的情
況。對原住民或被觀光者而言，他們需要自己的生活及尊嚴被充
份尊重，而不是被物化。觀光行為涉及觀光客與被觀光者之間的

55 ●●●●●●

互動現象，並經常伴隨著不對等的權力關係。觀光客與被觀光者應是以互相尊重為前提，進行觀光行為。

　　整體而言，臺灣原住民族的社會文化體系經歷了四個演變階段，由於社會文化體系與外來影響互動，文化體系與社會體系有不同層次的整合。這四個演變階段：一是傳統部落生活；二為荷、清時代，建立外來影響的基礎；接著歷經五十一年的日本殖民政府的間接統治，初步介入世界的政治經濟及宗教的體系；最後進入國民政府的治理時期，西方的科層制及外在政治、經濟、宗教等體系，加深擴大其影響力，再加上臺灣當前政治與意識形態之左右，傳統與現代的衝突更加激烈。

　　四個階段之社會文化變遷所產生的適應問題各不相同、性質迴異。在傳統部落由既定的血緣、地緣及各類身分地位形成法則所交織而成的社會生活中，變遷是較緩慢的，而社會文化體系也自然形成自成一格的適應機制，以避免在過激的變動之中，導致社會文化體系的崩潰瓦解。反之，在遭受到大社會的強大外來文化之衝擊時，往往抵擋不了種種壓迫與剝削，從而在內在產生無法適應的狀況。而且這些適應，又因社會文化的不同，而在政治、宗教、親屬、經濟等方面的表現都有所差異。例如，階層化的社會傾向於信仰天主教、政治選舉較易連選連任，平權化的社會則傾向於信仰基督教長老會、政治選舉不易連選連任。面對複雜的臺灣原住民社會文化變遷的現象，我們有必要賦予更多的關懷。

註 釋

1. 一種毒藤，取藤的根莖用石塊將其打碎，榨取毒汁，從溪的上流倒入水中，可讓魚暫時麻痺，等待魚全翻了肚，就到下游去用網收魚。

2. 利用溪中下游河幅窄處，佈置魚籠、竹罩等，由上游持竹竿毆魚，使其順流而下，待魚類流入籠內，再行捕之。

3. Joy Hendry（2004），《社會人類學：他們的世界》，頁297。臺北：弘智文化事業。

4. 余光弘雅美族：http://www.sinica.edu.tw/~dlproj/huso/yamei.html#2。

5. 王銘銘（2003），《人類學是什麼》，頁81，臺北：揚智文化事業。

6. Marvin Harris著，蕭秀玲譯（1998），《人類學導論》，頁234-235，臺北：五南圖書。

7. 王銘銘（2003），《人類學是什麼》，頁81。臺北：揚智文化事業。

8. Marvin Harris著，蕭秀玲譯（1998）。《人類學導論》，頁243。臺北：五南圖書。

9. 此部分可參見黃應貴（1986），〈臺灣土著族的兩種社會類型及意義〉，《臺灣土著社會文化研究論文集》，頁4。臺灣原住民現存九族，依其政治、宗教、經濟及親屬四類制度可分為兩種類型：一種為具有階級性社會而類似沙林斯（M. Sahlins）所說的首長制（chief）社會；另一種則強調平權及個人能力而類似沙林斯所說的大人物（big-man）制的社會。

10. 王銘銘（2003），《人類學是什麼》，頁92。臺北：揚智文化事業。

11. Marvin Harris著，蕭秀玲譯（1998），《人類學導論》，頁238-242。

臺北：五南圖書出版公司。

12.國立編譯館（1994），《臺灣原住民文化基本教材》下冊，頁31。
國立編譯館。

13.莫斯（Marcel Mauss）著，汪珍宜、何翠萍譯（2001），《禮物：舊
社會中交換的形式與功能》，頁14、93。

14.國立編譯館（1994），《臺灣原住民文化基本教材》下冊，頁126、
147。國立編譯館。

15.夏本奇伯愛雅（周宗經）（1994），《雅美族的社會與風俗》，頁118-
119。臺北：臺原出版社。

16.巴蘇雅‧博伊哲努（浦忠成）（1994），《臺灣鄒族的風土神話》，
頁76-77。

17.莫斯著，汪珍宜、何翠萍譯（2001），《禮物：舊社會中交換的形
式與功能》，頁52。

18.中央研究院民族學研究所（1998），《番族慣習調查報告書——賽夏
族》第三卷，頁127。

19.國立編譯館（1994），《臺灣原住民文化基本教材》下冊，頁13。
國立編譯館。

20.黃應貴（1992），《東埔社布農人的社會生活》，頁212-217。

21.黃應貴（1992），《東埔社布農人的社會生活》，頁229-230。

22.李瑛（2001），《點滴話卑南》，頁69-72。

23.夏曉鵑（2004），「從原住民到新移民」，《中國時報》，2004年4月
25日。

問題討論

一、臺灣原住民社會文化體系的特徵。

二、平權社會的經濟與文化及其變遷。

三、階層社會的經濟與文化及其變遷。

四、臺灣原住民社會文化的困局與解決之道。

參考書目

Joy Hendry，林日輝、戴靖惠譯（2004），《社會人類學：他們的世界》，臺北：弘智文化事業。

Marcel Mauss，汪珍宜、何翠萍譯（2001），《禮物：舊社會中交換的形式與功能》，臺北：遠流出版。

Marvin Harris，蕭秀玲譯（1998），《人類學導論》，臺北：五南圖書。

Terry Eagleton，林志忠譯（2002），《文化的理念》，臺北：巨流圖書。

中央研究院民族學研究所（1998），《番族慣習調查報告書——阿美族與卑南族》，第三卷。

中央研究院民族學研究所（2000），《番族慣習調查報告書——賽夏族》，第三卷。

巴蘇雅・博伊哲努（浦忠成）（1994），《臺灣鄒族的風土神話》，臺北：臺原出版社。

王嵩山（1990），《阿里山鄒族的歷史與政治》，臺北：稻鄉出版社。

王嵩山（2001），《臺灣原住民的社會與文化》，臺北：聯經出版社。

王嵩山（2003），《聚落經濟、國家政策與歷史：一個臺灣中部原住民的例子》，南投：國史館臺灣文獻館。

王銘銘（2003），《人類學是什麼》，臺北：揚智文化事業。

李瑛（2001），《點滴話卑南》，鶴立實業有限公司。

阮昌銳（1969），《大港口的阿美族上冊》，臺北：中央研究院民族學研究所。

夏本・奇伯愛雅（周宗經）（1994），《雅美族的社會與風俗》，臺北：
　　臺原出版社。

夏曉鵑（2004），「從原住民到新移民」，《中國時報》，2004年4月25
　　日。

國立編譯館（1998），《臺灣原住民文化基本教材》，下冊，臺北：國
　　立編譯館。

國立編譯館（1998），《臺灣原住民文化基本教材》，上冊，臺北：國
　　立編譯館。

喬宗忞（2001），《魯凱族史篇》，南投：臺灣省文獻委員會。

黃應貴編（1986），《臺灣土著社會文化研究論文集》，臺北：聯經出
　　版社。

黃應貴（1992），《東埔社布農人的社會生活》，臺北：中央研究院民
　　族學研究所。

廖守臣（1998），《泰雅族的社會組織》，花蓮：私立慈濟醫學暨人文
　　社會學院。

鄭全玄（1995），《臺東平原的移民拓墾與聚落》，臺北：知書房。

第二章　臺灣原住民族的社會、經濟與文化變遷

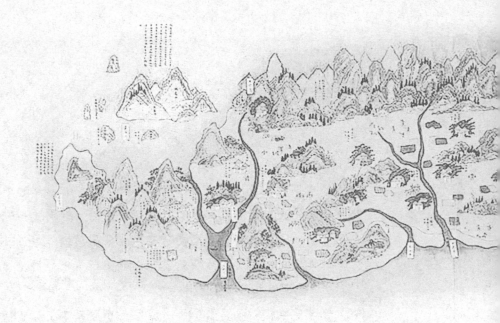

第三章　日治時期台灣社會與特種行業問題（1895-1945）

朱德蘭

中央研究院人文社會科學研究中心、台灣史研究所
合聘副研究員

作者簡介

朱德蘭

　　日本國立九州大學史學博士。專攻海洋史、台灣史、華僑史。現任中央研究院人文社會科學研究中心、台灣史研究所合聘副研究員、國立中央大學歷史研究所兼任副教授。曾任日本法政大學沖繩文化研究所客員研究員、台北中琉文化經濟協會歷史委員會主任委員。

　　曾經參與執行蔣經國學術交流基金會與日本文部省補助，編輯整理「長崎華商泰益號關係商業書簡資料」計畫、台灣省文獻委員會補助「台灣地區戒嚴時期政治案件」研究計畫、主持台北市政府文化局補助「歷史的傷口——台籍慰安婦口述史」計畫。

　　代表著作有：《長崎華商貿易史的研究》（東京芙蓉書房，1997）、《崔小萍事件》（南投台灣省文獻委員會，2001）、《台灣總督府と慰安婦》（東京明石書店，2005）。主要編輯：《長崎華商泰益號關係商業書簡資料集：台灣、日本地區商號》70冊（1990-1995補助計畫）、《台灣慰安婦關係資料集》2卷（東京不二出版社，2001）等文獻、專書及論文集共79冊。

教學目標

　　本教學目標主要利用台灣總督府檔案、地方文獻資料，從社

會、文化的角度，針對日治時期台灣特種行業問題，分別就台灣
總督府如何控制社會秩序、導入日本公娼制度的目的、台灣特種
行業的發展特色、特種行業和地域社會之間的互動關係、特種行
業的興盛會造成什麼社會問題等，做一具體的分析。

　　根據本教學內容可以瞭解日治時期台灣總督的權力很大，其
維持社會治安的利器是依靠「警察政治」；台灣公娼制度、各種
特種行業法令都源於日本；台灣的特種行業隨著近代化資本主義
經濟的發達、時代潮流的變遷，出現了極大的量變和質變；台灣
總督府認為特種行業的多元化和社會功能較它所產生的弊端，如
危害社會風俗、國民健康、違反人道等，具有正面意義，正因如
此，故對其經營活動係採取比較寬鬆的管理態度。

　　特種行業的盛衰是資本主義經濟景氣消長的重要指標之一，
現今台灣雖已廢除了公娼制度，但不可否認的，特種行業改用其
他營業方式依然欣欣向榮，而從特種行業的發展變化史裡，可讓
吾人深思特種行業所帶來的社會問題。

摘　要

　　本章討論日治時期台灣總督府為榨取台灣經濟利源，利用警
察權力嚴密的控制社會治安，運用軍事、立法、行政等大權推展
近代化基礎建設事業，由於吸引眾多日本人來台投資和就業，故
特種行業就隨著資本主義經濟的發展、時代潮流的變化，而出現
前所未有的量變與質變。台灣總督府基於防範性病傳染、維持社
會公共秩序的目的，雖然頒布了許多法令予以管束，但卻並未嚴

第三章　日治時期台灣社會與特種行業問題（1895-1945）

格的執行。特種行業的內容多采多姿,既可滿足男性的不同需求,又可充當官員、富商公私活動中的社交媒介,和與餐飲業、百貨業、旅遊業、交通運輸業等形成共存共榮的連帶關係,而儘管它的繁榮會引起民眾追求歡樂、遊蕩浪費、買賣婦女、流鶯賣淫、性病蔓延等不少社會弊害,但台灣總督府卻仍容許它擴張經營,使其發揮多元的社會功能。

壹、前言

　　世界上只要男人有尋花問柳的需要，就有提供和滿足他身心的歡樂市場。這種供需關係既是一種社會現象，也是一種歷史現象。台灣是一個移民社會，早在日本殖民以前，北部最重要的市街大稻埕、艋舺，南部商業發達的鹿港和台南，就已有適應下流社會所需要的娼妓業，和為仕紳、文人、富豪侍酒唱曲或侑酒吟詩出賣才藝的藝旦（藝妓）業。

　　迨至日治時代，日本商人鑑於來台創業、就業的日本男性多於女性，收入比內地豐厚，但卻缺乏合乎其消費習慣的娛樂設施，故相繼來台投資特種行業，台灣總督府則為控制性病傳染和維持社會風紀起見，而導入了日本國內的「公娼制度」。因此，特種行業便在台灣總督府積極的推行資本主義經濟政策，和時代潮流的推波助瀾下，迅速的出現了量變與質變。

　　有關台灣總督府實施「公娼制度」的情形如何？特種行業的發展變化如何？特種行業和地方社會之間有何關係？特種行業的繁榮會引起什麼社會問題？等，是台灣社會史中很值得探討的課題，本文從社會、文化的角度，擬就日治時期台灣社會概況、台灣公娼制度的導入、特種行業與地域社會關係、警察取締特種行業實況、特種行業的社會問題等項目做一具體的分析。

第三章　日治時期台灣社會與特種行業問題（1895-1945）

貳、日治時期台灣社會概況

　　台灣在日治以前，社會治安不好，由於治安差，社會不靖，資本不易積蓄，故產業經濟的發展比較遲緩。但自一八九五年日本殖民台灣以後，台灣總督府為使台灣儘速的編入日本帝國的經濟體系內，所以頗致力於維持社會治安、推動資本主義的經濟措施，而其推展利器就是透過警察權力，全面的實行「警察政治」。（註1）

　　日治初期，日本開發台灣經濟活動的最大障礙是殖民地民眾的反抗運動，為此日本政府賦予台灣總督軍事、行政、立法、司法等大權，並輔以發展資本主義經濟為核心的民政系統，俾使台灣總督便宜行事，頒布法令，壟斷經濟利源。如就台灣總督的施政和社會變遷而言，在一八九五至一九一九年間，係採取「先漢後蕃」的軍事鎮壓策略，力求掃除民眾的武裝抗日運動，以維繫社會秩序。（註2）

　　其間曾於一九〇一年實施廳制，廳以下設支廳，支廳長由警部長或辦務署長擔任，部屬多為警政人員。警察的職權很大，負責掌管地方行政和治安，在高山地區要擔任交易、授產、教育、衛生等多元職務，以為推行政策的主力軍。（註3）台灣總督府為控制地方社會，對人口眾多的漢族，乃運用台灣傳統的保甲制度和基層行政的警察政治措施，以確保治安和發展殖民地產業經濟。保甲制度的起源很早，簡言之，是將各戶組成小單位，以十戶為一甲，以十甲為一保，採用「連坐法」以助警察推行政令，依此，各級政府便可嚴密的維持地方秩序，有效的從事徵稅、衛

生防疫、教育文化、戶口普查、土地調查等事務，並可順利的完成近代化基礎建設、衛生醫療系統、推動日語教育系統以及改變漢族男子辮髮，女子纏足的社會陋習。（註4）

　　一九二○年台灣改革地方制度，雖將警察事務與基層行政業務分離，但警察對於民眾的生活控制，因增加掌管言論、出版、集會、結社等職務反而強化了權力，迨一九三○年代進入戰爭時期，警察權力更進一步的擴大成統制民生物資、徵調兵源的執行者。（註5）

　　觀察台灣社會，約從一九一九年開始就出現了相當明顯的變化，究其原因應和第一次世界大戰結束日本帝國主義勢力膨脹，台灣總督府欲使台灣成為南進據點，推行內地延長主義的同化政策有關。自一九二○年起，台灣人口呈現穩定的成長，平均壽命延長，從事非農業生產的漁業、礦業、工商業、交通業人口逐年的增加，這些改變充分的說明醫療衛生和營養的改善，對發展資本主義產業經濟具有重要的意義，惟台灣人和在台日僑，無論在教育資源或經濟資源的分配上，都備受殖民地政府的差別待遇，尤其是在政治升遷方面特別地顯著。根據統計，在台二千多名高級官吏中，台灣人不但只佔二十幾名，人數極少，而且還多屬低層官吏，至於社會裡的各行各業、各個機構，也多普遍存在日、台人待遇不同的問題。（註6）

　　「警察政治」控制台人的輔助手段是「嚴刑峻罰」。如從長期來看，台灣人的犯罪人數比率不高，以一九三○年為例，全台犯罪人數計三萬五千餘人，約佔總人口的萬分之七十五，其中屬於殺人、搶劫等重大犯行的案件很少，以觸犯輕罪者較多；一九四一年的犯罪人數有五萬七百餘名，約佔總人口的萬分之八十一，年平均增加率幾乎不到萬分之一，犯罪行為仍以輕罪者和違反戰

69

第三章　日治時期台灣社會與特種行業問題（1895-1945）

時經濟統制令者居多。（註7）

　　一九三七年中、日兩國爆發蘆溝橋事變後，台灣社會被捲入國家總動員體制中，台人的生活物資漸漸地匱乏，全民都要配合國策，努力的增產軍需品，社會輿論受到嚴厲的管制，民眾都要被改造成對母國忠貞不二的愛國「皇民」。

　　戰時台灣總督府推行「皇民化運動」如火如荼，主要項目有「國語（日語）運動」、「改姓名運動」、「宗教信仰改革運動」、「軍事動員」等。具體的說，台灣總督府取消台灣人讀的小學（公學校）教授漢文課和禁止發行漢文版報紙，譬如使用日語的「國語家庭」可以獲得獎勵；台灣總督府不強迫台人改用日本姓名，但卻利誘台人改姓名；台灣總督府禁止台人拜祖先、演戲酬神，提倡台人參拜神社，在家要奉祀日本神符（神宮大麻）以代替傳統的神主牌位。台人如辦婚喪喜慶活動，要採日式婚禮、喪禮，政府官員鼓勵民眾去神社，為出征的戰士祈福，和為陣亡的人士致哀。（註8）

　　中日戰爭初期，台灣總督府開始大規模的徵調台人擔任軍夫（軍中雜役）、農業義勇團員、翻譯（通譯）、野戰郵務員、軍方委託調查員等軍務，給一部分的台人家庭生活帶來若干的影響。一九四一年十二月日本爆發太平洋戰爭後，台灣總督府為擴大軍事動員，大量的徵用：高砂義勇隊、拓南工業戰士、勤行青年報國隊、奉公團、設營隊、隨軍醫師、護士（看護婦）、翻譯、俘虜監視員、學生兵（學徒兵）、少年工、軍用娼妓（慰安婦）等台灣男女青少年前往戰地或兵工廠為國效命。一九四二年，台灣總督府實施「陸軍志願兵」，一九四三年實施「海軍志願兵」制度，擴充兵源。一九四五年六月，頒布年齡十五歲至六十歲的男子，以及十七歲至四十歲的女性都要有服兵役和接受徵召軍務的義務，自

此全台廣大的民眾都被編入軍事動員的網絡中，從而社會大眾的思想、日常生活都和戰爭息息相關。等到一九四五年第二次世界大戰結束後，根據專家學者的推估，戰死和流亡島外的台灣人可能多達三十萬名。（註9）

參、台灣公娼制度的實施

台灣總督府在殖民之初，爲鎮壓全台由北而南各地民眾的抗日運動，公告嚴刑屬法，實施「軍政」統治，（註10）當時雖然禁止日本女性渡台，暫以台灣私娼滿足日本軍人、官員的性需求，但日本娼妓仍然偷渡來台，因此，日本官民感染梅毒的患者約佔渡台總人數的四分之一，比率很高。（註11）

一八九六年三月台灣總督府解除軍政改行「民政」以後，開始開放日本婦女自由渡台，然因日本官吏嫖妓，紊亂官紀，感染性病的人數不少，嚴重的影響統治階層的威信，是以就將日本行之已久的「公娼制度」迅速的導入了台灣。（註12）

一、台灣各地頒布特種行業法令

一八九六年台灣總督府開放日本特種行業婦女渡台後，特種營業店號便有如雨後春筍般的到處林立，那時每艘渡台輪船，平均約載一百四十至一百五十名的娼妓來台，這些女子的戶籍多在日本國內的天草、島原、山口、廣島、大阪等地，截至同年六月中旬爲止，統計在二千名女子當中，約有十分之六寄居台北，十分之三住在基隆，其餘則到中南部的料理店、飲食店從事特種行業。

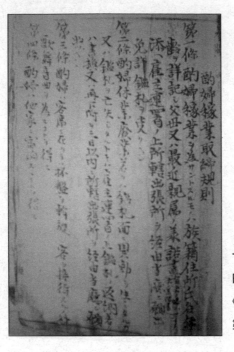

一九〇〇年台東廳公告
的婦從頁業取締規則。
《台灣總督俯公文頻纂》
第496冊。

　　台北縣政府鑑於從事特種營業的人數激增，頗須立法管理，
遂率先於一八九六年六月頒布縣令甲第一號「貸座敷（妓院）並
娼妓取締規則」，（註13）同年七月公告縣令甲第八號「藝妓營業
取締規則」；台中縣政府緊接其後，頒布縣令第二號「貸座敷並
娼妓取締規則」、縣令第六號「密賣淫取締規則」、同年十月再公
告縣令第九號「宿屋（客棧）營業取締規則」；十一月澎湖島廳
政府頒布「料理屋飲食店營業取締規則」，接著一九〇〇年台東廳
政府公告廳令第十四號「酌婦稼業（酒女從業）取締規則改正」，
全台各地方政府都陸續的頒布取締法令，這些法規的實施反射出
特種行業的發展遍及全台的狀況。（註14）
　　台灣特種行業法規源起於日本內地，在內容上大同小異，主

要項目如下：（1）劃定公娼區營業；（2）業者如欲擴大營業，必須要向轄區官廳申報核准；（3）娼妓業者不得兼營旅館或職業介紹所；（4）業者不得裝潢耀眼的店面引人側目；（5）娼館須設立「組合（同業公會）」，藝妓要設置處理藝妓業務的「檢番」組織，以助警察掌握各業經營實況，俾便課徵營業稅、防範性病傳染、維護社會公共秩序和善良風俗。（註15）

　　值得一提的是，娼妓在日本國內和在台的從業年齡不同，前者根據一九〇〇年內務省令第四十四號第一條規定必須要年滿十八歲以上，（註16）後者的就業年齡則因地而異，如台中縣規定要年滿十五歲，澎湖廳最初規定年滿十六歲，一九〇〇年改成十八歲，直到一九〇六年全台才統一為十六歲。（註17）日、台人從娼年齡的不同，是促使在台日本公娼人數多於台灣本地公娼人數的原因之一。另，台灣總督府為吸引日人來台投資，因給日本

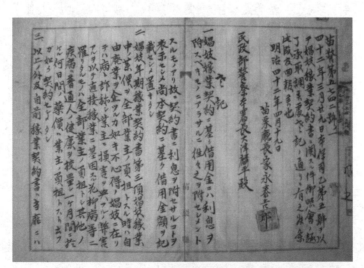

一九〇九年苗栗廳頒布娼妓從業契約書。《台灣總督府公文類纂》第5325冊。

第三章　日治時期台灣社會與特種行業問題（1895-1945）

業者提供許多有利可圖的商機，故也誘使特種營業業者引進五花八門的日本色情文化，把台灣變成男性可以縱慾享樂的「極樂寶島」。（註18）

二、特種行業執照（鑑札）制度

台灣資本主義經濟的繁榮對刺激特種行業的商業景氣頗有助益，從而也促進私娼的賣淫活動，而台灣總督府為保障公娼取締私娼係以施行下述法令，以期加強規範特種營業，即：

凡欲為娼妓業者須經指定的醫師檢診，然後繕具左列開事項親赴本廳或支廳呈稟，請給允准憑證。

業者不得在同一屋內兼開客棧或斡旋業；如查出藝妓或雇人有性行不良或傷敗風俗等不法行為，應令解僱不用；業者不得使客人留宿；業者不得使藝妓或以戲耍為業的人住宿；飲食店者不得使藝妓服侍客席或寄宿。

業者不得使沒有從業憑證的藝妓和酌婦從事類似藝妓、酌婦的職業。

藝妓、酌婦、女給（女招待）應遵守：從業時要攜帶從業准許證（含旅行認可證），藝妓不得在客棧內從業，酌婦、女給不得在客席上做歌舞樂曲的表演，女給亦不可伴隨客人外出。（註19）

上列法令說明特種行業按照服務類別和對象的不同，從業人員必須要個別申請營業執照（鑑札）方可就業，如非從事娼妓業者，則禁止逾越本業兼營他業。

又，據「娼妓身體檢查及治療規則」規定，娼妓要依照官廳

所指定的場所，定期接受健康檢查，如經診斷確定從業人員有病，就應休息住院治療，直到身體痊癒以後才可從業，如有違反規定者，就要予以拘留或罰金。但若不是從事娼妓業的特種行業女子，會因法令規定禁止其賣身進行性交易行爲，而無強制性的要求她們要做定期身體檢查。

肆、特種行業的擴張實況

一、特種行業的量變

　　台灣社會早在日本統治以前就已繼承了中國大陸的花柳業文化，但因未定公娼制度，所以缺乏特種營業的統計數字，迨至台灣總督府實施公娼制度以後，特種行業的日、台人族別數量差距頗大，譬如在店數方面，一八九七至一九○五年，年平均約一千六百五十一間，一九一五至一九三○年，年平均增至二千九百六十六間，一九三五至一九四一年，年平均再增到四千四百一十九間；其中，屬於日本人經營的娼館（貸座敷）年平均有九十間、料理屋三百六十三間、咖啡店七十六間，這些數字分別超過台灣人經營的妓院二十間、料理屋三百二十五間、咖啡店六十八間。（見表3-1）

　　再看從業女子的人數，日本公娼年平均計七百五十八人，就業地區以台北居多，台灣公娼五十五人，就業地區以台南爲多。關於藝妓、藝旦的人數，日本藝妓年平均計七百三十五人，就業地區以台北居多，台灣藝旦年平均二百九十三人，分布地區以台

表3-1　歷年特種行業業別數量統計表　　　　　　　　　（單位：店數）

年度	貸座數	料理屋	待合貸席	旅人宿	飲食店	咖啡店	舞踏場	合計
1897	92	331	--	267	273	--	--	963
1898	106	484	3	426	488	--	--	1,507
1899	125	492	4	421	555	--	--	1,597
1905	112	430	4	425	853	--	--	1,824
1915	143	578	1	335	1,234	--	--	2,291
1925	130	707	22	422	1,660	--	--	2,941
1930	123	753	154	498	1,870	--	2	3,400
1935	113	899	184	485	1,913	171	2	3,767
1936	116	874	181	488	2,054	169	4	3,886
1937	116	867	186	501	2,122	162	4	3,958
1938	118	941	180	494	2,308	171	4	4,216
1939	112	903	150	493	3,102	--	3	4,763
1940	127	866	132	508	2,665	203	--	4,501
1941	107	844	134	525	3,065	191	--	4,866

備註：貸座數指妓院；貸席、待合指出租房間供男女約會之處；旅人宿指客
　　　棧；舞踏場指舞廳。咖啡店、舞踏場的統計數字始於1932年。
資料來源：根據台灣總督府民政部文書課，《台灣總督府第一、二、三、九、
　　　　　十九、二十九、三十四、三十九、四十、四十一、四十二、四十
　　　　　三、四十四、四十五統計書》，〈警察取締二係ル營業〉，台北：台
　　　　　灣總督府官房調查課製作，1899-1943。

北、台南較多。有關酌婦的人數，日本酌婦年平均計五百七十五
人，就業地區以台南爲多，台灣酌婦年平均一千五百八十人，分
布地區以台南、高雄、台北居多。歷年女給的人數，日本女給年
平均六百四十三人，就業地區以台北最多，台灣女給年平均七百

表3-2　歷年特種行業從業女子人數統計表　　　　　　（單位：人數）

年度	娼妓	藝妓	酌婦	女給	舞踏手	貸座敷雇人	合計
M30(1897)	664	428	233	--	--	--	1,325
M31(1898)	912	616	313	--	--	--	1,841
M32(1899)	1,083	658	500	--	--	--	2,241
M38(1905)	711	472	503	--	--	--	1,686
T4(1915)	1,322	988	759	--	--	--	3,069
T14(1925)	1,050	1,178	1,076	--	--	--	3,304
S5(1930)	1,119	1,358	1,772	--	--	353	4,602
S10(1935)	1,026	1,170	2,524	1,279	63	524	6,586
S11(1936)	1,063	1,214	3,020	1,379	48	502	7,226
S12(1937)	1,040	1,190	2,882	1,346	58	582	7,098
S13(1938)	1,055	1,210	2,841	1,598	47	578	7,329
S14(1939)	969	1,275	3,397	2,254	--	156	8,051
S15(1940)	1,017	1,331	3,578	2,189	--	498	8,613
S16(1941)	925	1,082	3,796	2,034	--	723	8,560

備註：M爲明治年號、 T爲大正年號、 S爲昭和年號。酌婦指酒女，女給爲女
　　　招待，舞踏手是舞女。女給、舞踏手的統計始於1932年。
資料來源：同表3-1。

二十人，就業區域也以台北最多。（見表3-2）

二、特種行業的質變

　　日治時期，台灣總督府爲榨取台灣的經濟資源，使台灣變成
日本資本與商品的輸出地，故一面以行政、財政的力量吸引、勸
誘日本人來台創業和就業，另一方面也投入大量的經費和技術

推展近代化基本建設事業，由於日、台二地之間人、財、貨的流通量不斷的增加，逐形成長期居住或短期寄留台灣的日本人、中國人、朝鮮人的男女性別比率頗爲懸殊。（見表3-3）而特種行業則因可爲異鄉人提供精神慰藉和滿足性慾需求，故憑藉特殊的人口結構及資本主義經濟發展的作用得以日趨繁榮，爲台灣既有的特種行業增添了內涵多元的文化色彩。

　　如從特種行業的質變來說，約於一九一〇年前後，台灣除了保存中國傳統式的妓院、酒樓以外，還增設不少日本式的商店，

表3-3　歷年台灣人口性別比率表　　　　　　　　　　　　（女性100）

年次	人口總數	本島人	中國人	日本人	韓國人	外國人
1896年	--	118.2	--	441.7	--	--
1897年		118.2	--	346	--	
1898年	--	113	--	227.3		
1899年	--	118.8	--	208.7		
1900年		117.3		182.88		
1905年	3,039,751	111.5	1,911.9	152.5	--	254.3
1910年	3,479,922	107.3	532.7	126.9		186.6
1920年	3,655,308	105.7	391.0	129.1	680.0	134.5
1925年	3,993,408	104.3	279.5	119.2	84.47	233.7
1930年	4,592,537	103.4	256.4	120.5	96.06	179.4
1935年	5,212,426	102.9	213.5	116.1	59.86	153.0
1940年	5,872,084	101.6	192.9	107.5	76.0	158.7

備註：空白欄爲資料缺載。
資料來源：根據台灣總督府民政部文書課（1902），《台灣總督府第四統計書》。台北：台灣總督府官房文書課，頁55。台灣省行政長官公署統計室編（1969），《台灣省五十一年來統計提要》，台北：台灣省行政長官公署統計室製作，進學書局1969年複印本，頁102-103。

台灣社會、經濟與文化的變遷

如名稱為貸座敷（kashizahiki）的娼館、料理屋（Japanese high class restaurant）、旅館、飲食店（指設備、消費額比料理店低級的餐飲店），和出租房間專供男女幽會名稱為「待合」（mahiai）或「席貸」（sekigahi）（二者均指包廂，但設備、價格不同）、旅人宿（客棧）：一九二○年代還出現有小姐服務的咖啡店、舞廳（舞踏場）等新興行業，以上色情行業的設置點主要在政治中心的台北，軍事要塞的基隆、馬公，以及各交通要道、港口碼頭附近和新、舊商業區。

　　一般而言，台、日人經營特種行業的差異，在酒樓為客人表演中國傳統樂曲、吟誦詩詞的是台灣藝旦；在料理屋為客戶表演日本地方歌謠、樂曲、舞蹈的為日本藝妓（geisha）；在妓院為男性出賣身體的是娼妓；在飲食店或待合、席貸為顧客服侍飲酒、陪客做樂的是日本酌婦（shakufu，waitress）；在咖啡店陪伴客人飲酒、聊天歡唱的則為年輕時髦的台、日人女給（jokyu，hostess）。（註20）

　　大體的說，在一九二○年以前，日、台人因語言隔閡，特種

日本人藝妓。引自荒川久，《島都評判記》（台北：世相研究社，1930）。

第三章　日治時期台灣社會與特種行業問題（1895-1945）

79

台灣人藝旦。台北：中央研究院台灣研究所收藏。

行業的服務內容不同，和傳統台灣藝旦與日本藝妓無論在打扮和表演樂器、樂譜、歌舞上，取悅客人的方式、演唱環境都不相同，故日、台人的特種行業除了在官方或民間舉辦的喜慶儀式、祝賀宴席活動中，會有聚集接觸的機會外，平時營業多為各行其道，互不往來。但自一九二○年以後，只有傳統藝旦業和藝妓業仍維持其各自的消費市場，妓院、酒家、咖啡店等則逐漸隨著日語教育的推廣，都市人日常生活作息習慣的接近，而使這些不需要有特別專業訓練的服務業，出現了超越族群意識，互相融合參與、合作宣傳性產業的情形。（註21）

值得一提的是，約自一九二○年開始，台灣近代化的交通運輸系統和住宅、衛生設施為異鄉人提供了適合就業與寄居的環境，加上殖民政府發展資本主義的結果，改變了台灣的經濟景

日本人藝妓演藝會實況。桑原政夫編，《基隆市廳
舍落成紀念展覽會》（基隆市役所，1933）。

象。由於吸引不少有經濟實力的日本人來台旅遊和創業，故特種
行業不但能在人口密集的繁榮都會裡擴張營業，而且它的興隆可
以帶動旅遊業，旅遊業的旺盛可以刺激餐飲業、百貨業的景氣，
從而促進日、台二地之間人、財、貨的移動，爲彩色繽紛的都市
積蓄豐沛的能量，這些元素無疑的，都是使從事特種行業的人不
斷的產生量變和質變的要因。（註22）

伍、特種行業與地域社會關係

　　特種營業是反映社會大眾追求享樂主義的一種行業。通常上
流階層嗜好有姿色、才藝和禮儀教養高尚的藝妓、藝旦充當其社
交活動中的媒介；中產階級喜歡個性活潑、打扮時髦，屬於平價
消費的女給做其消遣娛樂的玩伴；收入低微的下層社會男性則只

求能以少許金錢買春，解決其簡單的性慾問題。正因特種行業具有滿足個別男人身心慾望的功能，故得和各階層消費者之間形成相當密切的供需關係。

一、特種行業參與地方活動

日治時期，台灣總督府爲配合中央政府推行殖民地政策起見，除了使用日本年號、陽曆、實施週一至週六上午工作，週六下午、週日放假的「星期制」日常生活作息制度外，（註23）還移植了日本十三個國定假日，和新訂台灣始政紀念日、台灣神社祭兩個慶典節日來推展政務。（見表3-4）

如就國定假日和特別紀念日而言，各級政府單位和學校機構

表3-4　大正時期（1912-1925）台灣總督府舉辦慶祝活動的節日

節日名稱	日期	節日名稱	日期
四方拜（元旦祭）	1月1日	天長節*	8月31日
元始祭	1月3日	秋季皇靈祭	9月24日
新年宴會	1月5日	神嘗祭	10月17日
紀元節	2月11日	臺灣神社祭	10月27、28日
春季皇靈祭	3月21日	天長節祝日	10月31日
神武天皇祭	4月3日	新嘗祭	11月23日
臺灣始政紀念日	6月17日	大正天皇祭	12月25日
明治天皇祭(明治節)	7月30日		

＊：天長節指日本天皇的誕辰，明治期爲11月3日，昭和期爲4月29日。
備註：欄中的日期爲西曆。
資料來源：引自呂紹理（1999），〈日治時期台灣的休閒生活與商業活動〉，
　　　　　《台灣商業傳統論文集》，台北：中央研究院台灣史研究所籌備處，
　　　　　頁362。

在舉行盛大的慶祝活動時，都會邀請官吏、社會名流出席，並安排藝妓、藝旦、女給表演餘興節目，藉以吸引民眾踴躍參與，兼向島內外人士宣揚其施政成績。（註24）至於平日，每逢官員有人事異動時，會舉辦送舊迎新的祝賀宴會，工商界人士要慰勞員工時，會舉辦聚餐活動，而主辦者為使場面充滿歡樂、熱鬧的氣氛，特別喜歡邀請藝妓、藝旦唱曲，酌婦、女給侍酒，以娛樂賓客。（註25）

在台灣人方面，台灣總督府認為漢族社會長久以來就有使用陰曆和舉辦民俗節慶的習慣，這些活動因不妨礙社會治安，故允許繼續保留。（見表3-5）台灣漢族祭拜神明的種類繁多，通常寺廟在舉辦民俗活動時，主辦單位會鼓勵各行各業的業主出資裝飾新奇華麗的花車隊伍遊行繞境，舞龍舞獅，鑼鼓喧天。特種行業女子在遊行隊伍中則常扮演歷史人物，站在佈置美麗的台閣上（俗稱藝旦閣、詩意閣），彈琴奏曲、手足舞蹈。（註26）

表3-5　日治時期台灣人舉辦民俗活動的節日（舊曆）

節日名稱	日期	節日名稱	日期
元旦	1月1日	臺北大稻埕城隍廟祭日	6月12日至14日
玉皇上帝誕辰	1月9日	觀音菩薩誕辰	6月19日
元宵節	1月15日	中元節	7月15日
土地公誕辰	2月2日	中秋節	8月15日
嘉義北港朝天宮媽祖誕辰	3月23日	重陽節	9月9日
端午節	5月5日	尾牙	12月16日
關帝廟、城隍廟祭日	5月13日	除夕	12月30日

資料來源：片岡巖（1921），《台灣風俗誌》，台北：台灣日日新報社，頁74。

第三章　日治時期台灣社會與特種行業問題（1895-1945）

特種行業女子參與地方社會民俗活動的意義為：（1）她們用新奇、豔麗的外形和表演方式，一面吸引人潮觀賞，一面表達個人向神明貢獻才藝的心意；（2）她們想利用這種機會，宣傳、推銷自己的姿色和才藝，以期博得遊客的欣賞，達到名利雙收的效果。（註27）

　　特種行業的盛衰需有物質經濟的發展和政府態度的支持。特種行業為和政府維持良好的互動關係，於發生災難時，或在中日戰爭、太平洋戰爭期間，政府需要民眾樂捐軍事費用之際，特種行業人員都會主動、熱忱的慷慨解囊或舉辦義演活動，以此彰顯

台南「招仙閣」藝旦為賑災募捐活動義演新聞。《台南新報》昭和10年5月7日，第11973號。

台灣社會、經濟與文化的變遷

她們對社會的關愛和對國策的擁護。（註28）

二、特種行業與地方產業的網絡關係

　　和特種行業相關的地方產業類別很多，如從日本藝妓的裝扮來說，支撐藝妓業的產品有：假髮、花簪（髮飾）、化妝品、和服、腰帶、短襪、木屐、扇子、皮包、洋傘、三絃琴（三味線）等；和台灣藝旦裝扮有關的商品包括：髮飾、化妝品、旗袍、絲襪、皮鞋、皮包；屬於日、台、朝鮮人酌婦、娼妓使用的職業用品有：化妝品、質料低級的和服、腰帶、短襪、木屐、髮飾、中國式衣裙、皮鞋、皮包；和日、台、朝鮮人女給有關的商品為：化妝品、帽子、洋裝、圍裙、高跟鞋、絲襪、皮包、香水等。

　　其次，支撐特種行業經營活動的產業類別不少，如：（1）飲食類：食品、雜貨、食用油、工業油、米穀、調味品、酒類、茶葉、冰製品；（2）服飾類：衣料、西服、木屐、鞋子、髮飾；（3）住屋類：家具、電器品、旅館；（4）交通類：輪船、火車、汽車（自動車）、人力車；（5）保健類：產婆、中藥、西藥、醫院、醫療品、運動用品；（6）娛樂類：電影院、俱樂部、撞球場、舞廳、溫泉旅館、咖啡店、茶館、小吃店、唱片、收音機；（7）日常用品類：玩具、鐘錶、眼鏡、文具、書報雜誌、香支、蚊香、殺蟲劑、肥皂、化妝品、茶具、雨傘；（8）其他：照相館、美術工藝、樂器、建築裝潢、水泥、木材、保險、運輸、汽油、觀光、會計事務、律師、債券等。（註29）

　　特種行業還和酒產業關係密切。一般而言，台灣人嗜好飲用蒸餾酒類的米酒，日本人愛好釀造酒類的清酒、啤酒、葡萄酒、濁酒等。（註30）台灣總督府為增加稅收，自一九二二年實施酒

85 ●●●●●●

專賣制度後，專賣局為了促銷酒，除了在咖啡店舉辦試飲會推銷酒以外，另還將酒的廣告招牌懸掛在全島鐵道沿線、火車站、重要道路交叉口、商品展示會場等公共場所，以及旅館、食堂、商店、料理店、咖啡店等引人注目之處。經銷酒的代理商也深知風化場所是大量酒的消費據點，故在全台各地的妓院、酒樓、酒家門前或屋頂上多會懸掛：白鶴、月桂冠、富久娘、櫻正宗、菊正宗、楓白露、忠勇、瑞光、澤之鶴等日本商標的清酒，或朝日、麒麟、エビス等著名啤酒的宣傳廣告。（註31）

酒、女人、歌舞向來就是社會大眾尋求刺激與喜愛追逐的消費對象，特種行業和上述產業結合，因能滿足產銷雙方市場的共同利益，故得以分工繁細、社會功能分殊的方式，來加強以特種行業為核心的產業網絡依存關係。

陸、警察取締特種行業實況

一、警察取締特種行業案件數量

日治時期警察取締特種行業的案件主要有：（1）未領執照秘密賣淫的私娼；（2）從業女子違反公娼法，擅自離店外出不歸；（3）從業女子未做定期健康檢查，感染性病；（4）從業人員逃稅等。如就犯案人數來說，一八九七年從事賣淫和拉皮條（媒合容止）的罪犯，被處以拘留的日本男性有二十人、日本女性有一百三十人、無台灣人；被處分罰款的日本男性有九人、日本女性四十三人；台灣男性五人、台灣女性三十七人，統計上列人數，日

本男性共二十九名、日本女性一百七十三名；台灣男性五名、台灣女性三十名，總計二百四十四名。一九○五年因違反善良風俗罪被拘留十五天的日本人有四十四名，台灣人有一百一十二名。一九二五年警察取締掠奪誘拐罪的日本人有一名，台灣人有十一名。一九三七年取締相同罪名的犯罪人數，日本人有一名，台灣人有四名，一九四一年分別爲日本人一名，台灣人七名。

綜上犯案人數所佔全台各種犯案總數中的百分比極低，且有日本人數量漸減，台灣人漸增的趨勢，但在實際上，日、台人從事買春賣春、買賣女口的案件很難查獲，加上怠忽職守的警員也不少，因此這些統計數字應和現實社會的犯案人數頗有出入。另，有一部分從事賣淫的台灣藝旦、酌婦、娼妓，爲了減輕罰款負擔，還有由會員共同分攤被警察逮捕繳納官廳罰金的「姊妹會」互助組織。（註32）

二、警察取締特種行業案件實況

有關警察取締特種行業案件的內容，常見諸全台各地的新聞報導，舉例言之，如：

取締私娼賣淫案件

一九一四年三月三十一日《台灣日日新報》記載，基隆市內日本人經營的料理店僱用藝妓、酌婦白天招待客人，夜晚就偷偷賣淫，警察於二十八日深夜進行臨檢時，查獲幾家處以罰款，其中著名的「吾妻樓」有四名女子賣淫。一九三三年十月十一日《台南新報》報導，高雄市民李秀琴和林允帶李氏養女劉月英（十七歲）到市內北野町一丁目十二番地一個名叫陳肚的家中去賣

淫，不料被巡警檢舉。經偵訊後得知劉月英賣淫的收入，是由養母李氏抽二成，拉皮條的介紹人林允抽二成，私娼本人得六成。又，同年十月十六日新竹市報導，該市私娼賣淫之風日盛，當局為圖整頓風紀，令派出所警察於十二日夜十一時進行臨檢，結果查獲四十一名私娼，其中有的以口頭告誡釋放，有的罰款五圓後釋放，有的則不繳罰款改以拘留處分。另，高雄市鹽埕町有間名稱為「上海」的咖啡店，因讓店內女給陪客投宿旅館，紊亂風俗，故被警察檢舉後，予以停業二十天的處分。（註33）

取締性病案件

一九一五年二月五日《台灣日日新報》披露，台北市警察署通知萬華（艋舺）特種行業人員在娼妓檢黴所接受健康檢查，結果發現有一名廚師（料理人）、二名接待員（仲居）、一名下女已

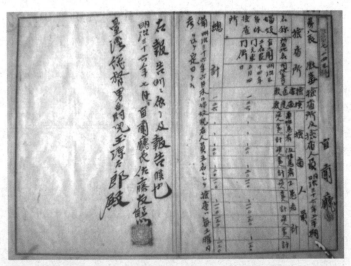

一九○三年宜蘭廳黴毒檢查報告。《台灣總督府公文類纂》第4737冊。

經感染了第三期梅毒。一九三五年七月二十一日《台南新報》報導，台中警察署委託醫生診察一百一十八名特種行業婦女，結果察知有性病的女子多達六十九名，比率超過一半以上。當局不敢輕忽，嚴厲警告患者若不就醫治癒，將禁止其繼續營業。（註34）

店主申訴從業女子逃走案件

一九一六年九月五日《台南新報》刊載，嘉義「花家」娼妓玉丸和一戲劇演員（俳優）相戀，兩人相約殉情，玉丸偷偷逃離妓院後不久，被店主發現立即追回，並向警察告狀，讓違規逃跑的娼妓被警察拘留三天。一九三四年四月十四日《台灣日日新報》報導，基隆市日本人經營的娼館「廣島屋」向警察申報，店內娼妓野口靜江（二十三歲）於二日當天佯言要去醫院看病，結果逃離基隆，經其四處調查始知該女已逃到嘉義，店主遂要求警方連絡嘉義警察署協助搜查逮捕。（註35）

日治時代報載特種行業的社會新聞繁多，這些現象反映特種營業所衍生的犯罪問題，並不是單純的個人問題，而是牽涉到社會風化、國民健康、人身買賣、個人自由等廣泛的社會問題。

柒、特種行業的社會問題

本來台灣總督府建立日本模式的「公娼制度」是想利用公權力來達到維持公共秩序、改善社會風俗、防範性病蔓延、課徵營業稅等多重目的，但在實施公娼制度後，特種行業卻隨著社會經濟的發展、時勢潮流的變化、警察取締不力、資產階級追求享樂

主義、奢侈浪費之風盛行等環境與人為的影響，而使花樣翻新的「商品」化色情產業給台灣都市帶來嚴重的社會問題。

一、社會風俗問題

如從現實情況來說，公娼制度的本身是一種被合法化的「人身買賣」制度，帶有政府承認「性器官商品化」、「色情交易職業化」的實質意義。社會大眾受此價值觀的影響，公開品評藝妓、女給、酌婦的姿色、服務態度和才藝的風氣頗為興盛，譬如《島の都》、《台北市六十餘町案內》、《風月報》、《躍進高雄の全貌》等介紹台灣風情的報紙、雜誌、書籍，都有宣傳色情產業的專文報導。（註36）

所謂「風吹草偃」、「上風下俗」，意指社會風俗的變遷主要是從有影響力的高層人士率先示範，由上而下地領導社會風尚。綜觀殖民政府官員、上流人士嗜好邀請年輕貌美的風塵女子裝飾社交活動和助興、服侍的心理，且有警察濫用權力挪用人民稅金、捐款用來嫖妓或包庇私娼賣淫，以及大眾流行追求視覺、感官享受或縱慾的尋歡行為，均易助長意圖謀利的掮客買賣女子或逼良從娼，引起淫奢的社會風氣和危險的性病問題。（註37）

二、性病問題

提到性病的蔓延起源於男女不潔、對象紊亂的性行為，性從業人員由於職業上的關係最易大量的傳染性病，尤其是私娼人數多於公娼數倍，她們因不受法令約束定期診斷身體及強迫治療的規範，故私娼傳播性病的機率遠超過公娼。（註38）性病的種類

包括：淋病、梅毒、軟性下疳、第四性病（又稱鼠蹊淋巴肉芽腫）等四種，其中淋病是性病之中最普遍傳染的一種，起因於淋菌，通常感染慢性淋病的患者，約需經過二、三個月或幾個月的治療，若不醫治，其併發症如淋病性關節炎會使眼睛失明，男性患者可能會引起睪丸發炎或喪失生殖力，女性患者則會產生尿道炎、子宮外膜炎等疾病。

梅毒是最危險的性病，分為先天性（遺傳自母體）和後天性（性接觸）梅毒兩種，起因於黴菌，雖可治癒，但因病毒侵入血液，潛伏期長久，會遺傳到下一代，影響胎兒，而使出生的嬰兒極易變成畸形或殘廢。（註39）

根據統計，一九三六年全台接受體檢的特種營業婦女罹患性病的比率為：公娼百分之四、藝妓百分之五、酌婦百分之七、私娼百分之二十五；一九三八年公娼百分之四、藝妓百分之七、酌婦百分之八、私娼百分之三十二，這說明本來職業不是公娼的藝妓、酌婦、私娼，其性病罹患率都高於公娼。而私娼高達百分之三十以上的性病比率，和不易查獲傳播性病的病患來源，則實為一嚴重的社會問題。（註40）

三、特種行業女子的命運與人道問題

特種行業的發達除了影響社會風氣、國民健康以外，對從業女子而言，其生活境遇也頗令人同情，其中命運最慘的是娼妓，此因她們最易遭受老鴇、龜奴、無賴、警察等多重的剝削與壓迫。另，多數從業女子在就業環境中備受虐待，或被愛情所困，以致有不少選擇逃亡或殉情自殺的情形。至於從業女子一旦脫離職場後，命運上等的人是嫁給富商、官吏做小妾，但常因門不

當、戶不對，最終仍以婚姻悲劇收場；命運中等的人是改當鴇母，以收養養女蓄妓來繼承己業，也就是重新複製自己不幸的經歷；命運最差的是感染好賭、吸煙、飲酒等不良嗜好，以致自卑墮落，或慘死，或苦於病毒，或因精神失常乃至終生痛苦。總之，自願為娼的女子少之又少，她們幾乎都迫於環境的因素被推進火坑。（註41）

又，論及娼妓的人道問題，日本國內基督徒團體很早就批評公娼制度是一種「人身買賣」的賣淫制度，因為買春和賣春活動的興盛，容易助長性病蔓延、養成民眾遊蕩浪費的劣習、社會風氣惡化等弊害，故向政府提出應該廢止公娼制度的主張。一八八〇年至一八九〇年，日本的廢娼運動遍及全國各地，一九一一年由基督徒組織的「廓清會」向帝國議會提出廢娼建議案，和發行《廓清》雜誌推廣社會教育。一九二一年國際連盟制定「禁止買賣婦女兒童國際條約」後，廢娼運動受到鼓舞達到巔峰，廓清會便擴大組織再向帝國議會提案，並分別向內務省、各縣政府、縣議會提出廢娼建議運動，其影響所及促使許多地區相繼地實施廢娼。（註42）

與此對照，殖民地台灣對於娼妓問題的關注十分冷淡，約自一九二〇年代起才出現若干批評公娼制度的聲浪，人道主義者認為：（1）公娼制度漠視女子的人格發展，只圖維護男性自尊自大的優越地位，讓無知、貧女出賣貞操的本質實為違反社會善良風俗的非正義行為；（2）公娼制度縱容貪圖利益、不講人道的老鴇、龜奴、人口販子，誘拐、欺騙買賣婦女兒童，虐待、強迫她們賣淫，則為違反社會公序良俗、違反基本人權的行徑；（3）娼妓為了存活，經常要受依賴其賣淫賺錢的老板、流氓勒索或白嫖，喪失其生命自主權；（4）娼妓頻繁的性行為頗易感染性病，

性病無論對其本人或消費者都將帶來極大的健康威脅。

論者呼籲台灣總督府應該加強提倡女子職業教育、禁止蓄妾、禁止養女、養媳的人口買賣陋習、改革聘金婚嫁風俗、宣傳嫖娼和沉淪酒色的弊害等，以達到廢娼的效果。但是，令人感到遺憾的是，這些言論不僅沒有獲得社會輿論的支持，而且也未引起當局的重視。（註43）

捌、結論

日治時期台灣特種行業除了繼承中國傳統的花柳業文化以外，因引進日本風味的色情文化，和伴隨近代化資本主義的經濟發展，而呈現出空前未有的量變與質變，如由歷年特種行業店數和人數不斷的上升裡，應可窺知其消費市場越來越大。台灣總督府針對此一行業的蓬勃發展，雖基於防範性病、維持善良風俗和增收稅源等多方面考慮，移植了日本式的公娼制度，實施營業執照管理措施，但因特種行業的多元功能可以滿足不同男人的不同生理、心理和社交媒介的需求，以及特種行業和餐飲業、服飾業、百貨業、工商業、觀光業等多產業之間，具有相互依存的利益共生關係，台灣總督府重視它的附加價值，故採取比較寬鬆的取締態度，支持其進行資本擴張活動。

在色情產業欣欣向榮發展的同時，也爲台灣都市帶來追求享樂主義、人性墮落、風氣敗壞、性病傳播等許多嚴重社會問題。這些問題由於殖民政府忽略救助貧窮、漠視普及女子職業教育和保護婦女兒童基本人權等社會政策，故不但沒有什麼改善，而且還和特種行業市場的擴大形成一種互爲因果的利弊循環關係。

註　釋

1. 周憲文編著（1980），《台灣經濟史》，台北：開明書店，頁947-948。

2. 許介鱗（1995），〈日據時期的政治措施〉，李國祈總纂，《台灣近代史——政治篇》，南投：台灣省文獻委員會，頁288-289。

3. 周憲文編著，《台灣經濟史》，頁950；台灣經世新報社編，《台灣大年表（明治28年-昭和13年）》（東京：綠蔭書房，1992複刻版），頁45、49。

4. 許介鱗，〈日據時期的政治措施〉，頁289；尹章義、陳宗仁編著（2000），《台灣發展史》，台北：交通部觀光局，頁169-174。

5. 許介鱗，〈日據時期的政治措施〉，頁289。

6. 周惠民（1995），李國祈總纂，〈日據時期台灣社會生活的演變〉，《台灣近代史——社會篇》，南投：台灣省文獻委員會，頁77-81；尹章義、陳宗仁編著，《台灣發展史》，頁185-187。

7. 台灣總督府編（1932、1943），《台灣犯罪統計》，台北：台灣總督府官房調查課，頁16-21、15-19。

8. 尹章義、陳宗仁編著，《台灣發展史》，頁175-179。

9. 林繼文（1996），《日本據台末期戰爭動員體系之研究（1930-1945）》，台北：稻鄉出版社，頁221-226；尹章義、陳宗仁編著，《台灣發展史》，頁179-180。

10. 黃秀政（1995），李國祈總纂，〈清季政治的演進——割讓與抗拒〉，《台灣近代史——政治篇》，南投：台灣省文獻委員會，頁210-220。

11.參見《台灣總督府公文類纂》明治29年3月19日，台中縣〈梅毒患者ノ件〉，第4490冊第20號；同上，明治30年（1897）7月8日甲種永久保存〈檢黴二付便宜取締法設クルノ件〉，第133冊第19號；台灣總督府警務局，《台灣總督府警察沿革誌Ⅱ》，東京：綠蔭書房，1986複刻版，頁186；鈴木裕子（1998），《戰爭責任とジエンダー》，東京：未來社，頁23。

12.同註11。

13.廖秀眞著、森若裕子、洪郁如譯（1997），〈日本植民統治下の台灣における公娼制度と娼妓に關する諸現象〉，アジア女性史國際シンポジウム實行委員會編，《アジア女性史—比較史の試み》，東京：明石書店，頁415。

14.朱德蘭編集、解説（2000），《台灣慰安婦資料集》第一卷，東京：不二出版社，頁1-89。

15.朱德蘭，〈日治時期台灣花柳業問題（1895-1945）〉，《人文學報》第27期（中壢：國立中央大學文學院，2003年6月），頁111-124、130-131；廖秀眞著、森若裕子、洪郁如譯，〈日本植民統治下の台灣における公娼制度と娼妓に關する諸現象〉，頁416。

16.朱德蘭，〈日治時期台灣花柳業問題（1895-1945）〉，頁115。

17.朱德蘭編集、解説，《台灣慰安婦關係資料集》第一卷，頁1-13。有關1906年台灣公娼年齡統一規定須滿16歲以上，參見各地方官報〈貸座敷及娼妓取締規則〉，如《台北廳報》明治39（1906）年3月7日第460號；《台南廳報》同年3月18日第350號。

18.廖秀眞著、森若裕子、洪郁如譯，〈日本植民統治下の台灣における公娼制度と娼妓に關する諸現象〉，頁422-423；朱德蘭，〈日治時期台灣花柳業問題（1895-1945）〉，頁105-110。

19.朱德蘭，〈日治時期台灣花柳業問題（1895-1945）〉，頁114-123。

第三章　日治時期台灣社會與特種行業問題（1895-1945）

20.朱德蘭，〈日治時期台灣花柳業問題（1895-1945）〉，頁139-143。

21.朱德蘭，〈日治時期台灣花柳業問題（1895-1945）〉，頁109、143。

22.朱德蘭，〈日治時期台灣花柳業問題（1895-1945）〉，頁106-108。

23.呂紹理（1999），〈日治時期台灣的休閒生活與商業活動〉，《台灣商業傳統論文集》，台北：中央研究院台灣史研究所籌備處，頁359-362。

24.《台灣日日新報》大正5（1916）年10月30日第5866號〈二日間之踵事增華〉；同大正10年9月24日第7655號〈新竹賽會前預聞〉；同大正5年11月7日第5873號〈北投奉祝運動會〉。

25.《台灣日日新報》大正4年10月2日第5487號〈開慰勞宴〉；同大正5年9月28日第5836號〈歡迎少將大會〉；同大正10年10月13日第7674號〈艋舺警官送迎會〉。

26.《台灣日日新報》大正2年7月3日第4697號〈艋津迎神前報〉；同大正9年6月7日第7181號〈諸羅特訊－賽會迎神〉；同大正9年6月18日第7192號、同7月1日第7205號〈迎神懸賞金牌〉、〈稻江迎神一瞥〉；鉛刀，〈花叢小記〉，《三六九小報》昭和7年5月13日第180號。

27.《台灣日日新報》大正9年5月8日第7151號〈赤崁特訊——迎鎮南媽祖盛況〉；紫薇仙吏，〈花叢小記〉，《三六九小報》昭和6年5月23日第76號。

28.《台南新報》昭和8年12月8日第11463號〈台中クネロコの女給美舉〉；同昭和10年5月7日第11973號〈美妓為賑恤演劇〉。

29.參見前引《台灣日日新報》；《三六九小報》；《風月報》；《台灣民報》；《台灣新民報》廣告欄。

30.〈台灣の專賣事業〉，《專賣通信》（台北：台灣總督府專賣局，1932），第12月號，頁64-65、71。

31.《昭和十年酒類宣傳廣告關係》收入《專賣局公文類纂》第5258
冊，昭和10年（1935）。

32.朱德蘭，〈日治時期台灣花柳業問題（1895-1945)〉，頁126-133。

33.《台灣日日新報》大正3年3月31日第4956號〈檢查密淫〉；《台南
新報》昭和8年10月11日第11405號〈密賣俏被警官檢舉〉；同10月
16日第11410號〈新竹署檢舉密賣淫婦〉；同9月9日第11374號〈高
雄力フエ上海營業停止〉。

34.《台灣日日新報》大正4年2月5日第5256號〈藝妓仲居診斷〉；
《台南新報》昭和10年7月21日第12048號〈台中市內溫柔鄉花柳病
毒令人戰慄〉。

35.《台灣日日新報》大正5年9月5日第5818號〈豫約情死〉；《台南
新報》昭和9年4月14日第11588號〈基隆娼妓逃走〉。

36.朱德蘭，〈日治時期台灣花柳業問題（1895-1945)〉，頁107-108、
134-135、143。

37.朱德蘭，〈日治時期台灣花柳業問題（1895-1945)〉，頁145-150。

38.謝康（1972），《賣淫制度與台灣娼妓問題》，台北：大風出版社，
頁390-406。

39.羽太銳治（1922），《父兄及教師の心得べき性及性慾の知識》，東
京：大正書院，頁347-393；謝康，《賣淫制度與台灣娼妓問題》，
頁390-406。

40.朱德蘭編集、解說（1939），《台灣慰安婦關係資料集》第一卷，
頁58-64、台灣總督府警務局，《台灣の衛生》，台北：台灣總督府
警務局衛生課，頁103-105。

41.《台灣日日新報》大正4年3月26日第5303號〈自甘墮落〉；同大正
4年12月8日第5550號〈春光漏洩〉；林莘，〈花事蘭珊〉，《風月
報》昭和15年7月1日第112期7月號。

第三章　日治時期台灣社會與特種行業問題（1895-1945）

42.吉見義明（1995），《從軍慰安婦》，東京：岩波書店，頁164；朱
德蘭，〈日治時期台灣花柳業問題（1895-1945)〉，頁154-155。

43.朱德蘭，〈日治時期台灣花柳業問題（1895-1945)〉，頁155-157。

問題討論

一、台灣總督府如何運用警察控制社會秩序？

二、台灣的「公娼制度」始於何時？台灣總督府為何實施「公娼制度」？

三、日治時期特種行業的發展變化有何明顯的特色？

四、台灣特種行業和哪些行業有相互依存的利害關係？為什麼？

五、台灣特種行業的繁榮會導致什麼社會問題？

第三章 日治時期台灣社會與特種行業問題（1895-1945）

參考書目

(一)原始檔案、報紙、資料彙編

《台灣總督府公文類纂》（1895-1945），南投：國史館台灣文獻館典
　　藏。

台灣總督府編（1932、1943），《台灣犯罪統計》，台北：台灣總督府
　　官房調查課。

台灣總督府民政部文書課（1899-1943），《台灣總督府統計書》，台
　　北：台灣總督府官房調查課。

《三六九小報》。《台北廳報》。《台南新報》。《台灣日日新報》（漢文
　　版）。《風月報》。

朱德蘭編集、解說（2000），《台灣慰安婦資料集》第一卷，東京：不
　　二出版社。

(二)論著

尹章義、陳宗仁編著（2000），《台灣發展史》，台北：交通部觀光
　　局。

朱德蘭（2003），〈日治時期台灣花柳業問題（1895-1945）〉，《人文
　　學報》第27期，中壢：國立中央大學文學院。

呂紹理(1999)，〈日治時期台灣的休閒生活與商業活動〉，《台灣商業
　　傳統論文集》，台北：中央研究院台灣史研究所籌備處。

周惠民（1995），〈日據時期台灣社會生活的演變〉，李國祈總纂，
　　《台灣近代史——社會篇》，南投：台灣省文獻委員會。

許介鱗（1995），〈日據時期的政治措施〉，李國祈總纂，《台灣近代史——政治篇》，南投：台灣省文獻委員會。

黃秀政（1995），〈清季政治的演進－割讓與抗拒〉，李國祈總纂，《台灣近代史——政治篇》，南投：台灣省文獻委員會。

廖秀眞著、森若裕子、洪郁如譯（1997），〈日本植民統治下の台灣における公娼制度と娼妓に關する諸現象〉，アジア女性史國際シンポジウム實行委員會編，《アジア女性史——比較史の試み》，東京：明石書店。

橋本白水（1926），《島の都》，台北：南國出版社。

謝康（1972），《賣淫制度與台灣娼妓問題》，台北：大風出版社。

第三章　日治時期台灣社會與特種行業問題（1895-1945）

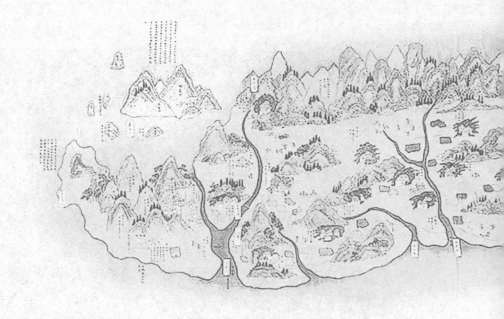

第四章　日治時期台灣經濟與傳統中藥材貿易（1895-1945）

朱德蘭

中央研究院人文社會科學研究中心、台灣史研究所
合聘副研究員

作者簡介

朱德蘭

日本國立九州大學史學博士。專攻海洋史、台灣史、華僑史。現任中央研究院人文社會科學研究中心、台灣史研究所合聘副研究員、國立中央大學歷史研究所兼任副教授。曾任日本法政大學沖繩文化研究所客員研究員、台北中琉文化經濟協會歷史委員會主任委員。

曾經參與執行蔣經國學術交流基金會與日本文部省補助，編輯「長崎華商泰益號關係商業書簡資料」計畫、台灣省文獻委員會補助「台灣地區戒嚴時期政治案件」研究計畫、主持台北市政府文化局補助「歷史的傷口——台籍慰安婦口述史」計畫。

代表作：《長崎華商貿易史的研究》（東京芙蓉書房，1997）、《崔小萍事件》（南投台灣省文獻委員會，2001）、《台灣總督府と慰安婦》（東京明石書店，2005）。主要編輯：《長崎華商泰益號關係商業書簡資料集：台灣、日本地區商號》70冊（1990-1995補助計畫）、《台灣慰安婦關係資料集》2卷（東京不二出版社，2001）等文獻、專書及論文集共79冊。

教學目標

本教學目標主要利用旅日華商「泰益號」與台灣商號文書資

料，從經濟、文化的角度，針對日治時期台灣總督府如何推行近代化資本主義經濟、如何以國家權力和政府資源協助日本資本獨佔台灣經濟利源、如何改變台灣的經貿結構、中藥材為何在台灣擁有廣大的消費市場、傳統的中醫中藥文化有何特色、台商如何推銷中藥材等問題，做一深入的分析。

根據本教學內容，可由台灣總督府的殖民政策裡，明瞭日本帝國主義如何以本國利益為中心，主導殖民地發展資本主義經濟和榨取殖民地利益，以及台灣總督府雖然想以政治力量阻礙台海兩岸傳統密切的經貿關係，但實際上台商經由旅日華商中介，進行中、港、日、台四地中藥材貿易活動十分興盛的事實反映，政治干預絕對無法消滅台灣漢人對傳統中醫中藥的文化認同。

摘　要

本文主要分析日治時期台灣總督府如何利用行政、財政資源，協助日本資本壟斷台灣經濟利源，台灣總督府又如何疏離台灣、大陸之間的經濟依存關係，使台灣經濟附從日本，以及中醫中藥文化為何能夠歷久不衰，成為台灣社會大眾保健養生的普遍價值觀。

第四章　日治時期台灣經濟與傳統中藥材貿易（1895-1945）

壹、前言

一八九四年中日兩國爆發甲午戰爭，翌年大清帝國戰敗割讓台、澎群島給日本，迄一九四五年為止。大體的說，日本殖民當初，台灣經濟百廢待理，台灣總督府基於鞏固政權、掌握台灣經濟利源、吸引日資來台的需要，故除了使用武力掃蕩、利誘招降、懷柔安撫等手段，消滅反日、抗日分子、籠絡民心，維持社會治安以外，還特別重視建設基礎事業，改善居住環境，以保障日本人來台投資事業的安全和工作、生活上的方便。

台灣總督府的施政方針分為三期，即：（1）一八九五至一九一八年武力鎮壓與確立制度時期；（2）一九一九至一九三六年實施內地延長主義的同化政策時期；（3）一九三七中日戰爭爆發以後推行「皇民化、工業化、南進基地化」時期。（註1）有關這三段期間，台灣總督府推展近代化資本主義的經濟特徵如何？日本資本受到台灣總督府保護、援助，獨佔許多經濟領域，但幾乎沒有掌握中藥材商業優勢的原因何在？長久以來中醫、中藥醫學研究成果斐然，對周邊民族傳播保健文化的影響不小，台灣也不例外，因此中藥材在華人社會擁有很大的消費市場，而傳統的中醫中藥文化有何特色？台商和旅日華商又如何合作，進行大陸、香港、日本、台灣之間的中藥材商貿活動？等，應是研究台灣近代史的一門經濟課題。本文從經濟、文化的角度，擬就日治時期台灣資本主義經濟發展特徵、台灣漢人對中醫、中藥的文化認同、台灣與海外華商進行中藥材貿易實況、台商在台灣推銷中藥材的方式等問題做一實證性的分析。

貳、日治時期台灣資本主義經濟發展特徵

一八九五至一九一八年，台灣總督府爲推展「農業台灣，工業日本」政策，使台灣納入日本的經濟體系中，在經濟方面，首要措施爲實行基礎建設事業，如自日本導入近代化的金融制度，亦即於一八九九年設立台灣銀行辦理存款、放款、外匯，兼辦發行貨幣、代理國庫、海外投資，以及承擔推行殖民地政策的業務。台灣銀行的存、放款高居全台各金融機構之冠，其放款金額不但遠超過存款，而且融資對象也多集中在日本人投資的台灣糖業部門，因此可以說，它對台灣的產業經濟發展頗具貢獻。（註2）

其他屬於國家資本的建設活動還有度量衡的統一、興建南北縱貫鐵路、公路網、修築基隆及高雄港、建造廳舍、改善衛生設施等。這些公共事業的本身既屬於日資企業，同時也是促進日本資本積蓄的獨佔企業。本期建設經費的來源主要是依賴中央政府的國庫補助金、台灣總督府在台發行公債、根據戶口普查和土地調查改革稅制所增加的稅收，以及實施鴉片、食鹽、樟腦、煙草等專賣事業的收入。迨至一九〇五年，台灣財政已能獨立，就毋須再靠日本政府的補助。（註3）

台灣是一個綠色寶島，農業資源非常豐富。台灣總督府爲使台灣成爲日本的廉價農產品、工業原料供應地，故積極的改造農業，如實行開發耕地面積、建設灌溉工程、引進先進的農業技術、推廣化學肥料、設立農會組織等，這些措施均使農作物的栽植面積和產量獲得大幅度的增長，其中由甘蔗加工的製糖業尤爲發展日本資本活動的核心。日本是一個不適合種植甘蔗，但卻是

消費砂糖的大國，台灣總督府為滿足日本國內的需要，減少巨額的外匯支出，和為充實台灣財政，故以政治力量協助、勸導日本財界人士來台投資製糖業。日本資本家利用台灣的自然環境、台灣人的勤勉和低廉工資、總督府的獎助等優良條件，不斷的擴充投資新式製糖業，以使製糖業帶動其副產品如造紙、酒精、化肥，和其相關部門如金融、電力、機械、水泥等事業的興起，進而也刺激了全面性的資本主義經濟活動。（註4）

一九一九至一九三一年，台灣農產品加工業的成長促進了許多工業類別的發展，例如紡織、金屬、機械器具、窯業、化學等。不過，歷年食品工業產值始終位居整個工業產值中的重要地位，其他新興工業的比率則很低。一九三一年日本爆發九一八事變到一九三六年間，台灣總督府開始制定振興工業計劃，加速工業建設，期使台灣成為南進的據點。又，為提供工業低廉、豐富的電力，而於一九三一年興建日月潭發電廠，一九三五年陸續建設電化冶煉廠、鋁合金工廠、無水酒精工廠，並成立「熱帶產業調查會」，開始調查、開發各種軍需資源，使經濟重心逐漸的由農業轉到工業，因此，本期可謂為工業化的準備階段。（註5）

自一九三七日本發動七七事變至一九四五年間，台灣總督府推行「工業台灣，農業南洋」的新經濟政策，其主要目的在發展國防工業，建設日本帝國主義的軍事經濟補給地。本期殖民當局不但和日本資本家合作，支援「台灣拓殖株式會社」發展重化工業，還加強投資金屬、煤礦、天然氣、化學、機械製造、製麻、製油、造船等工業，全面的推進台灣經濟的工業化。台拓會社在島內外的營業範圍包括農林漁牧、工商礦、交通、金融、移民等多角化事業，分支機構和再投資會社遍及東京、台中、高雄、廣州、海口、香港、河內、西貢、曼谷、馬尼拉、爪哇等十餘處，

為戰時經濟活動十分活躍的跨國、綜合型企業。（註6）

　　概括的說，台灣總督府運用政府資源投資事業和援助日本資本獨佔台灣重要產業的結果是，把台灣變成日本資本的投資地和吸資地，而日本資本所獲得的高利潤不但增加了母國的財富，而且還得以台灣為基地再擴張勢力到台灣以外的地區，形成積蓄日本帝國主義實力的元素，似此由國家力量主導，以日本人利益為主體的殖民政策便是日治時期台灣發展資本主義經濟的特徵。（註7）

　　台灣總督府在發展資本主義經濟的過程中，並未忽視台灣和對岸的經濟關係。在日治以前，台灣是大清帝國的一部分，日治以後台灣總督府為使台灣經濟附從日本，除了導入日本資本、技術、人才，促進日、台之間的經貿活動以外，還制定日、台關稅統一制度，亦即廢除日、台之間的關稅，規定由外國直接輸入台灣的貨物稅，要比經由日本國內輸入台灣高的差別稅率，以疏離兩岸既存、密切的經貿關係。台商基於高關稅壓力和沿海港口海運條件惡化，以及總督府嚴屬的取締帆船貿易等因素，故有不少將原先對大陸的交易活動轉為對日本的直接貿易或轉口貿易。（註8）

　　日、台之間無關稅障礙使台灣的對外貿易對象主要為對日貿易。台灣輸日貨物主要為種類單純的農、礦業品；由日本輸入台灣的貨物則為種類繁多的食品、工業品，顯而易見的，台灣總督府根本是以國家權力來干預商品市場和資本家的投資方向。（註9）惟應留意的是，日本資本雖然位居台灣經濟界的優勢，但一般中小型企業仍以台灣人資本較佔優勢，尤其是中藥材的交易活動，究其原因則和中藥材在日本的消費量極低有關。

　　其實，古代中醫、中藥對日本的醫學發展影響很大。追溯日

第四章　日治時期台灣經濟與傳統中藥材貿易（1895-1945）

本到西元八九四年廢止遣唐使爲止，中國重要的醫書可以說大多傳入了日本，其後漢方醫學繼續以禪僧、海上貿易爲媒介，大量的輸入日本。迨至明治時代（一八六八至一九一一），日本政府爲求富國強兵，積極的吸收西方文明，實施「脫亞入歐」的西化政策；由於提倡西醫、西藥醫學，排斥中醫、中藥文化，一八九五年於國會中廢除漢方醫學，（註10）故使漢方醫藥業萎縮不振。反觀包括台灣在內的華人社會，則因對傳統的中醫、中藥的醫療、預防和保健效果深信不疑，以至於台灣總督府雖然重視推行西醫、西藥醫學教育，但中醫、中藥文化卻未遭到西醫、西藥的強大壓迫，始終爲台灣漢人日常生活中重要的一部分。（註11）

中醫、中藥文化的發源地在中國大陸，它是先民治療疾病、強身、長壽的智慧結晶，它與飲食文化共生，其「醫食同源」、「藥食同源」的養生價值觀，一面豐富了食物與入藥的物種，另一

黃耆有強壯、利尿、止痛、水腫、消腫、消渴等功效。（作者拍攝）

方面中國生產多種富饒的藥材和物產也爲中醫、中藥的醫學發展提供了有利的條件，而中醫、中藥與飲食養生的互相作用，以其完整的學說體系和多元的內涵，因不斷的擴大它對華人和四鄰各族的影響力，所以很快的就成爲中華傳統文化中一門出類拔萃的大眾生活內容。（註12）

如就近代中國與海外各地中藥材的流通情況來說，華北的天津，華中的漢口、上海，華南的廣州，和英國殖民地香港爲中藥材主要輸出港，其中上海、香港的藥材商透過日本代轉代銷台灣的商貿活動相當活躍。（註13）以上海經由長崎輸運中藥材到台灣的途徑爲例，上海是中國沿海地區南北海運交通的連結點，早自十七世紀起就以華北、華中、華南地區的商品集散地、貨物轉運地而發展成一個繁榮的港市。一八四二年，中、英兩國締結南京條約以後，上海成爲五口通商港之一，由於商業、工業、貿易發展迅速，人口持續的增加，都市建置地區一再的擴張，加上擁有優越的自然地理條件，故由中國的國內型物資集散中心，轉變成國際貿易結帳與投資的金融中心，兼爲國內外運輸航路中心，這些整合機能促使上海名列中國第一大貿易港，位居世界十大都市之一。（註14）

再論地處日本九州西北端的長崎港，則遠在一八五九年開港以前，就已與上海發生了密切的帆船貿易關係。（註15）迨至一八七五年上海－長崎－橫濱航線、一八九四年上海－長崎－神戶航線、一九二三年上海直通長崎航線陸續通航以後，上海與長崎之間的商貿活動就愈加繁盛。由上海出口的中藥材，伴隨著海外華人移民人數的多寡，依序以香港、東南亞、歐美地區爲主要銷售市場，其中香港是上海輸出中藥材的最大集貨地與再輸出地。

根據現存「長崎華商泰益號關係商業書簡資料」統計，分布

第四章　日治時期台灣經濟與傳統中藥材貿易（1895-1945）

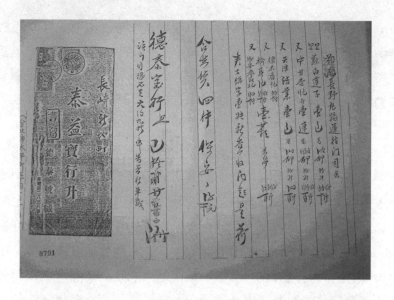

長崎華商泰益號代運大陸藥材給台北德泰號、金聯發號的
商業書信。引自「長崎華商泰益號關係商業書簡資料集：
台灣地區商號」（長崎市立博物館典藏）。（作者拍攝）

台灣社會、經濟
與文化的變遷

於上海的中藥材店輸出中藥材到長崎通關，再轉運台灣，和台商擁有業務關係的商號至少有三十間，礙於資料的限制，推測應還有更多的商號透過長崎、大阪、神戶、橫濱等地旅日華商，頻繁的進行上海－日本－台灣三地之間的中藥材貿易活動。（註16）

另就東方海上明珠－香港經長崎輸運中藥材到台灣的途徑來論，自一八四二年香港成為英國的殖民地後，由於具備近代化的金融系統、交通網絡設施，以及擁有經濟繁榮、廣大的陸地與海域腹地，故不僅和上海共同擔負中國對外貿易的經濟責任，而且也充分地發揮貨物轉口、交換和結帳基地的作用，其位居亞洲貿易網絡中心及資金流動中心的位置十分令人矚目。（註17）而分布於世界各地的華人，因多和原鄉維持著密切的文化、經濟聯絡關係，因此香港就追隨全球國際貿易活動的擴展，既成為中國大陸中藥材的最大輸出地，也成為與東南亞、歐美、台灣等中藥材消費圈的最大供給地。（註18）

在香港的對外運輸航線裡，有以香港為起點經長崎到三藩市（San Francisco）的航線，和從橫濱出發經長崎－香港到澳洲往印度的遠洋航線。香港和長崎之間的航運因頗稱便利，故香港的中藥材商利用長崎通關、轉運台灣，和台商擁有業務關係的商店也相當的多。（註19）

參、台灣漢人對中醫、中藥的文化認同

根據中國醫藥史記載，有關中醫、中藥的起源，乃先民最初在尋找食物時，發現一些可以食用，有益身體健康的植物，同時也因誤食中毒病死，知道有不能食用的植物，經過長期的學習、

辨別、試用自然環境中的有用和無用植物，在實踐中汲取了許多食養經驗，累積成醫藥知識以後，才由圖畫、文字記錄逐漸發展出一套獨具特色的中醫、中藥、食療學理論。（註20）

一、古代中國醫藥學的研究成果

有關中國醫藥學的研究成果，遠在西元二世紀時，無名氏著《神農本草經》一書，已詳盡的記載有毒、無毒的藥，製藥的種類：丸、散、膏、酒等，以及服藥的方法和藥物治療的效果，該書乃中國第一部藥物學集大成之作。漢末著名醫生華陀（生卒年約西元一四五至二〇七年）以酒混和中藥材，將麻沸散使用於麻醉術之創舉實為世界醫學史上的重要發明。另，張仲景（推測生卒年為西元一六〇至二一八年）總結先秦、兩漢以來的臨床醫學經驗，撰寫《傷寒雜病論》一書，提出各種急性傳染病的治療方法。（註21）

著名藥王孫思邈（西元五八一至六八二年）於西元六四九年撰著《千金要方》與西元六八二年去世前完成《千金翼方》二大巨著，為兼具理論與臨床治病案例、導引養生、深入研究婦科、小兒科的專書。誕生於十三世紀的忽思慧（一三一四至一三三〇年擔任宮廷飲膳太醫）累積蒙古族、漢族、回族等營養和食療經驗，撰著《飲膳正要》一書，記載了燒酒泡藥與食物治療法，為中國第一本完整的營養、飲食衛生學專著。西元十六世紀著名醫學家李時珍（一五一八至一五九三年）撰寫《本草綱目》一書，則不僅總括古代中藥學的研究成果，還廣泛的列舉醫食兼用的範例與藥方，該書一共收錄一千八百九十二種藥物，一萬一千零九十六個藥方，在十七世紀末被譯成日文，對日本的漢方醫學發展

頗具貢獻。（註22）

二、中國傳統醫藥理論的特徵

中國傳統的醫學理論將人體分成生理、病理、診斷、治療等四個體系，如就生理體系來說，人是以心、肝、肺、脾、腎五臟為中心，以經（神經）、絡（血管）連結五臟，通過五臟再連結體內各組織的一個有機體。人之所以生病，若從病理學分析，可能是受到風邪、寒邪、暑邪、濕邪、燥邪、火邪等六種邪氣的一種或多種，或因感染病毒，或因受到喜、怒、憂、思、悲、恐、驚等七種情緒之一或複數心理變化等因素所致。中醫師在診斷疾病時的過程為，用自己的感官進行：望（觀察病人的意識、思維是否清楚？）、聞（用鼻子聞病人的口氣、分泌物氣味，用耳朵聽病人的語音、呼吸聲）、問（直接詢問病人和其家族疾病史、生活起居狀況）、切（用手觸摸病人的脈博跳動、手足肌膚的溫度）等四種方式來辨別病症。（註23）

中醫經由觀察病患的症狀，確定其病因和病人的患病部位，以及斷定病人的體質後，接著要根據三項基本原則來予以治療，亦即是：（1）如果患病的季節不同、生活環境不同，就要使用不同的藥方；（2）如果病人的體質不同、症狀不同，所使用的藥方就要不同；（3）如果患病的原因、部位、性質不同，處方也必須不同。（註24）

三、中藥材的性能

中國是世界藥材的重要產地，生產藥材的種類繁多，主要分

為植物性（用部包括根、莖、皮、葉、花、草、果實、種子、菌）、動物性和礦物性等三類。根據李時珍的研究，屬於植物性的藥材有一千一百九十五種、動物性有三百四十種、礦物性有三百五十七種，總共一千八百九十二種，這些藥材經由專家組成的方劑共有一萬一千零九十六種。（註25）近年大陸統計，中草藥的種類已經增加到五千餘種，其中經常被應用在臨床上的約有七百多種。（註26）

　　中藥材的方劑組成並非簡單的羅列同類藥物而已，它必須根據病情的需要，選擇不同性能的藥物，定出適當的份量，組合在一起，使之相輔相成增強療效，而對某些有毒或藥性較偏的藥物則要發揮控制、糾偏的作用，以減輕藥物對人體的不利影響，產生好的療效。（註27）有關配藥的方法，處方者必須明瞭藥物具有「四氣」和「五味」性能。所謂「四氣」是指寒、熱、溫、涼等四種藥性，譬如患者出現口乾或便秘、失眠症狀，是屬於熱症

菊花有改善感冒、目眩、高血壓、明目等功效。（作者拍攝）

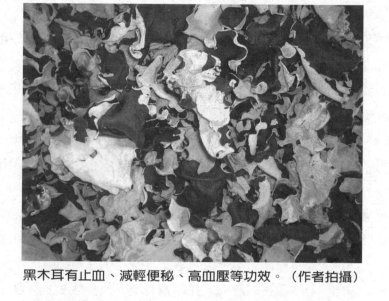

黑木耳有止血、減輕便秘、高血壓等功效。（作者拍攝）

蓮子有消除遺精、鎮痛、失眠等功效。（作者拍攝）

第四章　日治時期台灣經濟與傳統中藥材貿易（1895-1945）

體質，應該使用寒、涼性的藥物；如有腹瀉或倦怠、體寒症狀，是屬於寒症體質，就要採用溫、熱性的藥物進行調養。至於「五味」是指藥物含有酸、苦、甘、辛、鹹等五種味道，味酸的藥具有收斂固澀、止咳生津作用；味苦的藥有瀉火燥濕、通便作用；味甘的藥有調和脾胃、補血養氣作用；味辛的藥有活血、開竅、散濕作用；味鹹的藥有軟堅、散結作用。（註28）

處方者鑑於中藥材的性能不同，在配方時，必須要考慮患者的病情需要、體質、年齡等差異，靈活的予以不同的組成和加減，對於慢性病應避免選用有「相反」或「相惡」產生副作用的藥材。另，患者在使用中藥材時要注意用藥禁忌，譬如有損害胎兒以致產生墮胎作用的藥劑，正在妊娠期間的婦女就應慎用或禁用。病患於服藥期間，還須注意適當地避免生冷、黏膩、葷腥、不易消化、有刺激性的食物，如果發高燒，就要禁食油膩食物。（註29）至於沒病卻有食補習慣的人，則須留意每個人的體質不同，應當各自進補，以免因為錯補反而把良藥變成毒藥。

又，處方者如欲使藥物發揮良效，不但要對藥材的特性、使用者的體質和需求要有正確的認識，選擇可供發揮輔助身體，增強免疫力作用的藥材，而且在選購藥材時，還須兼顧藥材依產地、收穫季節、加工技術、保存方法等差異會影響藥物的效果，是以消費者經濟能力的強弱也會左右藥效的作用，通常質優價高的「地道藥材」較受上流社會人士的惠顧。（註30）

肆、台商與海外華商進行中藥材貿易實況

俗語說：「三分靠治療、七分靠保養」，換言之，「未病先防」

組合茯苓、芡實、苡仁、蓮子等藥材的四神湯方劑，有滋
養功效。（作者拍攝）

是養生之道，也是中醫、中藥主張「醫食同源」、「藥食同源」的
理論基礎，據此一般人為了想要保持健康、強壯、長壽或美容，
便於日常生活當中經常使用「人參、茯苓、白朮、甘草」和水同
煮的「四君子湯」（有補氣效能）、「當歸、川芎、白芍、熟地」
和水共煮的「四物湯」（有補血作用）、服用「山藥、芡實、蓮子
粥」（有強身、提高免疫力效果）等補藥，或在飲食品中添加中藥
材以「藥膳料理」的方式來滋補身體，台灣漢族繼承了先民的這
種保健養生文化，因此無論有病沒病，其嗜好買藥食補的生活文
化是使台灣成為中藥材重要消費地的要素之一。（註31）

　　台商從對岸大陸、香港進口的中藥材種類繁多，若干名稱、
種類相同的藥材會因產地、收穫期、炮製技術、保存方法的不
同，影響藥材的品質和價格，依此，台商針對顧客的經濟能力和
需求，全年都有中藥材的交易活動。（見表4-1）

第四章　日治時期台灣經濟與傳統中藥材貿易（1895-1945）

表4-1　台商輸入主要中藥材品目、產地及其效能

品目	主要產地	使用部分	效能	移/輸入
人參	黑龍江、吉林、遼寧	根莖	滋養、強壯、健胃、失眠症	輸入
三七	雲南、廣西	根莖	止血、消腫、鎮痛	輸入
大黃	四川、甘肅、青海	根莖	便秘、健胃、瀉下、利膽	輸入
川貝母	四川、青海	根莖	止咳、止痰、肺痿	輸入
川芎	四川	根莖	生理不順、頭痛、胸痛	輸入
木香	雲南、四川、印度、巴基斯坦	根莖	健胃、整腸	輸入
白朮	浙江、江西	根莖	健胃、利尿、水腫	輸入
白芍	浙江、安徽、四川	根莖	頭痛、生理不順、止汗	輸入
白芷	浙江、四川	根莖	感冒、腫痛	輸入
半夏	山東、江蘇、安徽、河南、湖北、貴州	根莖	頭痛、反胃、止痰	輸入
當歸	甘肅、四川	根莖	生理不順、便秘、目眩	輸入
蒼朮	江蘇、湖北、河南	根莖	感冒、腹脹、水腫	輸入
黨參	山西、陝西、甘肅	根莖	強壯、止咳	輸入
高麗參	朝鮮（韓國）	根莖	強壯	移/輸入
黃芪（黃耆）	黑龍江、吉林、山西、內蒙古	根莖	強壯、利尿、止痛、水腫、消渴	輸入
黃連	四川、雲南	根莖	黃膽、嘔吐、鎮痛、齒痛	輸入
麥冬	浙江、四川	根莖	口渴、失眠症、便秘	輸入
柴胡	華中、華東地區	根莖	胸脇苦滿、瘧疾、感冒、生理不順	輸入
薄荷	江蘇、浙江、江西	全草	麻疹、感冒	輸入
菊花	浙江、安徽、河南	花	感冒、目眩、高血壓、明目	輸入
棗	河北、河南、山東	果實	補血	輸入
銀杏	河南、廣西、四川、日本豐後	果實	止痰、遺尿	移入
芡實	湖南、江蘇、山東	果實	遺尿、遺精	輸入
枸杞	寧夏、甘肅、河北	果實	目眩、耳鳴、腰痛	輸入

（續）表4-1　台商輸入主要中藥材品目、產地及其效能

品目	主要產地	使用部分	效能	移/輸入
苦杏仁	中國東北地區	種子	止咳、止痰、便秘	輸入
甜杏仁	山東、河北	種子	止咳	輸入
核桃仁	華北地區	種子	遺精、陽痿	輸入
蓮子	廣東、湖南	種子	遺精、鎮痛、失眠	輸入
黑木耳	四川、福建	菌	止血、便秘、高血壓	輸入
冬蟲夏草	四川、雲南、青海、西藏	菌	止血、止痰、遺精、腰痛	輸入
茯苓	安徽、湖北、河南、日本平戶、鹿兒島、諫早	菌	失眠、利尿、鎮靜	移入
白木耳	華南地區	菌	潤肺、止渴、便秘	輸入
熊膽	中國東北地區	動物	腫痛、明目	輸入
燕窩	東南亞地區	動物	滋養、止咳、止血	輸入

備註：移入指台灣由日本本土、朝鮮進口的藥材；輸入指台灣由日本本土、朝鮮以外地區進口的藥材。

資料來源：根據株式會社福大公司編（1940），《台灣における輸入漢藥調查書》，台北：株式會社福大公司；包錫生、陳岩編（1991），《中藥別名手冊》，廣州：廣東科技出版社，頁332-464。

　　台商在從事中藥材貿易活動時，為求減輕營業成本，提高經營利潤，大多透過旅日華商中介，委託代理訂貨、報稅、轉運及代理匯兌、結帳等業務。如據《長崎華商泰益號關係商業書簡資料》記載，大陸、香港中藥材店和台商有商貿關係的有：（1）華北地區為天津的華北藥材公司、全興號、直裕行……等五間；（2）華中地區為上海的協成元記藥行、乾泰行、源來藥行、晉和行、東昌豫號、同康藥行、裕孚行……等二十九間；寧波有善成藥行、寶盛行二間；（3）香港地區為協元順公司、德興莊、恒昌泰參行、周贊成號、裕有行……等二十九間。

　　反觀台灣地區商店和大陸、香港有藥材商業關係的有：（1）

第四章　日治時期台灣經濟與傳統中藥材貿易（1895-1945）

台北、基隆地區包括捷茂藥材批發店、乾元藥行、參奇藥行、周元成信記、善元泰、德泰、裕餘、盧茂、善元泰益記、東元藥行……等共五十四間；（2）台南地區有順記藥行、春成藥行、捷成藥行……等共十二間；（3）除了（1）（2）地區以外的台灣中藥材店有：郭美源參莊、金元和藥行、三元藥行、謝協源藥行、周元盛藥行、吳慶昌參莊……等三十一間，總計全台共有九十七間商號。（註32）

大體的說，台商和海外華商建立中藥材商貿網絡的方式，包括：

1.店主經由同業介紹，例如台灣南部的金元和藥行透過上海乾泰行介紹，將訂購上海、香港的中藥材委託長崎華商泰益號代辦進口關稅。

2.店主透過合資、連鎖店關係進行交易，譬如台北周元成信記、台中周元盛行與香港周贊成號是連鎖店，香港的周贊成號就常將沉香、燕窩、高麗參等藥材運往長崎華商泰益號，委託泰益號代理完稅之後，轉運台北周元成信記或台中周元盛行出售。

3.店主自己打聽訊息，主動參與交易，譬如台中郭美源參莊寫信給泰益號，向泰益號探聽輸入香港中藥材的行情，希望加入香港的中藥材商貿活動。

綜上，可知擔任中介角色的旅日華商，除了經營日本、台灣、中國大陸、香港的海產品貿易外，還兼做代轉中藥材的進出口業務。（註33）

關於中藥材的徵稅問題，近代中藥材在日本國內因消費量衰退，以及日本人使用中藥材的習慣和台灣人不同，故缺乏鑑定種

類繁多的中藥材稅務專業人才，然而中藥材的輸入稅係依照品目、價格的差異徵收鑑定稅，由於日本海關官員對於若干種類相同，形狀相似的中藥材，無法正確的判斷其食療用途、品質優劣和售價高低，不能訂立適當的稅率，故報稅者的申報技巧可使課稅結果產生極大的出入。台商為了減低進口稅，大多會請求旅日華商協助，採取以下報稅手段來達到節稅的目的，亦即：（1）高貴藥材以粗劣藥材名稱申報；（2）將種類相同的名貴藥材和粗劣藥材混合，以低價藥材申報；（3）委託輸出商在發貨單上以不實價格申報；（4）使用樣本名義申報等。（註34）在旅日華商方面為了維繫同業之間的互惠互利關係，也多會和海關人員周旋，以滿足台商的節稅需求。（註35）

伍、台商在台灣推銷中藥材的方式

　　歷年台商自大陸、香港輸入多少中藥材，有關其數量、價額和營業利益等問題，雖有資料上的限制，不詳，但如參考《台灣日日新報》中的一篇報導，便約可窺知其一般概況，即：

年來本島內臺人西醫開業者日增。漢方醫師漸減。病人多趨於西藥。雖然生齒日繁。生計日迫。而西藥奇貴。中人以下難得就醫。以故服用漢藥者仍眾。查臺灣本年中向中華採辦藥材。價達三百萬圓。若以關稅算之。當不下五百萬圓。所辦藥品。廣東廣西二省佔多。四川所產多滋補君臣之高價藥。若茯苓朮草。歸芎芍地八珍之屬。居大部分。雲南來者亦盛。大抵寒帶出涼劑熱帶出燥劑。東埔砂仁來自南洋諸

島。印度則多產木香也。臺北一年間消費二百餘萬圓。十中六七轉售於地方云。（註36）（標點依照原文。）

　　這則新聞說明台灣一年約向大陸輸入三百萬圓的藥材，台北地區的消費額佔二百餘萬圓，其中有一半以上是銷給市外的批發零售商。另，就地緣和運輸關係來說，大陸、東南亞的藥材產地比較靠近香港，運輸便捷，加上也有不少的代理商是由華人擔任，故推測該地藥材大概是由香港運往日本再轉銷台灣的。

　　概括的說，台灣中藥材商在島內的銷售方式有：（1）傳統批發方式，亦即擁有較多資本的大型藥材商輸入大陸、香港的貨物後，先批售給地方的中型批發商，中型批發商再賣給小型批發商或跑單幫的客商，小型批發商和客商再推銷給中藥店，中藥店再賣給顧客。這種上下游垂直分工的銷售途徑是台商在島內推銷中藥材的傳統方式。當然，也有一部分客商會親至南北貨集散中心大稻埕去直接採購藥材，然後再賣給其他批發零售商；（2）刊登報紙、雜誌廣告宣傳方式，例如台北乾元藥行在《台灣日日新報》上刊登：

　　顧客諸君　冬季近矣　服滋養品時期到矣　宜於此際飲食滋養藥品　保健全身　滋養活動元素　弊（敝）行特將老山高麗參　及各種人參類諸滋養補藥　經已辦足豐富　特別勉強以待諸華客專購　幸勿失好機　源源賜顧是荷（註37）（原文未加註標點符號。）

　　似此以廣告方式促銷，或在商店招牌上使用人參、鹿茸、燕窩等名貴藥材名稱向顧客推銷食補、養生的宣傳事例很多，不一一列舉；（3）利用民俗節慶的機會進行銷售活動，譬如台北藥材

精美盒裝的高麗參片，
有強壯、滋補功效。（作者拍攝）

商經常利用迎神賽會的節日，組織樂團或遊行隊伍向觀眾推銷藥
材；有的藥材商利用神明誕辰，宣傳折扣優待價促銷藥材；有的
藥材商於元宵節時，在報上刊登謎題，讓顧客解答，如果猜中就
給獎賞，藉以提升中藥材店的知名度。（註38）

　　台灣的中藥材市場從長期來看，因和人口眾多的漢人養生文
化緊密的結合，故受到如西醫、西藥屬於治病系統的商業競爭壓
力不大。惟自一九三七年中日戰爭爆發後，台灣總督府為了要配
合日本帝國主義的軍事行動，實施經濟統制政策，中藥材的貿易
活動被列入管制，障礙重重，一些藥材商迫不得已，才委託總督
府許可的日本藥業組織取代旅日華商，居中代理訂貨、通關、運
輸和結帳等商務。大陸、香港的中藥材商業交易也因遭到日本侵
華戰爭，以及民眾抵制日貨的打擊而趨於蕭條。（註39）

　　一九四三年國策公司「台灣拓殖株式會社」經過詳細的調查
和研究，認為中藥材是台灣人慣用的保健、治病藥物，因恐戰時
體制會阻礙台商輸入種類多、數量充足的中藥材，和為增加經營

第四章　日治時期台灣經濟與傳統中藥材貿易（1895-1945）

利益，故考慮在島內栽培馬兜苓（百合科、強壯滋養效能）、貝母（百合科、催乳、止血、鎮靜效能）、蒼朮（菊科、健胃、發汗效能）等六十一種藥用植物，然而此一計劃尚未開展，台拓會社就因日本戰敗投降而被關閉停業。（註40）

陸、結論

　　日治時代台灣總督府為給日本人提供方便的就業、移居環境、優良的投資條件，一面建設基礎事業，保護、獎勵、補助日本資本投資、獨佔重要產業，另一方面也直接經營專賣、水利灌溉等事業，靈活的運用國家權力結合獨佔資本力量，來推行台灣近代化的資本主義經濟，壟斷產業利源。這種由國家主導以日本人利益為中心的殖民政策，不但為日本企業帶來高利潤，而且還增強了日本帝國主義的實力，使日本資本得向台灣以外的地區再進行資本擴張活動，惟一般小規模的商業活動仍以台灣人較佔優勢，尤其是中藥材的商貿活動。

　　中藥材的重要產地在中國大陸，自古以來其「醫食同源」、「藥食同源」的食療、養生文化，遠傳到海內外各地，深受華人社會的信仰。「未病先防」使用中藥材食補的保健觀念，因普遍的成為台灣漢人日常生活中的一部分，故中藥材在台灣的消費市場相當地可觀。

　　然而，台灣總督府為圖疏離台海兩岸關係，將台灣納入日本的經濟體系之內，故對台灣直接輸入大陸貨制定高關稅政策，台、日兩地之間免關稅，以謀阻礙中、台商貿活動。惟近代日本政府在推行西化運動之際，提倡西醫、西藥醫學，排斥中醫、中

藥文化，由於日本國內中藥材商業衰退，而使旅日華商得把握商機，協助台商節稅，參與中、港、日、台四地之間的中藥材貿易活動。總結本文所舉出，眾多台商從事島內外中藥材商業活動的事實，正足以說明台灣總督府雖然想用政治力量來干預海峽兩岸的經濟關係，但實際上卻無法消除台灣社會對中醫、中藥的仰賴和對傳統中華文化的認同。

第四章　日治時期台灣經濟與傳統中藥材貿易（1895-1945）

註　釋

1.許介鱗（1995），李國祈總纂，〈日據時期的政治措施〉，《台灣近代史－政治篇》，南投：台灣省文獻委員會，頁223-232；黃富三（1995），李國祈總纂，〈台灣近代經濟發展史的分期及其特徵〉，《台灣近代史－經濟篇》，同上，頁4-7。

2.周憲文編著（1980），《台灣經濟史》，台北：台灣開明書店，頁912-946。

3.矢內原忠雄（1929），《帝國主義下の台灣》，東京：岩波書店，頁91-114。有關交通、電力、自來水、下水道等公共建設，參見陳國棟、彭信坤、董安琪、劉翠溶、劉士永等（1995），李國祈總纂，〈基本建設之發展〉，《台灣近代史──經濟篇》，南投：台灣省文獻委員會，頁19-120。

4.矢內原忠雄，《帝國主義下の台灣》，頁54-57、65；史全生主編（1992），《台灣經濟發展的歷史與現狀》，南京：東南大學出版社，頁64-79。有關殖民政策下的台灣米、糖問題，詳參柯志明（2003），《米糖相剋──日本殖民主義下台灣的發展與從屬》，台北：群學出版有限公司。

5.史全生主編，《台灣經濟發展的歷史與現狀》，頁79-80、100-101。

6.黃富三，〈台灣近代經濟發展史的分期及其特徵〉，頁6-7；史全生主編，《台灣經濟發展的歷史與現狀》，頁101-103。台灣拓殖株式會社創立於1936年11月，資本額3,000萬圓，本社設在台北，爲一規模龐大、代理台灣總督府推行南進政策的國策公司。詳參台灣拓殖株式會社編（1994），《事業要覽》，台北：台灣拓殖株式會社；涂照彥

（1995），《日本帝國主義下の台灣》，東京：東京大學出版會，頁346-349；三日月直之（1995），《台灣拓殖株式會社とその時代》，福岡：葦書房，頁463、486-488、502。

7.矢內原忠雄，《帝國主義下の台灣》，頁73-74、79。

8.朱德蘭（1999），〈日治時期台灣的中藥材貿易〉，《台灣商業傳統論文集》，台北：中央研究院台灣史研究所籌備處，頁244-245；林滿紅（2001），〈日本殖民時期台灣與香港經濟關係的變化——亞洲與世界關係調動中之一發展〉，《近代史研究所集刊》第36期，台北：中央研究院近代史研究所，頁63-65、83-86。

9.周憲文編，《台灣經濟史》，頁623-673。

10.小曾戶洋著（2002），〈中國醫學在日本〉，收入蔡毅編譯，《中國傳統文化在日本》，北京：中華書局，頁181-189。

11.朱德蘭，〈日治時期台灣的中藥材貿易〉，頁246。

12.李摭軍、廉考文（2001），收入薛麥喜主編，〈黃河飲食養生〉，《黃河文化叢書——民食卷》，太原：山西人民出版社，頁521-557。

13.朱德蘭，〈日治時期台灣的中藥材貿易〉，頁245。

14.章英華（1984），〈清代以後上海市區的發展與民國初年上海的區位結構〉，《中國海洋發展史論文集》第1輯，台北：中央研究院三民主義研究所，頁175-248；朱德蘭（1997），〈近代長崎華商泰益號與上海地區商號之間的貿易〉，《中國海洋發展史論文集》第6輯，台北：中央研究院中山人文社會科學研究所，頁350-353。

15.參見朱德蘭（1988），〈清開海令後的中日長崎貿易商與國內沿岸貿易（1684-1722）〉，《中國海洋發展史論文集》第3輯，台北：中央研究院三民主義研究所，頁369-415。

16.朱德蘭，〈日治時期台灣的中藥材貿易〉，頁246。有關泰益號詳參朱德蘭（1997），《長崎華商貿易の史的研究》，東京：芙蓉書房，

第四章　日治時期台灣經濟與傳統中藥材貿易（1895-1945）

頁56-85。

17.濱下武志（1997），《香港大視野──亞洲網絡中心》，台北：故鄉
　　出版股份有限公司、牛頓出版股份有限公司，頁19-69。

18.朱德蘭，〈日治時期台灣的中藥材貿易〉，頁247。

19.朱德蘭，〈日治時期台灣的中藥材貿易〉，頁249。

20.陳新謙編著（1994），《中華藥史紀年》，北京：中國醫藥科技出版
　　社，頁1-2；著者不詳（1984），《中國醫藥學家史話──中國歷代
　　名醫小傳》，台北：明文書局，頁1-7。

21.著者不詳，《中國醫藥家史話》，頁3；李擁軍、廉考文，〈黃河飲
　　食養生〉，頁525-526；馬伯英（1994），《中國醫學文化史》，上
　　海：人民出版社，頁271、283-285、289-291。

22.前引朱德蘭，〈日治時期台灣的中藥材貿易〉，頁237；李擁軍、廉
　　考文，〈黃河飲食養生〉，頁527；馬伯英，《中國醫學文化史》，
　　頁339-345、406、546、732。

23.朱德蘭，〈日治時期台灣的中藥材貿易〉，頁238-239。

24.朱德蘭，〈日治時期台灣的中藥材貿易〉，頁239。

25.朱德蘭，〈日治時期台灣的中藥材貿易〉，頁237。

26.張大君、張嵐（1996），中華傳統文化大觀編纂委員會編，〈中醫
　　中藥〉，《中華傳統文化大觀》，北京：中國大百科全書出版社，頁
　　572。

27.張大君、張嵐，〈中醫中藥〉，頁573-574。

28.張大君、張嵐，〈中醫中藥〉，頁572-573。

29.張大君、張嵐，〈中醫中藥〉，頁573。

30.朱德蘭，〈日治時期台灣的中藥材貿易〉，頁240。

31.朱德蘭，〈日治時期台灣的中藥材貿易〉，頁240-241；張大君、張
　　嵐，〈中醫中藥〉，頁573-574。

32.朱德蘭（1995），〈近代における長崎華商泰益號の國際貿易活動の研究〉，福岡：國立九州大學博士論文，3月，頁188-195。詳參賴澤涵、朱德蘭、市川信愛主編，《長崎華商泰益號關係商業書簡資料集：台灣地區商號》（長崎市立博物館典藏，台灣中央研究院中山人文社會科學研究所複製本，1990年蔣經國國際學術交流基金會研究補助，No.RG007'90），第1-55冊。

33.朱德蘭，〈近代における長崎華商泰益號の國際貿易活動の研究〉，頁196。

34.朱德蘭，〈日治時期台灣的中藥材貿易〉，頁251-254。

35.朱德蘭，〈近代における長崎華商泰益號の國際貿易活動の研究〉，頁207-211。

36.《台灣日日新報》（漢文版）昭和4年（1929）12月19日，第10659號。

37.《台灣日日新報》（漢文版）大正9年（1920）11月7日，第7334號。

38.朱德蘭，〈日治時期台灣的中藥材貿易〉，頁256-257。

39.朱德蘭，〈日治時期台灣的中藥材貿易〉，頁260-261。

40.昭和18年（1943）〈藥用植物栽培二關スル件〉，台拓會社文書，第1487號，《島內店所長會議事項》；閉鎖機關整理委員會編（1995），《占領期閉鎖機關とその特殊清算》第3卷，東京：大空社，頁15、53。

第四章　日治時期台灣經濟與傳統中藥材貿易（1895-1945）

問題討論

一、試述日治時期台灣總督府推行資本主義的經濟特色。

二、台灣人為何認同傳統的中醫中藥文化？

三、中藥和食補有何關係？

四、旅日華商如何節稅以協助台商進行中藥材貿易活動？

台灣社會、經濟與文化的變遷

參考書目

（一）原始檔案、報紙、資料彙編

賴澤涵、朱德蘭、市川信愛主編，《長崎華商泰益號關係商業書簡資
　　料集：台灣地區商號》第1-55冊，長崎市立博物館典藏，台灣中
　　央研究院中山人文社會科學研究所複製本，1990年度蔣經國國際
　　學術交流基金會研究補助，No.RG007'90。

《台灣日日新報》。

包錫生、陳岩編（1991），《中藥別名手冊》，廣州：廣東科技出版
　　社。

株式會社福大公司編（1940），《台灣における輸入漢藥調查書》，台
　　北：株式會社福大公司。

陳新謙編著（1994），《中華藥史紀年》，北京：中國醫藥科技出版
　　社。

（二）論著

三日月直之（1995），《台灣拓殖株式會社とその時代》，福岡：葦書
　　房。

小曽戸洋（2002），收入蔡毅編譯，〈中國醫學在日本〉，《中國傳統
　　文化在日本》，北京：中華書局。

矢内原忠雄（1992），《帝國主義下の台灣》，東京：岩波書店。

史全生主編（1992），《台灣經濟發展的歷史與現狀》，南京：東南大
　　學出版社。

朱德蘭（1995），《近代における長崎華商泰益號の國際貿易活動の研究》，福岡：國立九州大學博士論文。

朱德蘭（1997），《長崎華商貿易の史的研究》，東京：芙蓉書房。

朱德蘭（1999），〈日治時期台灣的中藥材貿易〉，《台灣商業傳統論文集》，台北：中央研究院台灣史研究所籌備處。

李擁軍、廉考文，收入薛麥喜主編（2001），〈黃河飲食養生〉，《黃河文化叢書──民食卷》，太原：山西人民出版社。

林滿紅（2001），〈日本殖民時期台灣與香港經濟關係的變化──亞洲與世界關係調動中之一發展〉，《近代史研究所集刊》第36期，台北：中央研究院近代史研究所。

周憲文編著（1980），《台灣經濟史》，台北：台灣開明書店。

馬伯英（1994），《中國醫學文化史》，上海：人民出版社。

黃富三（1995），李國祈總纂，〈台灣近代經濟發展史的分期及其特徵〉，《台灣近代史──經濟篇》，南投：台灣省文獻委員會。

張大君、張嵐（1996），中華傳統文化大觀編纂委員會編，〈中醫中藥〉，《中華傳統文化大觀》，北京：中國大百科全書出版社。

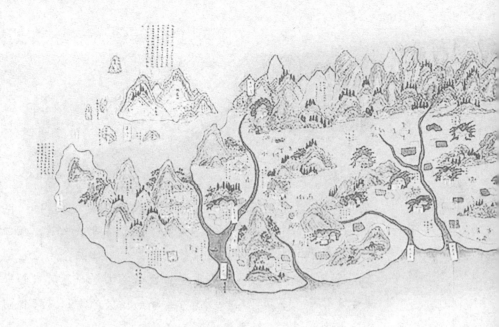

第五章 台灣史前文化變遷

何傳坤

台中國立自然科學博物館人類學組研究員兼主任

作者簡介

何傳坤

　　1971年自台大考古人類學系畢業，1977年及1985年分別取得
美國華盛頓州立大學人類學系碩、博士學位後返國，在台中國立
自然科學博物館人類學組擔任研究員兼主任至今，並在國內大學
及研究所兼任教授。其專長包括台灣考古學、體質人類學、中國
古人類學、中國新石器時代考古學、民族考古學、博物館人類學
及世界遺產學。主要的論著有《台灣史前文化三論》、《台灣舊石
器時代晚期人類及文化的新發現》、《中國紅毛猩猩的祖先是
誰？》、《體質人類學及分子生物學上「蒙古人種南部類型」的源
流》等中英文論文五十餘篇。

教學目標

1.建構台灣史前文化史的時空架構。
2.復原台灣史前人們的生活方式。
3.推論台灣史前文化變遷的過程及機制。

摘　要

　　自1896年日本教師在台北市芝山岩遺址發現第一件石器至今，經老中青三代中外考古學家們的辛勤工作及耕耘，台灣本島及離島已發現的考古遺址已近二千多處。本文根據蘊藏在台灣島地下豐富的史前文化資產，其中包括考古遺物、遺跡以及生態遺留來重建文化史，復原先民的生活方式，以及推論台灣史前文化變遷的過程與機制。

137

壹、前言

　　在美麗的台灣島下到底蘊藏了多少豐富的史前文化遺產？考古學家依先民們在不同時間及空間留下的考古遺物、遺跡及生態遺留來為其重建文化史、復原生活方式及推論史前文化發展與變遷的過程。也就是說，目前考古學家或史前史學者為了研究的方便依照史前文化的時空變遷、生產方式、居住方式、工藝技術四大標準，將台灣早期開發史分為五個時期。

一、舊石器時代晚期文化

　　舊石器時代是屬於地質年代的更新世，舊石器時代晚期也就是更新世晚期，年代大約為距今五萬年至一萬年。這段時間的人主要以打製石器為狩獵及採集的工具，所以居無定所，人口較少，台灣以澎湖海溝撈獲的台灣陸橋動物群、陸橋人化石，以及台東八仙洞長濱文化為代表。

二、新石器時代早期文化

　　新石器時代是屬於地質年代的全新世，其開始的年代約一萬年前。台灣地區目前已知最早的新石器遺址，其年代大多不早於距今五千年。新石器時代早期是以農耕為動物馴養為主的產食經濟，不但開始出現定居的小型村落，而且開始使用陶器，石器的製作也出現磨製技術，有時也遇見編籃及紡織工藝。台灣各地的

新石器時代早期先民是適應濕暖的熱帶、亞熱帶地區海洋、河口和河湖性自然環境的一種文化。這批早期農民很可能就是台灣南島民族的遠古祖先。

三、新石器時代中期文化

　　新石器時代中期的年代約距今四千六百至三千五百年。地方性文化在早期文化的基礎上長期地在各地適應擴散並落地生根。這個階段各遺址的規模較前期為大，而且文化層堆積較厚而連續，可能已步入部落社會。當時的農業以種稻及小米為主，沿海地區的遺址出現大量動物獸骨、貝塚及魚類，顯然狩獵、漁撈已為當時的居民帶來大量的營養食源。有些遺址發現不同葬式的棺具及陪葬品，顯示新石器時代中期的先民們已有來生的觀念。

四、新石器時代晚期文化

　　與前期相比，各地文化不但深入不同類型的生態環境中，而且有向內陸及山區擴散的現象。這個時期可能自距今三千五百年一直延續到二千年左右。全台各地出現彩陶、黑陶及罕見的三足器。平原地區延續中期的農業生產經濟，但狩獵漁撈仍然重要。這個時期最大的文化特色是：聚落大型化、遺址規模化、文化層厚實化，顯然人口急速成長，因而造成向內陸、山地適應擴張的現象。因此，各地不但出現複雜的喪葬制度、豐富而多變的玉器陪葬品，這些由玉器交換而引發不同史前文化的互動圈，引起不同物質文化內涵的蛻變，而且隱約地發展出社會階層之林立，戰爭頻繁。這階段的地方文化後來發展成為下一階段的祖先。

年距代今	時代	區域					生活方式	自然環境		
		北部	中部	南部	東部	澎湖		主要事件	氣溫	海水面
500 1000 1500 2000	歷史時代 鐵器時代	十三行文化	番仔園文化 大邱園文化	萬松文化	龜山文化 靜埔文化	漢文化期	種稻 種小米(?) 狩獵 捕魚 採貝	製造使用鐵器，石器減少使用，開始與漢人交易。		高於今日海面約1公尺
2500 3000 3500 4000 4500 5000 5500 6000 6500	新石器時代	植物園文化 大坌坑文化	營埔文化 牛罵頭文化 大坌坑文化	大湖文化 牛綢子文化 大坌坑文化	卑南文化 富山文化 長濱文化	麒麟文化 秦面陶文化期 細繩紋陶文化期 粗繩紋陶文化期	種稻 種小米(?) 狩獵 捕魚 採貝 漁獵、採集、初級農業	社會地位分化，工藝技術進步。 稻作農業出現 陶器出現，磨製石器出現，初級農業出現。	與今相似 較今略高 較今高約攝氏2.5度	高於今日海面約2～3公尺 高於今日海面約2公尺 高於今日海面約4公尺
7000 7500 8000 8500 9000 9500 10000 〜 30000	舊石器（先）陶時代	長濱文化(?)	長濱文化(?)	長濱文化(?) 左鎮人			狩獵 採集 捕魚 採貝	打製石器，無陶器	較今略低	低於今日海面約5公尺 低於今日海面約15公尺 低於今日海面約15公尺

台灣社會、經濟與文化的變遷

五、鐵器時代

由於島外鐵器、金屬器等物件之引進及技術的轉移，台灣全島在距今約二千年正式進入鐵器時代或金石並用階段。平地雖然進入鐵器時代，但高地山區仍使用石器至日本佔據台灣。這階段早期的遺址不但出現在外島，而且晚期也在丘陵及山地出現。這一文化不但延續到四百年前而且與歷史時代相銜接。不同地區的地域性文化一方面呈現出外來漢人大量移民的「文化相融」特色，而且也在各地保存了特殊的埋葬習俗。這些文化可能是現今台灣南島原住民的直接祖先。以下按北、中、南、東四大區來分述當地的史前文化內涵及其演變（參見第140頁）。

貳、北部地區史前文化

一、大坌坑文化

大坌坑遺址位於台北縣八里鄉舊城村。新台15號道路旁、公田聚落南側的山麓上。大坌坑文化的命名來自台北縣八里鄉大坌坑遺址，年代推測在距今五千年間。

大坌坑文化的陶器通稱粗繩紋陶，多為手製，含砂、質地鬆軟，顏色呈紅褐色，火候不高約攝氏四百至五百度。器型簡單，通常只有缽、罐兩種。罐形器口部低、一種頸厚剖面近於三角形；一種在口部外緣唇頸間有一條突脊。陶器口徑不大，一般在

十四至十八公分之間，寬肩、鼓腹、圓底或平底，部分有矮圈足。大部分陶器在口緣下方頸部以下施滿繩紋。部分口緣上方或肩上施有劃紋，紋樣通常是兩條或兩條以上近於平行的線條，畫成間斷或連續的波折紋、直線紋、交叉紋等流暢的線條，甚具特色。

大坌坑文化的石器發現不多，計有打製石斧、磨製石斧、石鏃、石鏃、網墜等。由於發現過樹皮打棒，推測當時已經有樹皮布。

大坌坑遺址中遺物分布範圍南北約三百五十公尺，東西約五百公尺。推測當時聚落還小，通常定居於河口或近於海岸的階地，以狩獵和漁撈營生（由石鏃、網墜推斷），也採集野生植物種子和植物纖維（由陶器上的繩紋推測），並進入種植根莖類作物的刀耕火種的游耕階段。

目前學者大多認為，大坌坑文化可能為台灣最早可辨識的南島語族先型文化。和這個文化相類似的遺址，也出現在閩江口以南到雷州半島附近之間的大陸東南沿海地區。

二、芝山岩文化

芝山岩遺址在台北湖時期為一座孤立的砂岩小山，山頂平坦。當時稻作精熟、盛行打獵鹿、豬、羌、漁撈並食貝。芝山岩文化推測為距今三千四百至三千年之間。

出土陶器以彩繪最多，主要是黑彩或黑中帶彩，少數為橙紅色。紋飾主要以數條平行線組合，有細有粗。器型以罐形器居多，也有不少罐盆形器，並有獨特的帶紐器。此外，尚有罕見的木器——掘棍（農耕用具）和裝飾品。

新石器時代中期台灣各地的地方性文化蜂起，一方面是大坌坑文化分處各地之後長期發展的地方性適應，另一方面則是外來文化的移入而持續發展，圓山文化即是一例。台北盆地的芝山岩文化亦被認爲是自中國浙南或閩北地區移民而來，與大陸東南沿海地區關係密切，是台灣考古史上最早（一八九六年）被發現的史前遺址。

三、圓山文化

大坌坑文化在層位上在圓山文化之下，早於圓山文化。圓山文化大致分布於淡水河兩岸及新店溪下游的河階地。當時台北盆地處於台北湖時代，圓山、芝山岩文化的先民們便沿著湖邊選擇一處落腳定居下來。自圓山遺址出土物推測當時已有進步的農業，種植稻米等種子植物，並大量狩獵和撈捕河湖、海中貝類爲生。

圓山文化可能是興起於台北盆地北側的地方性文化，其年代可能從距今四千五百至二千五百年左右，自新石器時代中期一直到晚期，延續時間很長，文化內涵卻改變很少。在台灣本島可能和東部的卑南文化有貿易往來的關係，和附近文化之間除彼此往來，並有戰爭、獵頭的行爲。

圓山文化的主要特徵爲富有區域性色彩的陶器、石器、骨角器、玉器：

1. 石器包括各式磨製的大型鏟型器、鋤型器、斧型器、錛型器、石槌、網墜、凹石、砥石等日常生活使用的農、漁、獵具及工具。

2.陶器則多數爲淺棕夾砂陶，以拍墊法手製。外表通常抹平塗上一層紅色顏料，多爲素面，少數有彩色繪紋和網印紋，但器蓋內裡和把手上常見有捺點紋，可能是一種符號，爲一明顯特徵。

3.骨角器包括魚叉、槍頭、箭頭等，是主要漁獵工具。

4.玉器包括玉錛、玉玦、玉珮、玉環、管珠……等，以人獸形玉玦最具特色。

當時的居民在台北湖的周圍以漁獵和農耕爲主，在附近的水中捕魚、撈貝，在山野狩獵，狩獵以鹿、豬爲多。大量的農具出土顯示當時農業有了一定的水準，已知飼養家畜，狗用來打獵或食用，並可能飼養豬。圓山貝塚挖出的三座墓葬，大都仰身直肢、頭向不定，當時的人生前有拔齒的習俗。

四、植物園文化

約在圓山文化的晚期，台北地區出現了另一新文化——植物園文化。該文化主要分布於台北盆地南部、大漢溪西岸地區。代表性的遺址除了臺北市南海路植物園遺址外，還有台北縣的樹林狗蹄山、潭底、關渡、慈法宮及桃園縣大園尖山等。

植物園文化的主要特色，陶器以褐和淺褐色爲主，有素面亦有印紋陶。印紋陶表面多飾以方格紋、曲折紋等幾何形印紋。器形主要有罐和缽。石器有打製大型石斧、磨製石斧、匙形石斧、有段石錛、鑿、鏃、槍頭等。這一文化的年代約距今二千五百至一千八百年前。當時的生活方式依大型農具之出現推論以農耕爲主。

五、十三行文化

十三行文化大致可認為是凱達格蘭平埔族的前身,時間大致距今一千八百至八百年,為漢人進入本地區之後結束所發現唯一的史前文化,分布極廣。

十三行文化初期繼承新石器時代晚期的發展,有不同的適應形態,平原、丘陵、山地均有遺址分布,其生活型態已和近代各台灣原住民族相同,主要遺址有台北縣八里鄉十三行、小基隆、台北市西新莊子、社子等。當時的居民主要是務農,種植稻米、蕃薯、芋頭……等農作物。

同時漁獵相當發達,採取貝類、捕捉魚類和地中哺乳類,並狩獵鹿、山豬、羌、山羊等野生動物;服裝可能類似北泰雅,以黑、白、紅……等色為主,並住在干欄式住屋。

十三行文化的埋葬習俗,以頭朝西南、臉朝西北的側身屈肢室外葬為主,常見的陪葬品為陶罐、青銅板、鐵刀。由無頭葬出現,可得知彼時聚落或族群間可能有戰爭或獵頭的行為。

十三行遺址中出現的石器數量很少,自發現的大量鐵渣可推知此時石器顯然已被鐵器所取代,並由挖掘出的煉鐵作坊證實煉鐵是在聚落內進行。主要的出土遺物包括唐宋古錢及大陸瓷器,說明了十三行文化居民已與大陸東南漁民進行商品的貿易交換,而鐵器製作似有可能自漢人習得或直接由凱達格蘭族的祖先自島外移進的技術。

十三行文化的陶器以幾何形印紋為多,可能自蘭陽平原向南傳至立霧溪流域,這些地區的陶器紋樣與華南沿海的十分相近。北部的凱達格蘭與噶瑪蘭直到近代仍繼續沿用這種陶器。

根據凱達格蘭的口述史，其祖先自東北角登台，並定居在三貂角附近。然後再沿海西進，經過不斷遷徙分支，凱族人在台灣北部形成了無數聚落，日漸繁衍，並極可能是十三行文化的創始者。

住在十三行遺址的居民，當時和宜蘭（噶瑪蘭交換米、黃金）、東部及中部地區族群之間均有往來交換所得，而且也可能和中國東南沿海地區從事貿易，和漢人交換鐵、布。

參、中部地區史前文化

一、網形文化

近幾年來，劉益昌先生在台中縣的新社盆地斜坡發現了尚有爭議性的原型手斧、偏鋒礫石砍器、石片器等零散舊石器。他也在大安溪支流景山溪的中游網形遺址（距今四萬年）中找到舊石器時代晚期的砍器、刮削器、尖器等打製石器。更新世晚期（大約距今四萬至一萬年前）地層在台中縣北部分布廣泛，極有可能出現舊石器時代晚期的遺物，這也可能是中部地區最早的文化層。

二、大坌坑文化

大坌坑文化（距今七千至五千年）是代表台灣新石器時代最早的文化層。已發現的遺址以台北八里大坌坑為代表。中部地區

的清水鎮牛罵頭遺址下層台中市惠
來里遺址（圖5-1）及彰化市牛埔都
有大坌坑式的陶器出土。這種陶器
的腹部印有繩紋，器形有缽與罐。
石器的類型不多，有打製及磨製的
石斧、石錛、網墜、石簇及有槽石
棒。張光直教授根據這些推斷當時
的先民已經從事漁、獵、採集的生
活，而且有可能已有初級的種植根
莖農業。

圖5-1　台中市惠來里出
土大坌坑陶片

三、牛罵頭文化

　　牛罵頭文化（距今五千至四千年）以清水鎮牛罵頭上層陶器
文化為代表。據推測可能由大坌坑文化演變而來，在中部地區代
表性的遺址有清水牛罵頭（圖5-2）大甲鎮水源地、火葬場；外埔
鄉大甲東、麻頭路及神岡鄉的莊後村、大肚山台地南邊旭光國

圖5-2　台中縣清水鎮牛罵頭遺址

圖5-3　牛罵頭遺址出土紅色細繩紋陶

小、榮泉村、台中市惠來里、彰化市牛埔、烏溪草鞋屯及坪林。已發現的遺址分布在海岸或溪畔的台地及斜坡上。

出土的陶器以紅色繩紋陶為主（圖5-3）。陶器有手製及輪製兩種，質地為含砂或泥質，表面呈橘紅或紅褐色。器物的頸部或肩部以下印有繩紋，紋飾比大坌坑期的淺而細，口緣少數有劃紋，器形以侈口、鼓腹圓底、圈足的罐形器、缽及瓶較為常見。

牛罵頭文化晚期的繩紋陶為黑陶所取代。常見的石器有打製及磨製石斧、磨製石鏃、石刀、石簇及網墜。由遺址地形及遺物特徵推測，牛罵頭文化期的先民從事農耕及漁獵生活。

四、營埔文化

營埔文化（距今四千至二千年）遺址分布的範圍在中部自海岸地區沿大肚溪向內陸延伸（圖5-4）。代表的遺址有清水鎮牛罵

圖5-4　台中縣營埔遺址

頭遺址上層、大甲鎮水源地、火葬場、外埔鄉大甲東、神岡鄉莊
後村遺址上層、新社鄉水底寮、七份、矮山坪。在苗栗縣竹南鎮
山佳里和頭份鎮後庄里北面的台地上，曾採集到類似中部營埔遺
址及北部芝山巖文化的陶器、石器。

　　營埔文化以出土的黑陶而聞名。典型的陶器以灰黑陶爲主、
紅褐色陶次之；兩者均含砂，有手製及輪製兩種。特別引人注目
的是出土的少量的磨光黑陶。

　　在灰黑陶的口緣及腹部外側常見有壓印的凹弦紋、羽狀紋及
圈點紋。可以復原的器形有侈口的陶罐、缽、器蓋，也有圈足及
鼎足。石器出現的頻率很高，器類比前期（牛罵頭）的較爲複
雜，主要有打製石斧、磨製石斧、石簇、矛頭及網墜等。在典型
的營埔村曾發現過幾件磨製而成的巴圖型石器及石製和陶製的環
（圖5-5）。最近由科博館人類學組考古學門重新發掘，發現了不少
古代灰坑。

　　由營埔出土的陶片上的稻穀印痕可推測當時農業也繼北部之

圖5-5　營埔遺址發掘現場

後傳入中部地區，而漁獵在居民的謀生生計中依然佔有很重要的地位。

五、番仔園文化

　　中部地區在公元前後正式脫離了石器時代進入鐵器時代，這可由在代表這段文化期的典型遺址中出現了鐵刀獲得證明。這期文化的遺址主要分布在大肚山台地，向北可延伸至苗栗南部的丘陵地區。典型的遺址在大甲鎮的番仔園。此外，在外埔鄉麻頭路，清水、鹿寮、龍井鄉山腳、龍泉村、台中市南屯區山仔腳遺址，以及在台中市惠來里遺址也找到這層文化遺物。

　　民國二十四年，日人丹桂之曾在苑裡溪發現苑裡坑遺址。在這處屬於貝塚的遺址中也發現了小鐵刀，推測屬於番仔園文化（距今二千至四百年）。盛清沂先生於民國五十二年重新調查該遺

址，改名爲瓦窯遺址。一共採集到二十八件石器，八十五件褐色手製罐型陶片、獸骨及貝殼。

這層文化在中部常伴隨貝塚的出現（圖5-6）。石器中以礫石石刀爲主要類型，番仔園及龍泉村的遺址中都發現了鐵刀。陶器類型以黑灰陶爲主，紅褐陶次之，並且首次出現少量陶質較硬、火候較高、表面磨光的黑陶。黑灰陶器的表面有刺點、壓印和刻劃的飾紋，最常見的是連續的刺點紋、波浪狀櫛紋及圈點紋。器物的形狀以侈口、鼓腹的罐及缽爲主。同時，在番仔園（圖5-7）、麻頭路、龍泉村清水（圖5-8）及惠來里（圖5-9）發現了不少俯身葬。

圖5-6　台中縣番仔園遺址

圖5-8　台中縣清水鎮遺址出土俯身葬

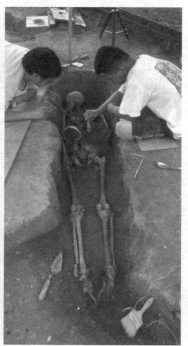

圖5-7　番仔園文化鹿寮遺址出土俯身葬

第五章　台灣史前文化變遷

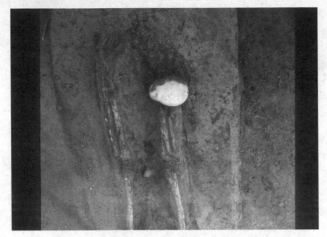

圖5-9　台中市惠來里遺址出土俯身葬

肆、南部地區史前文化

一、舊石器時代──左鎮人化石地點

　　台南地區在更新世晚期與中國大陸相連，以狩獵及採集為生的先民可能隨著南遷的動物群，在左鎮鄉菜寮溪留下他們的化石記錄。一九七一年台大宋文薰教授，與台灣省立博物館的研究人員在台南收藏家郭德鈴先生收藏的菜寮溪化石中，發現了屬於人類右頂骨殘片。一九七四年，日本古生物學家鹿間時夫教授也在潘常武先生的收藏品中，找到另一片採自菜寮溪的人類左頂骨化石。這兩片化石經日本學者研究是屬於現代人右頂骨，年代經氟

圖5-10　左鎮人生活復原圖（採自台灣史前人）

和錳計量的測定，約爲距今二萬至三萬年。後來，在左鎮附近又
發現了少數人類頭骨化石殘片及牙齒，經對比研究後，命名爲
「左鎮人」。一九九九年日本學者又在當地收藏家手中找到兩顆牙
齒化石，其中一顆採自菜寮溪的大臼齒。據他們推測年代可能早
到五萬年。到目前爲止，「左鎮人」代表了本區更新世晚期的最
早居民（圖5-10）。

二、新石器時代史前文化

　　一九六二年國分直一教授根據台南台地上及邊緣發現的史前
遺址海拔高度的分布，提出台灣西海岸南部地區的史前文化層
序。林朝棨教授於一九六〇年也嘗試利用貝塚的古地理位置與海
拔高度來推測西南部的海進及海退現象，顯然兩者有密切的相關
性。對研究史前的人地關係，土地利用的模式有不少啓示。

第五章　台灣史前文化變遷

大坌坑文化

　　台南地區史前遺址分布在嘉南平原及中洲台地河階附近。南關里的灰坑文化內涵（圖5-11）、八甲遺址位置、出土的大量大坌坑式陶片（圖5-12）及貝類遺留，可推測海洋資源的利用是主要的生活型態。石簇及骨尖器也反映了狩獵是攝取營養的方式之

圖5-11　台南科學園區南關里遺址遠景

圖5-12　南關里遺址出土大坌坑式陶片

一。由八甲村遺址文化層的厚度以及範圍來推測當時聚落（900×300m），在南部史前聚落大小分類標準中屬於中型聚落。農耕工具因出土數量不詳，難以推測其在生業中的重要性。值得注意的是，南關里遺址出土不少橄欖石玄武岩製成的石斧。這種石料，國分直一教授認為來自澎湖，也認證了臧振華所提出南關里遺址與澎湖果葉類緣關係的看法。根據洪曉純追溯台灣西南部玄武岩錛的礦源，也證明了兩岸兩地之間關係密切。

南關里遺址發現的墓葬葬式及頭向，若與高雄鳳鼻頭遺址以及澎湖的鎖港遺址出土的墓葬相比較，可進一步地發現三個遺址在大坌坑文化時期的互動關係相當頻繁。

牛稠子文化

歸屬這一時期的遺址多集中在嘉南平原至台南台地、中洲台地頂部、龍崎丘陵至新化丘陵及曾文溪沖積平原緩坡地形。遺址的海拔高度10至40m不等。依遺址的面積大約可推估當時的聚落可分成大（320,000㎡）、小（30,000㎡）兩種。其中牛稠子遺址（圖5-13，距今四千五百至三千五百年）的文化層厚度高達110公分，可推知該址代表長期定居的農村。日常生活用具中以紅色細繩紋陶容器，石器以農具及木製工器為主。除了打獵之外，捕魚也是重要的一環。石器的材料大量地採用橄欖石玄武岩，與大坌坑文化相

圖5-13　牛稠子遺址遠景（採自台閩地區）

似，礦源來自澎湖地區。一方面表明了牛稠子文化與大坌坑文化的連續傳承關係，也不難看出牛稠子文化與澎湖地區的交往關係。

右先方文化

右先方遺址（距今三千五百年）於民國九十年初，台南南部科學園區進行園內二期二階工程時，於數處集水井附近，發現了零星的陶片散布（圖5-14）。後經考古隊鑽探，證實為距今三千五百年左右的史前文化遺址。

右先方遺址位於右先方舊聚落北側，地勢平坦，海拔約在6.1公尺左右，遺址範圍約450×250公尺，文化層厚度約40公分。

圖5-14　南部科學園區
　　　　右先方遺址

圖5-15　右先方遺址出土陶罐

　　根據考古隊初步採集及發掘，出土的陶器中以橙色灰砂及泥質陶為主，器型多為罐（圖5-15）、缽，以及飾以劃紋之黑色陶環、紡輪等。出土的石器，除以橄欖石玄武岩製中鋒刃器外，亦見頁岩石片及砂岩磨石。另在探坑中發現牡蠣殼殘留。該遺址出土的文化遺物內涵及年代測定為距今三千五百年，考古隊認為屬於牛稠子細繩紋陶至大湖文化的過渡時期遺址。這個遺址的發現對於建立台南地區史前文化的層序具有關鍵的地位。

大湖文化

　　已發現的遺址集中在曾文溪沖積平原東側（圖5-16），但有向丘陵西緩坡延伸的趨勢。大湖文化時期遺址的面積也反映出聚落可分成大（900×900m）、中（500×200m）、小（300×150m）三組。這種現象可能與人口的擴增有關。其中位於嘉南平原南側沖積平原上的看西遺址不但面積大，而且文化層的厚度也代表了該

圖5-16　大湖遺址遠景（採自台閩地區高雄縣）

圖5-17　大湖遺址出土墓葬（採自台閩地區）

址是屬於一個長久定居的大型聚落。另外，發掘面積高達500m²的烏山頭遺址，其文化內涵之豐富也說明了大湖文化時期，先民們的生活工具及用品與牛稠子文化時期出現了差異。前者是以黑色陶具為生，生產工具如紡織用之紡輪及打漁工具均為紅色陶製（圖5-17）。石器工具之石材除了部分繼續來自澎湖外，板岩製石

器之出現也表明了大湖文化的互動圈有向東側高地擴大的趨勢。

　　烏山頭及五間厝遺址出土的墓葬出現了女性死後厚葬及拔牙現象、頭向一律朝北及陶缽陪葬的習俗，除充分表明大湖文化面貌的一致性及社區意識外，也彰顯其與牛稠子文化之相異性。

蔦松文化

　　蔦松文化（距今二千至四百年）遺址分布在不同的西海岸地形中，如沖積平原、丘陵河階、台地緩坡、丘陵殘丘地帶。易言之，聚落的所在地，也可從遺址的海拔高度見其一斑。蔦松文化遺址（圖5-18）發現的數目不但說明了向內陸擴散的現象，也反映了人口增加、村落散居的趨勢。近河階的遺址文化層較薄，代表居住的時間較短；近平原及台地緩坡的遺址不但面積較大而且文化層較厚（如番子塭、西寮及蔦松遺址），表示其聚落規模較大。特別是西寮遺址面積高達3,230,000㎡。與大湖文化時期的聚落相比，西寮遺址可能屬於聚落群，或是文獻記載中所指涉的麻

圖5-18　蔦松遺址遠景

豆社。出土的文化遺物不但類型多而且在量的方面遠非前期文化所能相比。其中骨製工具、裝飾品、玻璃器、鐵器及貝飾的出現不但代表了物質文化及工藝技術之改進，也說明與外來漢文化之間的互動關係及接觸。但是墓葬習俗卻承續了大湖文化的傳統，如多具成排共埋、仰身直肢、頭向朝北、陪葬品及拔牙現象等（圖5-19）。兩種文化接觸之後果可能導致了族群的爭鬥行為，如五間厝墓葬人骨肩胛骨上的砍痕，以及一九三九年金子壽衛男於蔦松東貝塚中發現帶有刀痕之人類顎骨可作為佐證。

另外，從灰坑中出土大量的植物種子及動物遺存，說明當時的農耕、採集及狩獵在生業系統中的主導地位。蔦松文化遺址出土大量的貝殼及貝飾，表示當時的海岸線離遺址不遠及蔦松人大量食用貝類。根據上述考古證據及蔦松遺物出土的鳥頭狀器，黃台香及劉克竑認為蔦松文化與西拉雅族應屬祖裔關連。這個推論

圖5-19　蔦松遺址出土人骨

因南科五間厝遺址新發現的西拉雅文化層，重新面臨思考。

平埔族西拉雅文化

中央研究院歷史語言研究所南科考古隊在園區的五間厝、五間厝北遺址的上層，發現了四百至五百年前為堆垃圾而挖的坑穴。因這些文化現象出土的地點及推斷年代與歷史文獻所記載的西拉雅平埔族相符，考古隊稱之為西拉雅文化（距今四百至五百年）。

這些坑穴內不但出土了剩食遺留及廢棄的工具，也出土了蔦松文化中典型的素面紅陶，以及大量漢人所使用的硬陶與瓷器遺存。這也說明了西拉雅人與漢人開始接觸交往。出土的大量生態遺留說明了當時食物的種類與蔦松文化相同，廣泛地食用貝殼、魚及獸骨。使用的鐵器也較蔦松文化變大。在裝飾品方面，出現了刻劃細微的鹿角、貝珠、瑪瑙珠及玻璃環等。

近代漢人文化

中央研究院歷史語言研究所南科考古隊在園區的道爺及北三舍遺址發現了漢人文化層。出土的漢人器物包括質地堅硬的甕、盆及精美的瓷碗、碟、盤。另在道爺遺址發現了一座占地400m²的墓園，墓園用運自大陸的紅磚砌成。值得注意的是，墓前方出現一條用瓦管鋪成的排水渠道，誠屬台灣地區考古發現的首例。

伍、台東地區史前文化

一、長濱文化

　　長濱文化（距今一萬五千至五千年）是台灣地區目前已知舊石器晚期唯一的層位脈絡明確的考古遺址。該遺址位於長濱鄉的八仙洞洞穴群（潮音、海雷、乾元及崑崙洞）。出土的器物以石英、石英岩、玉髓、燧石與鐵石英的小型刮削器及刀形器為主，礫石砍砸器占次要地位。根據碳十四年代以及洞穴高度與海水面升降之比對，乾元洞的年代因標本量不足，推測大於一萬五千年；潮音洞的年代可晚到五千年左右。當時先民的生活方式以漁獵為主，未見陶器之出現，因而又稱之為「先陶文化」（圖5-20）。

圖5-20　台東八仙洞長濱人生活復原圖（採自台灣史前人）

台東地區在東河鄉的小馬海蝕洞，以及距八仙洞遺址南方十公里的露天下田組Ⅰ遺址，也出土近似八仙洞的石器類型。但這些遺址出土的石英及玉髓製小型器物，年代和潮音洞同時，都在五千年左右。最近在大坌坑文化晚期的成功鎮芝田遺址，麒麟文化時期的白守蓮遺址，以及花蓮宮下遺址也零星地發現一些小型石器，有學者也開始質疑未見陶器，只見石器的遺址都歸入「先陶文化」之合理性。

二、大坌坑文化

典型的大坌坑文化（距今五千至四千五年）式陶片近幾年分別在台東縣境內的卑南、芝田、長光及城仔埔遺址相繼出土。國立史前博物館籌備處的研究人員認為，大坌坑文化在該區呈現南北兩大類型：北區屬大坌坑類型；南區屬台南縣八甲類型；其中卑南遺址所出土的陶片較近似台南的八甲類型。這些早期大坌坑式繩紋陶數量少而且少見口緣部位，其中繩紋或是平行劃紋多出現在折肩部位，每個遺址發現的大坌坑式陶片數量不多，似乎反映出大坌坑文化人並未在此久居。後來發現的長光與芝田遺址出土的大坌坑式陶片在口緣及折肩皆飾以繩紋。長光遺址繩紋陶片的年代經測定為距今五千年；而八甲類型繩紋陶年代約在距今六千至五千年之間。

東部大坌坑文化年代顯然晚於台灣西南部，兩者之間的文化關係，就目前所掌握的資料尚難爬梳清楚。

三、富山文化

　　台東縣卑南鄉富山遺址，過去因出土石板棺，一度曾視爲卑南文化。一九九四年由國立史前博物館籌備處發掘該址，出土的陶器以橙紅色的素面陶及淡橙色的繩紋陶爲主，器形以缽、盆及罐爲主。另外也發現石錛、石鑿、管珠、月牙型玉飾、方形玦、圓形玦，以及玉核、三角形邊料及不定形邊料等。這層文化一度曾因陶器以細繩紋的夾砂爲特點而稱爲東部繩紋陶文化、繩紋陶文化或富山文化（距今四千五百至三千五百年）。這類陶器也出土於恆春墾丁鵝鸞鼻第三史前文化相，以及東部地區的卑南遺址、東河北遺址、花蓮花崗山文化下層，及最近在長濱地區新發現的三崙仔Ⅰ、Ⅱ、Ⅲ地點；城子埔Ⅰ；眞柄Ⅰ、Ⅱ；崎腳上台與頂平西等。

　　富山遺址出土的繩紋陶的年代用珊瑚礁測定爲距今4580±40年；文化層底部發現的魚骨測定爲距今6500±91年及7267±80年；繩紋陶之熱釋光測年爲距今2240±180年。這些互相矛盾的絕對年代差距之大，是否代表富山文化延續之年代較久或是年代測定之誤差較大，值得進一步選送測年標本才能落實。

　　富山文化遺址中出土的石板棺石材顯然取自中央山脈，另外史前居民也善於交互利用陸海資源的特色，也反映出富山文化的季節性探墾生活方式，或是因海進及人口增加逐漸有向內陸及山地的適應趨勢。

四、卑南文化

　　卑南文化（距今三千五百至二千年）主要分布在東部海岸山脈和花東縱谷南段的河階、海階和山區的緩坡地。該文化重要的遺址在台東縣內有卑南、掃叭、富山、漁場、漁場南、東河Ⅰ、東河Ⅲ等，另在花蓮縣內花崗山遺址中、晚期及平林遺址。在台東縣境內各遺址以範圍大及出現石棺群為其特色。其中，最有名的卑南遺址面積超過三十萬平方公尺，代表了距今二千至三千年前龐大的史前聚落及墓葬群（圖5-21）。民國六十九年因拓寬及設立卑南新站施工而重見天日。該址建築物呈成排分布，格局嚴謹。建築物下的數千石板棺成帶狀分布，而且與地上建築物座向相同，顯然是屬於同一盛行室內葬社群久居的史前村落遺址（圖5-22）。

　　石板棺內發現豐富的陪葬玉質的頭飾、耳飾、頸飾、胸飾

圖5-21　台東史前博物館卑南文化公園現地

圖5-22　史前卑南人埋葬儀式及都蘭山復原圖

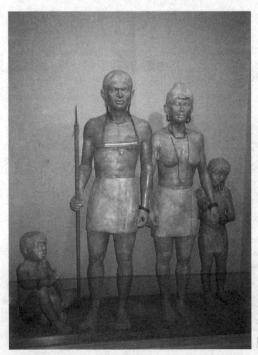

圖5-23　史前卑南一家人

台灣社會、經濟與文化的變遷

（圖5-23）及箭頭、矛頭及錛鑿器等。其中玉器材料已知來自花蓮豐田及西林地區。出土的農具有大量的石鎌、石刀及石杵，以及狩獵用的矛和簇。陶器以夾砂素面紅陶為主，陪葬的陶罐用豎把，陶壺、陶杯和陶紡輪。另外發現男女有拔牙的習俗。在海岸地區發現的卑南文化遺址出現豐富的網墜、尖器等漁具。

　　卑南文化晚期可代表台灣玉器使用及對外交易互動的顛峰時期。其互動圈有跨越中央山脈經古道向南投埔里地區移民的現象；向北經由花蓮的花崗山遺址、宜蘭的丸山遺址與台北盆地的圓山文化有些關聯；另外向南更與高屏溪附近的Chula遺址有過文化接觸。但是這些經由玉器之相似而引伸出的文化關係，是屬於人口遷移、交易或是玉器製作技術之探借，目前尚無定論。

五、麒麟文化

　　麒麟文化（距今三千五百至二千年）在年代上幾乎與卑南文化同時，遺址多分布在沿海岸山脈東側山麓邊緣（圖5-24），從最南端的都蘭至最北端的枋寮。該文化遺物中以使用岩棺（圖5-25）、岩壁、大石柱、有肩及有槽單石、石像及有孔石盤（石輪）為主，故又稱「巨石文化」，該文化陶器以紅褐色夾砂素面陶為主，已發現二十六個地點。

　　目前已知有三種巨石結構：（1）一種是由各種不同單石圍成長方形，座落在面海的緩坡上，長軸方向大致是南北走向，長約十一公尺。在結構物後方挖出一條排水溝，中間一塊岩石板上面放了一具石像；（2）第二種結構是使用大塊人工打造和天然礫石堆疊而成的石牆，石牆中也有單石；（3）第三種是岩棺，有時與單石、石輪或石像相伴出土。這些結構據宋文薰院士推測與宗教

圖5-24　台東縣麒麟遺址遠景

圖5-25　台東縣麒麟文化都蘭遺址出土岩棺

祭拜場所有關。也有人指出巨石文化面海的現象可能是海洋民族的特色。

麒麟遺址在一單石的凹穴內採到木炭，年代測定為距今3060±280年。可視為該文化在東海岸文化鼎盛時期之代表。麒麟文化與卑南文化為何同時在東部地區不同的地形中出現，兩者之間的關連，尚待釐清。

六、靜浦文化

靜浦文化（距今二千至五百年）出土的陶器因橫把與鈕把與現代的阿美族人所使用的陶器相似，又稱之為台灣鐵器時代之阿美族文化。早期代表性遺址位於花蓮豐濱的靜埔及長濱地區的石坑山V遺址。出土的陶器胎土多滲安山岩砂，器型以無把圓底罐與缽形器為主，大型陶罐則帶粗大橫把或鈕把。

另在八桑安遺址出現兩座以礫石堆疊的墓葬，其中一座出土金質、銅質及鐵質項飾與臂飾、瑪瑙珠及服飾上的琉璃珠等陪葬品。在花蓮富南國小遺址發現年代較晚帶橫把、圈足、敞口薄壁的大陶罐，石器卻少見。晚期的遺址在東部地區只零星地出現在真柄南、城仔浦I及II兩地點。這些地點所發現的陶罐，常帶橫把的大腹陶罐，可能是屬於古阿美族的。

陸、宜蘭地區史前文化

一、大竹圍文化

　　這層文化以礁溪鄉白雲村大竹圍遺址（距今四千二百至三千七百年）為代表（圖5-26）。這個遺址因北宜公路施工以及聚落內房屋改建破壞後發現，該址是屬於一處海拔只有一點四公尺的古老海岸沙丘。根據大規模的搶救發掘，這個遺址涵蓋二個史前文化層：（1）早期的「繩紋紅陶文化」；以及（2）晚期的「十三行文化舊社類型」。早期文化層出土的文化遺物以日常生活用具淡褐灰色夾砂陶、黃褐色夾砂陶罐為主，缽形器次之。另有少量的

圖5-26　宜蘭大竹圍遺址

盆形器及瓶形器。部分陶罐器帶圈足及把手。偶見陶紡輪及器形不明陶器。大竹圍遺址出土的褐色繩紋陶罐廣見於北部，石器組合則包括：砍除林木的石斧、開墾農地的石鋤、收穫小米用的石刀，捕魚用的石網墜及打獵用的石箭頭。據此，發掘人員推測當時先民們的生活方式是以農耕、漁獵為主。另外，令人注目的是出土了保存良好的大型木桶、帶穿尖狀木器及鏟形木片。

　　大竹圍遺址下層的繩紋陶文化，經文化層中採集的碳十四測年得知其流行於距今四千二百至三千七百年。該文化與北部海岸地區的訊塘埔文化關係密切。目前在宜蘭境內該文化分布地點包括大竹圍遺址西北側的份尾遺址、蘇澳鎮新城遺址下層、海岸遺址下層及九山（羅東圓山）下層。

二、丸山文化

　　卑南文化於新石器時代中期盛行於花東地區，日據時期末及戰後初期因新城遺址發現大批石棺，始知蘭陽也屬於卑南文化的互動圈。一九六三年盛清沂先生在宜蘭平原邊緣地區進行史前遺址調查時首次發現了羅東圓山遺址。一九九〇年複查該遺址時，改名為「圓山遺址、多山」；一九九四年進行「宜蘭縣史」調查及一九九八年搶救該址時研究人員，正式改名為「丸山遺址」。

　　丸山遺址（丸山文化距今三千五百至二千五百年）位於蘭陽平原南側與丘陵、山地交接處前緣的丸山小山頂及山麓緩坡，在地形上屬於明顯的孤丘（圖5-27）。

　　經過前後四次考古學發掘，丸山遺址出土卑南文化內涵的考古遺物計有二大項：（1）代表日常生活用品的陶容器，以褐色素面夾砂陶罐缽及半錐體狀紡輪為主，其中有少數細繩紋陶；（2）

圖5-27　宜蘭丸山遺址發掘現場

圖5-28　宜蘭丸山遺址出土石版棺

出土少量褐色素面黑胎夾砂陶罐，灰黑色泥質圓形陶環，以及淡
紅褐色素面夾砂平底甕，其中平底甕為宜蘭地區的首次發現。

　　生產及日用石器的主要類型有農耕用打製石鋤、砍伐用石
斧；木工用磨製石錛及磨製石鑿；收穫用磨製石刀；打獵用磨製
石鏃及打漁用兩鎰型網墜。另外，也出土功能不詳的一些有帶穿
圓板、磨製多孔石器。最能代表卑南文化特色的器物有裝飾用的
玉質環、玦飾品，其中尤以喇叭形玉環、十二件人獸形玉玦最具

特色。

　　丸山遺址也出現一些遺跡包括卑南文化類型的石棺（圖5-28）與甕棺。其中石棺為長方形，雖然棺內並未發現人骨，但推測應為仰身直肢葬。大型甕棺及石棺中均出現一對人獸形玉玦，顯示當時的埋葬方式可能有二種，這種現象卻未出現在卑南文化遺址中，根據石棺附近常出現大塊板岩石板堆疊，可能與卑南文化流行的室內葬有關。

　　丸山遺址出土的木炭測年為距今2480±50年（未校正）剛好落在花東地區卑南文化流行的晚期，可能與卑南文化向外擴散有極大的關係。由石棺及玉器之相似，推知其互動的範圍包括台北盆地的圓山文化晚期，東海岸花蓮地區的花崗山遺址及大坑遺址上層為代表的花崗山文化。目前在宜蘭地區尚未發現台北地區鐵器時代（距今二千四百年至一千年）的遺址。這段文化空白勢必成為未來宜蘭地區考古調查工作之重點。

三、十三行文化

　　目前已知屬於十三行文化（距今一千至八百年）文化的利澤簡、下福遺址、流流社遺址，大多位於古老的沙丘，淇武蘭遺址則位於兩河交流處。

　　利澤簡遺址經初步試掘出土的陶器以灰褐色帶有拍印紋的夾砂陶為主；石器只見石砧及少量的鐵渣、鐵製小刀。據此，推知該址顯然已進入蘭陽地區的鐵器時代。

　　下福地點經過試掘，出土的遺物與利澤簡遺址相似。但是下福遺址發現的鐵渣及爐壁殘片出土數量較多。

　　流流社遺址經過試掘出土的早期十三行文化普洛灣類型陶器

與利澤簡遺址類似，也發現不少鐵渣及燒鐵的板岩；晚期文化層中發現十三行文化的舊社類型陶罐及陶甗，這兩件器物與伊能嘉矩調查宜蘭時所採集的噶瑪蘭族日常用具相同。另外，從文化層中出土的青花瓷與硬陶及二百年來流流社遺留者相似，顯然兩者的祖裔關係已找到考古學上的證據。另外，流流社的晚期文化層中出土的蹲踞葬與礁溪鄉淇武蘭遺址出土的蹲踞葬可能有密切的關係。

淇武蘭遺址位於礁溪鄉二龍村與玉田村鄰接處，即原淇武蘭與武暖河交會處。該址因宜蘭縣政府進行「礁溪鄉得子口溪第六期治理工程」而發現，經過台大人類學系考古隊近一年的搶救工作，初步估計該址原來面積約有20,000m²，而發掘面積只有十分之一。

發掘出土考古遺物中，數量最多的是早期的夾砂素面或方格紋紅陶及幾何印紋陶罐及甗，晚期出現硬陶及漢人墓葬陪葬的瓷器。石器組合以磨石及石錘為主。鐵器以鐵釘與小刀等器占多數。另外常見的器物有煙斗、陶紡輪、珠飾及錢幣等。珠飾有陶質、瑪瑙、玻璃或琉璃等，多屬陪葬品。其中出土二件大型瑪瑙珠為台灣考古遺物中罕見的珍品。

由於淇武蘭遺址保存了不少有木質遺跡，特別式建築結構，推測是屬於高於地面的杆欄式建築。同樣的成排木柱也出現在宜蘭技術學院遺址。淇武蘭遺址發掘出土大量的木器及墓葬棺板上出現各種雕刻，頗似噶瑪蘭平埔族（目前改屬原住民第十一族）的雕刻風格。遺址中出土的木炭測年，也證實了淇武蘭遺址可以早到距今上千多年，晚到距今四百年。從此宜蘭十三行文化正式進入台灣地區的鐵器時代。

柒、結論

　　搭了時間的列車，我們瀟灑走了一趟台灣史前文化之旅，雖然旅程中有很多的停靠站資料短缺，因人力、物力及財力，特別是分析方法之不足，但是整部台灣史的早期移墾史框架自一九四三年鹿野忠雄首次提出「台灣先史時代之文化層」的時空框架後，基本上經老中青三代中外考古學家們的辛勤工作及耕耘。雖然研究結果差強人意，但還是可以接受。也就是說，根據二千多處考古遺址所編織出來的台灣史前考古史綱，讓居住在島上的三千三百萬人有了「家」及「根」的歷史感。在這個基礎上，再將台灣史研究的基礎與島外東亞、東南亞以及太平洋地島的歷史淵源拉上關係。最後，台灣的史前史發展的歷程必須放在世界史前史的舞台上去比較，找出台灣史前史發展的特有模式，以供世界研究島嶼移民拓墾歷史的學者們作為研究的參考架構。也為生長在這島嶼上的人們找出古今生活的來龍去脈，豐富文化的智識與素養。

　　當今社會上還有不少人對考古學家們花大把銀子搶救、發掘及保存考古遺址有不少疑慮。但是近十年來，國人到國外旅遊的風氣，特別是文化觀光相當熱衷。將好不容易賺來的外匯花在外國的古蹟參觀景點上，對國內推動文化資產保存工作似乎也稍有正面的意義。但是，國內從事考古學研究的專家們為了搶救考古遺址，為了取得私人土地的同意書以便向教育部申請發掘執照，時常遭到對方的不友善回應或是拒絕，特別是都會區內發現的考古遺址。藉由本文來介紹台灣地區的史前文化，主要是喚起大家

對這塊土地上的文化資產的愛心。唯有保存了地下文化的資產之後，我們的後代才有發展未來文化觀光資源的本錢。學歷史是吸取「前車之鑑」，作為「後車之師」。雖然在二○○二年由行政院文化建設委員會挑選的台灣地區十二處世界文化及自然遺產潛力點中，只有卑南遺址上榜，但是只要國人發揮「愛考古遺址等於愛台灣的心」，未來必定有更多的考古遺址會在世界文化遺產的金榜上列名，讓大家一起來努力及打拼吧！

問題討論

一、台灣史前文化的分期標準？

二、台灣舊石器時代、新石器時代及鐵器時代三大階段的經濟、
社會與文化層面有何差異？

三、台灣史前大坌坑文化的始源地是華南沿海還是台灣北部？

四、台灣的新石器時代文化是否源自更新世晚期的舊石器時代長
濱文化？

177

參考書目

臧振華（1999），《台灣考古》文建會文化資產叢書系列（古蹟類），
　　台北：藝術家出版社。

臧振華（2001），《十三行的史前居民》，台北：縣立十三行博物館。

劉益昌（1999），《存在的未知：台中地區的考古遺址與史前文化》，
　　豐原：台中縣立文化中心。

劉益昌（2002），《台灣原住民史施史前篇》，南投：國史館台灣文獻
　　館編印。

劉益昌（2002），《淡水河口的史前文化與族群》，台北：縣立十三行
　　博物館。

劉益昌、林俊全、劉得京（1993），《史前文化》，交通部觀光局東部
　　海岸風景特定區管理處編印。

何傳坤（1996），《台灣史前文化三論》，板橋：稻鄉出版社。

黃士強（1994），《台北市史前文化遺址》，台北市文獻委員會。

行政院文建會策劃（1997），《台灣史前人》。台北：雄獅圖書。

呂理政（1997），《遠谷台灣的故事》，台北：南天書局。

漢聲雜誌編著（1991），《八里十三行史前文化》，台北：漢聲雜誌。

台灣社會、經濟與文化的變遷

第六章　當上帝遇到天公──談基督宗教在台灣早期的傳教

吳學明

中央大學歷史研究所

作者簡介

吳學明

　　台灣師範大學歷史研究所碩士、博士。曾任台南師範學院台灣文化研究所副教授，現任中央大學歷史研究所、客家社會文化研究所合聘教授兼客社會文化研究所所長。著有金廣福墾隘與新竹東南山區的開發（1834-1895）、頭前溪中上游開墾史暨史料彙編、金廣福墾隘研究（上、下冊）、從依賴到自立──終戰前台灣南部基督長老教會研究等書。

摘　要

　　基督宗教對台灣社會而言，為新的外來宗教。台灣開闢以來，雖有佛教傳入，但民間社會以佛神信仰為主。一是具強烈排他性的一神信仰，一則具包容性的多神信仰。當基督宗教傳入台灣社會，兩者形成對立的現象。

　　台灣的基督宗教以天主教道明會和基督教長老教會為主體。道明會間接由菲律賓馬尼拉傳入；長老教會則分別由英國和加拿大傳入，是終戰前台灣主要的教會。

　　基督宗教傳入台灣之後，教會擴展的速度相當緩慢，受到台灣傳統社會的抗拒，其原因相當複雜。其間固然有政治因素、文化因素與實質的利害衝突。但最關鍵的因素，應該是兩種宗教之

間的歧異。民間宗教對此新宗教，以其與傳統民間信仰差異太大，無法了解，視之為邪教。而基督宗教不敬拜神明，已使大部分住民無法接受，信教者不但不能敬拜祖先，尚且要毀壞祖先神牌位，與傳統社會孝道思想嚴重衝突。以致難以擴展。相對的基督宗教視民間宗教的神祇為「木頭」、「柴頭尪仔」，對於民間宗教嚴屬攻擊，致雙方的衝突不斷。

　　基督宗教為傳播其宗教，除了積極傳教之外，並以以下措施，致力傳教。除積極推動「醫療傳教」，藉以消弭歧見，帶領人來接觸新的宗教外。在傳教策略方面，則向社會下層與平埔族社群開拓教會。同時開設學校，培養本地傳教人員，以化解「番仔教」的污名。並透過「神跡」來開拓教會。

第六章　當上帝遇到天公──談基督宗教在台灣早期的傳教

壹、前言

「上帝」是基督宗教唯一的真神；「天公」則為台灣民間宗教世界中神格最高的神祇。就歷史發展而言，今日基督宗教是十九世紀中期自西方傳入的新宗教，而「民間宗教」則是隨漢人移民傳入台灣的傳統宗教。就另一層象徵意義而言，「上帝」代表著西方文明，「天公」則代表著台灣傳統文化。

討論「當上帝遇到天公」，主要是討論當來自西方的基督宗教傳入台灣之後，所引發的宗教性的衝突；但從另一個角度觀察，「當上帝遇到天公」又代表著兩個新舊文化的衝突。我們知道，當兩個不同文化體接觸之後，會隨著這兩文化體「質」的差異大小，而會有大小不一的衝突與適應的現象發生。當東方遇到西方之後，除了引發了政治層面的衝突之外，在文化上也產生磨擦。筆者在此藉由基督宗教傳入台灣之後所引發的衝突與調適，來說明西方宗教到台灣之後所引發的文化衝突與調適。

貳、基督宗教在台灣的傳教簡史

基督宗教指的是以崇拜耶穌基督或上帝耶和華為主宰神的宗教。目前在台灣基督宗教有眾多宗派，主要分成舊教與新教兩大系統，舊教即所謂的天主教；新教則為宗教改革之後新創之各種教會，其派別眾多。（註1）

對台灣社會而言，基督宗教為新的外來宗教，其宗教特質是

一神信仰。最早是在十七世紀隨著荷蘭與西班牙的統治而進入台灣，但也隨著其統治的結束而日漸消失。今日台灣基督宗教是十九世紀中葉以後才傳入的，分別是一八五九年自菲律賓馬尼拉傳入的天主教道明教會（Dominican），其傳教母國爲西班牙，全台均爲其教區；另一系統則爲新教的長老教會（Presbyterian），南部台灣是一八六五年由英國傳入，北部台灣長老教會則是一八七二年由加拿大傳教士傳入。一直到一八九五年台灣割讓與日本統治之前，道明會與長老教會爲台灣地區兩大基督宗教系統。（註2）

　　日本領台後，日本本土各種宗教教派陸續派人來台傳教，基督宗教亦不例外，如聖潔教會、日本基督教會、日本組合教會、日本聖公會、救世軍等。此外，也有來自中國的教派，如眞耶穌教會。在皇民化運動之前，日本採取宗教自由政策，因此基督宗教在台灣相當活躍。（註3）但隨著皇民化運動的來臨，基督宗教面臨空前的逆境。

道明會首位來台神父郭德剛

英國長老教會第一位來
台宣教師馬雅各醫生

第六章　當上帝遇到天公──談基督宗教在台灣早期的傳教

戰後隨著中國「鐵幕」的低垂，使原先在中國宣教的外國差會或本土教派，紛紛轉移到台灣傳教，由於國際局勢與社會環境的特殊，基督宗教在台灣曾蓬勃發展，盛極一時。

　　無論是天主教道明會或基督教長老會，傳教初期有眾多外國宣教師在台灣奉獻傳播福音，如道明會的郭德剛神父（Fr. Fernando Sainz），他在一八五九年來台傳教，對天主教的傳入有相當的貢獻，今萬金天主堂、高雄玫瑰天主堂的建立均與他有關。南部長老教會的馬雅各醫師（James Maxwell），他在台灣服務的時間雖然較短（一八六五至一八七一），但他是台灣長老教會的開創者，以醫療傳教的方式，克服困難，陸續建立教會，奠定教會的基礎。（註4）甘為霖牧師（William Campbell），不但是一位牧師、學者，也是一位教育家。他看到台灣當時盲人眾多，處境令人同情，為協助盲人獲得知識，並建立他們的自尊自信，因此決定致力於盲人教育的事工上。他在府城設立「訓瞽堂」，發展盲人點字教育，是台灣盲人教育的先驅，訓瞽堂是今日「台南啓聰學校」的前身。巴克禮牧師（Thomas Barclay）在台傳教六十年，死在台灣、葬在台灣，他創辦了今日台南神學院，也為台灣創辦了第一份的報紙——《台灣府城教會報》。（註5）蘭大衛醫生（David Landsborough）在台灣醫療傳教四十年，建立彰化基督教醫院，其子蘭大弼醫生（David Landsborough IV）克紹其裘，父子兩人在台灣中部救人無數。北部長老教會則是在馬偕牧師偕叡理（George Leslie Mackay）的努力下建立，他在台灣傳教三十年（一八七二至一九〇一），最後死在台灣、葬在台灣，娶本地女子為妻，致力於傳教工作，他有很多的建樹，如建立今台灣神學院、偕醫館、女學等，對台灣影響很大。（註6）

日治末期長老教會傳道師

1935年長老教會禮拜堂內部

參、基督宗教在台傳教的阻力

　　基督宗教傳入台灣初期，在漢人社會傳教的速度相當緩慢，長老教會初代傳教者馬雅各醫生到府城傳教，雖然以「醫療」作爲傳教的媒介，但二十四天就被趕出府城，被迫到打狗發展，一八六八年「樟腦事件」（註7）之後，雖然重獲返回府城傳教的機會，但在漢人社會傳教的成果仍然不彰。

傳教過程困難重重，無論南部或北部教會均曾發生過滋擾教會的情形。一八六八年的「安平砲擊事件」，其發生的原因除了樟腦事件之外，另一原因為宗教衝突。此外，南部教會尚發生了白水溪事件（一八七五年）、二崙事件（一八八五年）。北部教會曾陸續發生三重埔教案（一八七六年）、艋舺教案（一八七七年）；清法戰爭期間發生多間禮拜堂遭搶、被毀的事件。信徒增長的速度相當緩慢。

　　可見基督宗教在台灣傳教過程相當困難，造成此一現象的原因眾多，陳梅卿視基督教為帝國主義的侵略的一部分，而傳教士即為其代理人之一。（註8）筆者也曾舉出信教者「靠番仔勢」的現象，引發一般民眾的不滿。（註9）就傳教士本人而言，其愛人之心，實無可懷疑，如馬偕在台灣行醫療傳教、馬雅各醫生和蘭大衛醫生為本地病人的付出，蘭醫生夫人「切膚之愛」更是膾炙人口。但不可否認的是，外國宣教師們多少存在文化的優越意識。以有色的眼光看待本地文化，尤其是對本地人民間宗教信仰的神祇，更是以基督教一神的觀念對待，視為魔鬼，是他們要打倒的對象。引發衝突或造成基督宗教傳教速度緩慢的原因眾多，在此僅以宗教信仰的角度加以說明。

一、基督宗教教義的特色

　　基督宗教無論是新教或舊教，均以崇敬上帝耶穌為主要信仰對象，其教義自有異同。其共通的是以上帝為天地萬物的創造者、上帝是歷史的主宰、上帝要審判世人；耶和華是唯一的真神，遵守耶和華十誡的教訓，上帝是全能的，無所不在、無開始也無結束。基督徒不可偶像崇拜，不認耶和華唯一真神之外的

神，是一具強烈排他性的一神宗教。

二、台灣民間宗教的特色

　　台灣民間宗教是台灣文化的重要內涵，從民間宗教活動，可以看出台灣社會的多元性與井然有序的社會組織。台灣民間宗教是結合了儒、釋、道與自然崇拜而成的宗教。在民間宗教是一多神世界，與基督宗教一神且排他的現象截然不同。根據鈴木清一郎的看法，台灣人對神的觀念，除神（神明）以外，包含死靈、鬼、妖怪等。（註10）在多神的世界中，眾神縱有神格高低之別，但其間自有組織與功能。其組織是人世間政治組織的投射，玉皇大帝被視為最高的神祇，俗稱的天公，幽冥兩界之神祇皆在其駕馭之下，類比昔日世間的帝王。在其神明系統中有中央行政神、地方行政神及陰間行政神。在功能方面有掌管生育的註生娘娘、掌管醫藥的保生大帝，祭神者可因其不同的需要，求助於不同的神明。因此在台灣的民間信仰中，人們所奉祀的神每尊神均尊貴，但不是唯一的，這與基督宗教不同。此外，台灣民間宗教有幾項值得注意之現象：

1. 民間宗教信仰的神，具擬人化的特質。民間宗教信仰的神
   祇與人相類，有喜怒慾望、有生辰、有成道之日、有形
   像、有家眷，與人相同具有口腹慾望，因此為滿足神的慾
   望，必須定期祭祀，供奉祭品。
2. 由於東方世界，尤其是中國的學者，相信人性是善的，藉
   由人性的發揮，人可成聖成神成佛。因此台灣的民間信
   仰，人人均有成神成佛的機會，神的世界是多神的。與基

督宗教截然不同，人信奉上帝，讚美上帝，甚至討好上帝，但人永遠無法成為上帝，信上帝者只能得永生。

3. 孝道思想的實踐，在台灣民間信仰中扮演重要的角色。孝道思想最具體的表現，就是神主牌（祖先神牌位）的供奉。由於台灣人一般相信死後有陰間的觀念，且人死後在陰間與在陽世時需求相同。因此，對已故祖先的祭祀顯得相當重要，不能中斷。由於已故的祖先須後代陽世子孫的祭拜，而且不能中斷，造成台灣社會重男嗣，也因而形成重男輕女的社會現象。

4. 現世功利與交替祭拜的現象。台灣民間宗教的信徒，手拿三柱香，所祈求的，不外是今世的福祿壽，而非追求靈魂的永生。因此祭拜對象，只問其是否「聖」（靈聖），而不問祭拜的是物魅或神明。（註11）

三、基督宗教如何看待民間宗教——上帝看天公

基督宗教相信上帝之外，有所謂的沙旦、魔鬼，不承認民間宗教信仰中的神祇為神，因此在相關文獻中用較中性的稱法為「佛」，不稱「神」，因為神只有一位，那就是唯一的真神——上帝。

柴頭尪仔

基督教批評民間宗教所敬拜的神明為「柴頭尪仔」。（註12）一八九四年三月間台灣中部有一尊媽祖生日，約有萬餘人去北港進香，傳言進香的信徒返回之後，要燒員林的天主堂和彰化城內的禮拜堂，原因是傳教者到廟口傳教時有人批評媽祖。也有傳教

者去北港傳教時，批評媽祖，說媽祖是「黑柴頭」，所以要來拆禮拜堂。（註13）《教會公報》中經常會發現有大規模批評迎神賽會的文章，視為迷信，直指這種行為是浪費大量金錢去服侍無用的「柴頭」；在字眼上也常常用「魔鬼」兩字來指稱民間所尊敬奉祀的神明。

　　到一九○九年教會傳入台灣已歷四十餘年，梅監霧牧師（Campbell N. Moody）對台灣傳統神祇仍相當敵視。他說：「上帝是活的神，祂無所不知，無所不能，也無所不在，拜上帝就是拜神明。若是那些木刻的、土塑的，眼不會轉、耳不能聽、眼不能看、鼻不能聞、腳不能走、嘴不能講、肚內沒腸胃，那才是無神無明。咱希望他能保護，反而是咱在保護他，他要靠咱替他蓋廟，替他燒紙錢，有時被老鼠推倒也不會自己站起來，有時被蟲蛀，被蜘蛛絲纏繞也不會去除，有時被砂子吹也不會自己拍砂子。賊到家裡也不會趕，不如我們養的狗，遇到水災火災，我們沒空請他走，他們也沒本事逃避，就燒成灰或被水沖走，流到海。」（註14）在一神論的宣教師眼中，神像是由木頭或泥土塑成，毫無神力可言，人民信拜他當然是愚昧無知的表現；但台灣人民眼中的木頭神像，只要經由一定的儀式，就具有超自然的神力存在，歷來少有人懷疑。

　　一九一五年《教會公報》有一段批評嘉義民雄迎神的記載，文中說「當地有一尊佛叫大士。祭典是在七月二十一日到二十三等三天，人山人海，約有十萬人前來，北自林杞埔（今南投竹山），南到店仔口（今台南白河），火車特別減價，多開加班車。孤棚搭得很廣，置滿祭品香燭，大士像在第三天晚上綁在竹竿上，半夜就放火燒掉。」文中雖記錄祭典的盛況，但對眾人所祭拜的神明批評一番，道「可憐咱同胞，五月沒天師，至六月底人

第六章　當上帝遇到天公──談基督宗教在台灣早期的傳教

民就製造出天師；他沒有骨頭用筬代替，沒有皮用紙糊；沒道觀人送他；人卻向他求平安福氣；他沒活，人向他求醫病。真是愚昧。」（註15）這樣批評的言詞，對傳統宗教的信徒而言，已超過他們所能容忍的範疇。北港是全台媽祖信仰的重鎮，但在教會人士的眼中卻是著名的「腐化市」。（註16）長老教會對北港媽祖的信仰，嚴加批判。

木主供奉

視供奉「木主」無意義，且違反上帝旨意。民間宗教所謂的「祖先崇拜」，指的是對已故的父母或先人而作的崇拜。相信已故的人，像在生前一樣，對人世間的事務極其關心，為其家人或宗族的福澤，甚至會干預。因此，就要求子孫對他們作事奉、景仰和祭祀。否則，先人就可能因而降病痛、災難、瘟疫或其他禍害到子孫身上。

在台灣社會對於祖先崇拜，所表現出來的現象就是「神主牌」的供奉與祭祀，成為阻礙長老教會傳播的重要因素。「神主牌」就是祖先的神牌位，是一般台灣人民所謂的「公媽牌」；「神主牌」與「公媽牌」，原本含意不同，前者指的是單位亡靈的靈位，後者指的是多位亡靈合祀的靈位。（註17）長老教會因為不相信牌內有祖先神靈在，因此多稱「神主牌」為「木主」。

長老教會將台灣的祖先崇拜視為「亡靈崇拜」的一種，屬於偶像崇拜的一部分，是違背十誡的教訓，因此禁止信徒崇拜祖先牌位。但在傳統台灣宗教觀念中，祖先對於子孫而言，經過一定的葬儀儀式，就由「亡靈」轉換成「祖先」。（註18）否則就成為厲鬼，無人祭祀，就成了孤魂餓鬼，影響家族及子孫枯榮，因此一定要加以祭拜。此外祭祖是孝道的表現，也是傳統文化重要的

一環，隱含著濃厚的人文精神與倫常觀念。因此祖先祭拜已成爲傳統台灣社會文化深層的一部分，受儒家影響的士人，一般雖然不祭拜鬼神，但對祖先的祭拜卻相當虔敬愼重。（註19）

長老教會對祖先神牌位的祭拜問題，宣教師認爲拜上帝的人相當注重父母祖先，第五誡即要求人要孝敬父母，但不是用神主牌來孝敬。他們甚且考證，認爲傳說中創立神主牌的丁蘭是位不孝子，是逼死母親所想出掩人耳目的方法，更何況一尺寬的神主牌，祖先哪裡住得下。而且祭祀時祖先根本不會來享用祭品，如果祖先眞會享用祭品，就要一天吃三餐，祖先祭拜一年才幾餐，是不夠的；何況祭拜過後的東西並未減少，原封不動的存在，連氣味也沒減少。所以祭拜祖先不是爲了祖先，而是爲了人的肚子。在教會的看法，人死後就不能再吃，即使神也不喜歡吃，人祭拜只是盡一點孝心而已，如果眞要懷念祖先可以照像或編族譜來紀念，更重要的是生前順從祖先，遵照他的教誨。（註20）

長老會認爲基督教是重視孝道的宗教，十誡第五條就是要人孝敬父母。說明孝敬父母重要的是「生事之以禮」。強調基督徒要注重眞孝，基督教認爲祭拜祖先是欺騙祖先，又得罪上帝的行爲，上帝十誡第五條誡要人敬自己的父母，孝尊父母是爲人子的本分，要人及時行孝，順從父母的命令，如果父母的命令合上帝的旨意，再勞苦也不推辭，不得迕逆；如果父母的命令是違逆上帝的旨意，就不要順從他，要和顏悅色溫柔來規勸他，讓他順從上帝的旨意。信上帝的人父母在應盡孝，父母過世哀傷哭啼，盡力備棺木衣服來埋葬父母，來安其肉體，立碑來懷念他。埋葬後就沒什麼祭拜的禮了，但兄弟應互相疼惜，和睦宗族，懷念同胞之義，同本之親；巡視父母的墳墓，照顧好父母的骨骸；留父母的肖像來懷念父母的容貌；將父母的佳言善行記錄在書上，來垂

訓親人，設立族譜將父母出生死亡的時間、埋葬的地點詳加記錄，以便後代子孫查考；同時行正道盡力經營照顧祖先的遺業，榮顯父母的聲名；如此才是報本追源盡孝的真義。（註21）凡是能盡孝的人一定會得到上帝所賜與的大福氣。

四、民間宗教如何看待基督宗教──天公看上帝

1. 視基督宗教為邪教。林學恭受初信教的好友郭省之邀，到嘉義禮拜堂想進一步了解長老教會。當時嘉義禮拜堂正舉行禮拜，林學恭「見傳教師祈禱，眾人俱閉目，以為在唸咒語，甚為驚慌；復見禮拜堂內無神像，又無焚香，以為異端邪說，莫此為甚，故不敢入禮拜堂，立於門外，觀察其動靜。」（註22）足見一般人民對禮拜堂無神像，不燒香點燭，與傳統寺廟完全不同，多以邪教視之。

2. 視基督徒不敬神明。傳統台灣社會，普遍承認鬼神的存在。神明會保護庄社的安寧，為防止鬼魅為害生靈，民間宗教透過設營置軍，來防止諸方邪魔的入侵，因此民間社會要定期犒賞天上的兵將。同時利用神明繞境的方式，驅邪除煞，創造潔淨的空間。如果不祭祀神明，就得不到神明的庇佑，因此台灣社會敬神活動相當頻繁。而以上的宗教活動，多為地方士紳頭人所領導，他們也透過宗教活動來建立或鞏固地方的影響力。因此基督徒不敬拜神明，難以被地方人士所接受。

3. 不奉祀祖先神牌位──不孝。孝道在台灣的社會，是一切的文化價值主流所在。在台灣傳統社會將「祖先崇拜」與「孝」等同視之。將不「崇祀祖先」視為「不孝」，而「不

孝」又要被視爲「非人」。因此，民間至今尚且說「落教，死無人哭」。受傳統教育者批評基督教「不祭祖廟，毀滅先王的道理；不祭祖廟，除去神主牌，這是不孝。」（註23）因此，對於子弟信基督教，家族內的成員往往視爲罪大惡極，甚至有「任你去賭博、抽鴉片、爲非作歹，我絕不讓你入教，這是一條絕路」的看法。（註24）不奉神主牌就是不孝，基督教禁止信徒祭祀祖先，引起社會普遍的反對，基督宗教也因而引來諸多的批判與反對。

台灣社會對祖先祭拜相當重視，社會價值結構是以男子爲中心。對於無子嗣可祭拜的鬼魂亦得設法替他們找到歸宿，而其辦法就是透過「討囝子」過房，或女魂冥婚的方式成爲「祖先」，將無子嗣祭祀者「視爲」直系祖靈崇拜，雖看似頗具「迷信」的色彩，但卻能「滿足特殊形式的社會需要」。（註25）而祖先祭祀還附帶著另一種權力，那就是對被祭拜者財產的繼承權。因此放棄對祖先的祭拜對一般人民而言，無異是對祖先所留財產繼承權的喪失。（註26）因此入信長老會的信徒，將祖先神主牌位視爲無神靈的「木主」，是要被視爲排斥的「偶像」，因而衍生出入教者祖先財產繼承權的爭奪問題。

另一方面也因爲東西方文化的歧異，民間宗教的信徒，也以自我文化體系內的價值來看待西方的基督宗教。因此，在雙方接觸的過程，產生一些誤解之處。如相信信教者一定是被施法術或下藥，才會喪失心智接受。因此傳教者所到之處，人人自危，深怕食物飲水遭下「入教藥」，像瘟疫般的傳染。漁夫吳著入教後的處境是可代表的事例。

吳著是南部長老教會鹹埔仔初代的信徒。長老教會初傳入

時，吳著是划竹筏的搬運工人，信教後就改以捕魚為業。他入教後回到故鄉，地方人士爭相來圍觀，並謠傳他吃了入教的藥，家裡的人，為此相當煩惱，吃飯時沒有人敢和他同桌吃飯，所用的碗筷要另外準備，為的是怕被他下藥。梅監霧牧師（Campell N. Moody）有一段詳實的描述，他記載「很晚了，漁夫回家喚開門，沒有回聲，家族都睡了嗎？他再叫了幾聲，仍然無回音。然後聽到微弱的腳步聲接近門的後面，再歸寂靜。漁夫推開了門，顯然門閂已被撤去，裡面寂靜，漁夫閂上門後，就上床了。翌晨，妻子起來，將煮好的菜排在桌面，一句話都不說就回廚房。漁夫吃了早飯就出去，妻子撤回碟盤，就將所有剩飯丟棄，也不管豬隻吼叫著要吃東西。這女人怎麼不讓家禽家畜吃剩飯，是不是瘋了？不是，是男人瘋了。」因為他遇到傳長老教的黃深河，而感染到「番仔教」的毒。「就是這樣，漁夫堂弟為他開門而不敢接近他，妻子不敢與他丈夫同桌吃飯，甚至不敢將他吃剩的飯給豬吃。妻子看他的丈夫不數日就在密室閉目念念有詞，快要發瘋了。」（註27）可見時人對這種新宗教極不暸解，以為遭人下藥才會入教，而且已被下藥入教者，會再對其他人下藥。因此，入教者被視為瘟神般對待，會傳染人，一般人不敢靠近，不敢與之交談、同桌吃飯，甚至吃剩的飯菜也不敢留給牲畜吃，其嚴重性由此可見。

　　一般人民也以民間宗教的觀念看西方宗教，認為信教者可能是被施法術（施咒、畫符）而入教。一八六八年引起教會大動亂的舊城教會焚燒事件，即因為謠言四起所造成，謠傳傳教士「混用符咒毒藥，昏迷婦女入教」。此事起因甚為複雜，但其導火線在於程賽控告高長在其妻林便涼背上畫符唸咒，並在茶中放入迷藥，以致發病，堅持要入教，造成群情譁然。台灣人民習於傳統

宗教信仰，符咒不但可以用以治病，且可以藉以迷惑人，此一觀念根深柢固，難以改變，因此一般人大多相信傳佈外國宗教的傳教人員，也會畫符念咒。（註28）

當信徒莊清風受反教民眾包圍之際，「下跪禱告，村民不敢靠近，以為他在唸咒。村民於是回村中，將大廟內大大小小的神像抬出來。」（註29）凡此，可見台灣民眾是以傳統宗教的觀念看待長老教會。此外，男女授受不親的觀念也產生作用，包括對洗禮、男女共處一室禮拜的批評，因此早期的教會以布簾分男女席，可以發現一般人民對長老教會的認識不足，而產生怪異的看法。

肆、基督宗教在台傳教的策略

在此狀況下，台灣一般民眾往往抗拒基督宗教的傳播。他們拒絕子弟入教，拒絕傳教人進入庄社佈教，更拒絕將屋舍租與傳教者。即使族人或庄社內的人將房舍租與傳教者，往往會引來族人或庄社住民的干涉反對。面對民眾的反對，教會也有一套對應的方式。以下分成醫療傳教、從社會下層及平埔族著手、培養本地信徒擔任傳教的工作，及神跡的運用等加以說明。

一、醫療傳教

十九世紀基督教的傳教，是一個世界性的現象，醫療傳教則是教會擴張的重要途徑。面對民眾對新宗教的排斥，醫療工作就成為建立關係，搏得好感化解衝突的利器。因此英國首任受派來

台的宣教師，就是受完整醫學教育訓練的醫療宣教師（medical mission），醫療傳教成為化解傳教阻力的重要手段之一。即使是不具醫學背景的加拿大長老教會首任台灣宣教師馬偕牧師，也以醫療作為傳教的媒介。眾所皆知的馬偕牧師，以為人拔牙解除痛苦出名，據資料顯示，馬偕牧師在北台灣傳教三十年，總共為台灣民眾拔了二萬多顆牙齒。自一八六五年馬雅各醫生奉派到台灣展開醫療傳教以來，到一九四○年英國宣教師被迫離台止，英國長老教會總共派遣三十四位男宣教師到台灣傳教，其中十五名屬醫療宣教師，佔44％。如果將宣教師分成醫療宣教師、教育宣教師（educational mission）和牧師三類，則醫療宣教師所佔的比例相當高，可見醫療宣教受重視的程度。英國長老教會所派遣的醫療宣教師，分別在旗后、府城、大社、彰化建立醫館，藉醫療工作作為手段，以達到傳教的目的。馬偕牧師雖然不是醫生，也在淡水街開設「偕醫館」，為了治病，在馬偕病故後，更有「馬偕紀念醫院」的設立。這些醫館如馬偕紀念醫院、彰化基督教醫院、新樓醫院在台灣醫療發展史上，扮演重要的角色，對台灣醫療現代化有相當的貢獻。（註30）

創設彰化基督教醫院的蘭大衛醫生夫婦

馬偕牧師及其門人為人拔牙（左一為馬偕）

首位在台灣從
事盲人教育的
甘為霖牧師

二、從社會下層及平埔族著手傳教

由於早期傳教過程，困難重重，進展極為緩慢，有些研究者認為是受儒家文化思想的影響。由於傳教的困難，使長老教會著重下層社會及平埔族社會的傳教。個人曾研究長老教會早期初代信徒，發現初代信徒家境普遍貧窮、多未受教育或所受教育不高、入信前相當注重祭拜敬神，凡事求神問卜以化解現實生活的困境；這些信徒中有相當比例其品行違反當時一般的社會價值。（註31）

平埔族原以祖靈信仰為主，不持一成不變的宗教觀，對異己包容性大。所以一旦發現異教更適合於自己，就拋棄原有宗教而改信新宗教。外國宣教師在平埔族社會的傳教獲致較好的成果。

因此，無論是南部教會的馬雅各醫生，或北部教會的馬偕牧師，均將其傳教主力用在平埔族社會的傳教，在平埔族社會得到較好的機會，教會因而得以陸續建立，甚至今日東部地區，有以

偕睿理（馬偕牧師）的「偕」為姓的噶瑪蘭族人。在日本統治初期，南部教會的信徒仍然以平埔族群為主要的成員。一八八七年南部長老教會有三十五間教會，信徒人數一千三百四十八人，排前十名的教會信徒人數佔全教會54.6％，超過一半以上。除了府城教會排名第四之外，其餘九間教會均屬平埔族教會。一九〇二年南部教會增加為八十一間，信徒人數排前十名的教會人數佔總教會人數的40.65％。其中除台南和牛挑灣兩教會之外，其餘八間屬平埔族的教會。一九一〇年南部長老教會增為九十間，信徒數一萬六千九百四十一人，前十名教會信徒人數五千七百七十六人，佔南部教會總人數的34.09％。其中漢人所建立的教會三間，分別是台南、阿猴及牛挑灣等教會，其餘七間屬平埔族所建立。（註32）可見長老教會初建立時是以平埔族社群為主要傳教的對象，而且較具效果。到日治中期以後，在漢人社會的傳教，才超越平埔族社會的傳教。

前十大教會信徒人數詳如表6-1、表6-2。

三、培養本地信徒擔任傳教的工作

外國傳教母會雖然派人到台灣傳教，但由於外國宣教師人數有限，無法對台灣廣大社會傳教，加上當時台灣素來稱為「瘴癘之鄉」，漢移民深受其苦，外國宣教師也不例外，因此來台的宣教師大多受其害，甚至有人壯年病死台灣。加上台灣本地信徒，對自己的同胞傳教效果較佳，被僱用的價格也較經濟。（註33）傳教的工作因而落在本地信徒身上。然而如同前述，本地信徒少有接受教育者，本身對基督宗教教義的認識也相當有限。但由於傳教人力不足的關係，有的初入教未經太多訓練，就受派到外地傳

表6-1　1887年南部長老教會前十大教會
族群概況表

教會別	信徒數	族群別	附註
木柵	118	平埔	
大社	114	平埔	
烏牛欄	92	平埔	
府城	73	漢族	
杜君英	61	平埔	
拔馬	61	平埔	
牛眠山	59	平埔	
岩前	57	平埔	
柑仔林	53	平埔	
岡仔林	48	平埔	
十教會小計	736		
35間教會總計	1,348		

資料來源：《教會公報》第31張，光緒13年12
月，頁103。

表6-2　1910年南部十大教會族群概況表

教會別	信徒數	族群別	附註
拔馬	1272	平埔	
台南	805	漢族	
木柵	749	平埔	
烏牛欄	520	平埔	
頭社	476	平埔	
阿猴	425	漢族	
牛挑灣	392	漢族	
大寮	386	平埔	
石牌	376	平埔	
岡仔林	375	平埔	
十教會小計	5,776		
90間教會總計	16,941		

資料來源：〈教會的統計——1910〉，《教會公報》
第305卷，1910年8月，頁62-63。

第六章　當上帝遇到天公——談基督宗教在台灣早期的傳教

教，據說初代信徒李豹受洗後十二日，就受派到木柵傳教。他對
教義所知不多，相傳他馬太福音只讀到一至十三章，「養心神詩」
五十九首不能盡識。在傳教過程經常受人反駁，而無力辯護。
（註34）培養本地傳教人才成為迫切的現象，因此無論南北教會，
均先後設立神學校。但入學的學生素質低落，因而又設立中學，
以培養神學校的學生來源。

　　設立的學校：

　　1.大學──台南神學院（一八七六）。
　　2.中學──今長榮中學（一八八五）。
　　3.女學──今長榮女中（一八八七）。

　　除了中學、大學之外，為培養兒童，又有小學的設立。

創辦台南神學院在台傳教六十年
的巴克禮牧師

馬偕牧師所創辦的Oxford College

四、神蹟——趕鬼、治病，並替人祈禱

　　在基督教的教義中，神蹟是被承認的，其觀點主要來自新約「馬可福音」、「雅各福音」各章節。因此，在台灣傳教的過程中，經常有出現神蹟的記錄。一九七○年屏東基督長老教會出版一本《設教百年見證集》，蒐錄十八篇見證神蹟的故事。出版時教會牧者在序言中提到「二十世紀雖然進入太空時代，上主仍然不斷行神蹟在地上，因為神蹟是隨著福音而來的。」該書編後語則提到「這本小冊子，是本教會百週年『引人歸主』運動成果的一部分，乃記述上帝如何施行奇妙作為透過異象神蹟，揀選祂兒女的經過情形。」（註35）其目的除了所謂的見證道理之外，主要是利用神蹟的事例，吸引人入教。長老教會傳入南部地區百餘年後，神蹟之說仍被教會視為傳教的利器，在教會傳入之初神蹟的流傳應當更加普遍。

　　載錄神蹟最多的是《教會公報》，其中多因神蹟而引人入教的

案例；甚至有些教會是因行神蹟而奠基的，後山和澎湖教會的建立均與神蹟有關。

　　長老教會在後山（今花蓮、台東）的傳教，與神蹟的應用關係密切。其中蟳廣澳教會（石雨傘教會）、石牌教會、觀音山教會的建立均與張源春的祈禱水有關。張源春本是西拉雅族人，到蟳廣澳後住在當地頭目家中，因頭目患氣喘，源春以一碗水替他祈禱，祈禱後頭目將祈禱水喝下，治好了氣喘，後來也用同樣方法治好其他病痛，因此有三、四十戶人家毀棄偶像敬拜上帝。後來他又到迪階用祈禱水醫治好許多人的病，福音很快傳遍各地。在迪階建立觀音山教會後又來石牌勸人信教，仍然用神蹟的方式，凡是有人生病請他來祈求上帝，用祈禱水給病人喝，病症因而痊癒，帶領多人入教。（註36）

　　澎湖七美教會的建立，亦與神蹟有關。一九〇一年大嶼（今七美島）有位名叫夏傳的人，因眼疾到旗后醫館給安醫生治療，因而接觸長老教會，回澎湖後將他所聽到的道理說給人聽，但遭親友和家人反對。一九一九年在他家中出現神光，其弟夏宰受感動，不識字的平凡漁夫，口中高喊「以馬利亞」，並能唱聖詩，說聖經的話。夏宰因而開始行神蹟，替人醫病趕鬼，甚至能使死者復活。夏傳乃帶領其家人信教，因而有二、三十人來信教，並除去他們的偶像和祖先神主牌位，但未守安息日，也沒有人認識聖經，可是前來聽道理的人數增加。一九二三年滿雄才牧師（W. E. Montagomery）夫婦帶神學生王興武到澎湖巡視教會，決定派人來傳教，成為長老教會的一環。（註37）

　　黃武東牧師回憶他獻身的經過，他也曾因患重病無良藥可治，生命垂危情況下，其父親向上帝禱告，求上帝讓他病好，將來長大將他獻給上帝做牧師。到唸神學校三年級時又得重病雙耳

失聰，因此又「決定斷食祈禱，讓神來醫治我。」禁食祈禱三天，果然病好。黃武東經過大病，「改變我以往對上帝的猶疑，堅定我的信仰。」（註38）

傳道林金柱認為在文明較進步的街市，可以用理論證明真理，但在農村若不用實際的經驗，就很難帶領人們來認識上帝。要用神蹟來證明上帝與我們同在，祈禱可治人的病。因此，林金柱牧師舉舊城教會四件神蹟：其一是所謂的「犯鬼鬼退」，他提到一九二八年他在鳳山教會有一名叫石嬬的姊妹，帶領徐訓嫂一家人來禮拜，因為徐訓犯鬼數年，吃藥、問神、用符，花錢無數均無效果，教會會友就集體到他家做家庭禮拜，經過大家同心祈禱數次，沒多久鬼就退了，不再亂來，精神恢復，因此全家都入信。（註39）

借神蹟傳教，起初應是英國宣教人員引新約聖經的故事，介紹給台灣社會，對有效轉移排斥長老教會的傳統社會，應有一定的正面影響。也能吻合台灣社會的需要，但如果信徒看重神蹟而入教，對教義又受教育程度及傳教者素質與數量不足的限制，入信者無法深入認識基督教的教義，則神蹟會被濫用，而背離基督教的信仰本質。而此一現象是否也意味著本地信徒與傳教者，對教義的看法與英國宣教師有某種程度的歧異。

此外，天主教道明會則透過社會救濟的方式，設立孤兒院，收養孤兒，給予基督教的生活方式與教育，長大之後往往成道明會傳教的中堅份子，對教會的擴展有相當的助益。

伍、結語

　　由於文化的差距與宗教觀的迴異，使「上帝」與「天公」相遇之後，發生衝突。基督宗教受到台灣傳統社會的抗拒，其原因相當複雜。其間固然有政治因素、文化的因素與實質的利害衝突。但最關鍵應該是宗教觀的歧異。民間宗教信徒，視新宗教為「邪教」；新宗教視民間宗教神祇為「魔鬼」。而基督宗教不敬拜神明，已令人無法接受；信教者不但不能敬拜祖先，尚且要毀壞祖先神牌位，與傳統社會價值嚴重衝突，以致難以擴展。

　　基督宗教為傳播其宗教，除致力於傳教外。同時積極推動「醫療傳教」，藉以消弭歧見，帶領人來接觸新的宗教。在傳教策略方面，則向社會下層與平埔族社群開拓。同時開設學校，培養本地傳教人員，以化解「番仔教」的污名。並透過「神蹟」來開拓教會。

　　基督宗教信徒人數在台灣人口結構上屬於少數，但對近代台灣歷史發展有相當的影響，尤其是為達傳教目的所設立的醫館、學校及出版機構，對台灣的近代化貢獻卓著。

註　釋

1. 在國外一般稱基督教（Christianity），實際包括天主教（Catholic，習稱舊教）、基督新教（Protestant，抗議宗教，台灣習稱的基督教）、東正教（主要在東歐、俄羅斯，台灣少有東正教信徒）。

2. 吳學明（2003），《從依賴到自立：終戰前臺灣南部基督長老教會研究》，頁3，臺南：人光。

3. 吳學明（2003），《從依賴到自立：終戰前臺灣南部基督長老教會研究》，頁112-120，臺南：人光。

4. 吳學明（2003），《從依賴到自立：終戰前臺灣南部基督長老教會研究》，頁123-124，臺南：人光。

5. 吳學明（2002），〈《臺灣府城教會報》及其史料價值〉，國家圖書館與漢學研究中心主辦「地方文獻學術研討會」，10月，頁1-15。

6. 周宗賢（1984），〈清末基督教宣教師對臺灣醫療的貢獻〉，《臺灣文獻》第35卷第3期，9月，頁4-9。

7. 清同治二年（1863），清廷在台灣設立樟腦館，施行樟腦專賣，由官方支付資金收購樟腦，可是實際事務全由華商包辦，官府只不過每年向華商收取一定的利益。樟腦貿易表面上係由華商包攬，但不乏不法洋商私購樟腦，其中怡記商人必麒麟（W. A. Pickering）私開洋棧，買集樟腦，爲鹿港同知扣留，引發英國出兵安平，爲台灣史上著名的樟腦事件。

8. 陳梅卿（1991），〈清末台にをけるキリスト教の受容と展開－マツカイを中心に〉，東京：立教大學博士論文。

9. 吳學明（1999），〈臺灣基督長老教會入台初期的一個文化面相──

「靠番仔勢」〉，收入《台南師院鄉土文化研究所學報》第1期，頁101-130，台南：台南師院。

10. 鈴木清一郎（1984），《臺灣舊慣習俗信仰》再版，台北：眾文圖書。

11. 董芳苑（1984），《臺灣民間宗教信仰》，台北：長青。

12. 不著撰人（1889），〈後山的消息〉，《教會公報》第55張，光緒15年12月，頁51。

13. 楊士養，《彰化基督長老教會設教五十年史》，頁27。

14. 梅監霧（1984），〈沒人倫〉，《教會公報》第112卷，光緒20年7月，頁73。

15. 不著撰人（1915），〈打貓〉，《教會公報》第361卷，4月，頁9-10。

16. 何希仁（1913），〈北港的動搖〉，《教會公報》第339卷，6月，頁4-5。

17. 陳祥水（1973），〈「公媽牌」的祭祀——繼承財產與祖先地位之確定〉，《中研院民族所集刊》第36期，頁141-164。

18. 呂理政（1992），《傳統信仰與現代社會》，頁103-105，台北：稻鄉。

19. 黃武東（1988），《黃武東回憶錄——台灣長老教會發展史》，頁17，台北：前衛。

20. 梅監霧（1984），〈沒人倫〉，《教會公報》第112卷，光緒20年7月，頁46-47。

21. 葉漢章〈辯神主論〉（1887），《教會公報》第23張，光緒13年5月，頁35-37。

22. 安貧生（1939），〈信仰美談——赤馬叔〉，《教會公報》第654號、655號，9月、10月，頁13-14、9-11。

23. 不著撰人（1888），〈澎湖的消息〉，《教會公報》第18張，光緒14年12月，頁131。

24. 楊士養編，林信堅修訂（1989），《信仰偉人列傳》，頁175-176，台南：人光。

25. 阮昌銳（1972），〈臺灣的冥婚與過房之原始意義及其社會功能〉，《中研院民族所集刊》第33期，頁31-37。

26. 陳祥水（1973），〈「公媽牌」的祭祀——繼承財產與祖先地位之確定〉，《中研院民族所集刊》第36期，頁：141-164。

27. Campbell N. Moody, *The King's Guests,* (London: 1932), pp.105-106. 兼引自賴永祥，〈划竹筏的吳著〉，《教會史話》第二輯，頁119-120。

28. 楊士養（1963），《南台教會史話》（白話字），臺灣教會公報社，頁13。

29. 楊士養編，林信堅修訂，《信仰偉人列傳》，頁27-28。林金柱（1935），〈南部初代的殉教者〉，《教會公報》第607卷，10月，頁17-18。

30. 吳學明（2001），〈臺灣基督長老教會的醫療傳教（1865-1945）〉，中原大學主辦「海峽兩岸教會史研究現況學術研討會」，11月，頁1-28。

31. 吳學明（2001），〈台灣基督長老教會的傳教與三月運動——以南部教為中心〉，台北：台灣師大歷史博士論文，頁80-83。

32. 牛挑灣教會是否為漢人教會，筆者個人仍存疑。就該教會建立的情形，個人懷疑牛挑灣教會的信徒可能與白水溪的平埔族有關，或同屬同一族群。阿猴教會也有學者疑為平埔族人所建立之教會。但上述事項在尚未證實之前，均仍以漢人教會視之。參見吳學明，《從依賴到自立：終戰前臺灣南部基督長老教會研究》，頁44-48。

33.吳學明，《從依賴到自立：終戰前臺灣南部基督長老教會研究》，
頁272-276。

34.吳學明，《從依賴到自立：終戰前臺灣南部基督長老教會研究》，
頁280。

35.顏德輝主編，《設教百週年見證集》初版牧者序言、編後；三版後
記。屏東：屏東基督長老教會，1970年7月初版；11月再版，1972
年三版。

36.不著撰人（1899），〈教會的來歷──石牌〉，《教會公報》第170
報，5月，頁37。黃茂卿（1991），《臺灣基督長老教會迪階觀音山
教會早期五十年史（1877-1927）》，頁72-74，台南：共同文化事
業。

37.《教會年鑑》，頁608。陳鹿（1921），〈教會的消息──澎湖〉，
《教會公報》第439卷，10月，頁2。周示（1924），〈澎湖大嶼消
息〉，《教會公報》第468卷，3月，頁11-13。林燕臣（1926），〈澎
湖消息〉，《教會公報》第498卷，9月，頁9-10。李傳（1930），
〈澎湖記〉，《教會公報》第547卷，10月，頁8-9。

38.黃武東，《黃武東回憶錄：臺灣長老教會發展史》，頁42-43、83-
89。

39.林金柱（1934），〈信的人有神蹟在〉，《芥菜子》第106號，11
月，頁23-24；第107號，12月，頁24-25。

問題討論

一、現在如果你決定要接受基督教，向家人稟告，家人的反應會如
　　何？如果這種問題發生在一百年前，請問結果會有什麼不同？
　　為什麼？

二、基督宗教用以克服傳教阻力的方式有哪些？如果是在現在，你
　　認為應如何化解阻力？

三、能否說明基督宗教的傳入為何對台灣的近代化會產生巨大的影
　　響？

參考書目

呂理政（1992），《傳統信仰與現代社會》，台北：稻鄉出版社。

吳學明（2003），《從依賴到自立——終戰前台灣南部基督長老教會研究》，台南：人光出版社。

阮昌銳（1972），〈台灣的冥婚與過房之原始意義及其社會功能〉，《中央研究院民族所集刊》第33期，頁15-38。

董芳苑（1984），《台灣民間宗教信仰》，台北：長青文化。

鄭仰恩（2001），《宣教心，台灣情——馬偕小傳》，台南：人光出版社。

台灣社會、經濟與文化的變遷

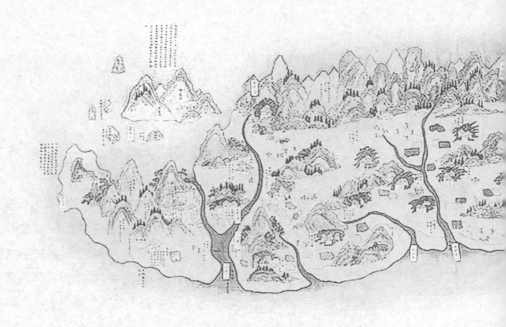

第七章　佛教與台灣的庶民生活

吳學明

中央大學歷史研究所

作者簡介

吳學明

　　台灣師範大學歷史研究所碩士、博士。曾任台南師範學院台灣文化研究所副教授，現任中央大學歷史研究所、客家社會文化研究所合聘教授兼客家社會文化會研究所所長。著有金廣福墾隘與新竹東南山區的開發（1834-1895）、頭前溪中上游開墾史暨史料彙編、金廣福墾隘研究（上、下冊）、從依賴到自立──終戰前台灣南部基督長老教會研究等書。

摘　要

　　台灣的佛教信仰，隨著漢人移墾被引入台灣，到鄭氏時期已相當普及。入清以後重要名寺，如海會寺、竹溪寺等佛寺陸續建立，後來發展成五大流派。日本統治初期台灣佛教形成日、中、台三角關係，和諧對待得到很好的發展空間。到皇民化運動展開後，台灣佛教為求生存，紛紛寄身於日本的佛教宗派，如臨濟宗、曹洞宗，成為日本系統的宗教。

　　戰後，中國佛教僧侶紛紛來台弘法，但由於對台灣佛教的歷史不甚了解，對台灣佛教有諸多的不滿與批評。但他們所創辦的佛學院，卻為台灣佛教界培養了一些人才，中國佛教系統的僧侶也取得台灣佛教的領導地位，並掌握了發言權；近年「人間佛教」

的實踐，使台灣佛教得到空前的發展機會。

　　台灣的佛教除了出家僧侶之外，尚有一種所謂的「在家佛教」，是在家修行的方式，既可不出家、離世，又能遵守戒律並達到求道的目的。因此在台灣曾盛行一時，但隨著「人間佛教」的實踐及社會環境的變遷，目前已陸漸凋零。但齋教的出現，確曾為台灣帶來另一種實踐佛教戒律的模式。

　　另外，對台灣庶民生活而言，台灣佛教信仰尚有一現象值得觀察，那就是「佛道不分」的現象。很多寺廟，從其以觀音為主神的現象看，應屬佛教寺院，但信徒卻以民間三教合一的觀點加以祭拜。此一現象，即使今日佛教得到很好的發展空間的情況下，仍相當普遍。

第七章　佛教與台灣的庶民生活

壹、前言

　　台灣佛教三百年來的發展，因統治政權的演變，而呈現各種不同的面相。在清末以前，台灣的佛教因地緣的關係屬閩南系的禪淨雙修寺院，呈現閩南化，齋教化的現象；日治時期結合日本曹洞宗在台的發展，建立全島性的佛教組織，呈現日本化的現象；戰後中國的佛教僧侶和佛教組織來台，在傳戒與中國佛教組織運作下，傳統的佛教寺院出現明顯的變遷。當代佛教則在「人間佛教」理念的引導下，使台灣佛教的信眾大增。今天就利用此一機會，向大家介紹台灣佛教的發展與庶民生活的關係。

貳、台灣佛教早期歷史與派別

　　荷蘭以其政治與經濟力量在台灣南部平埔族社群間傳播基督新教，然隨著大量漢人移民到台灣，民間宗教信仰也進入台灣，盛行於閩粵的佛教，應該也會隨著移民東渡來台。鄭氏王國在台灣建立據點之後，更多的漢人來台，尤其在戰亂之際，應有不少人遁入佛門或禮佛唸經，此應是佛教在台灣得到發展的良機。（註1）根據尹章義教授統計蔣毓英的《台灣府志》〈人物志〉中勳臣節烈之外，僅六人入傳，其中一人早死，一人以醫術濟人，其餘四人或為在家眾或為出家眾，均為佛門弟子。（註2）

　　鄭氏時期在台灣建立多所佛寺，如「龍湖巖」、「彌陀寺」、「竹林寺」。禮佛也成為風氣，甚至引起批判，在蔣毓英府志的

〈風俗志〉曾嚴厲批評「佞佛諂鬼，各尚茹素，或八九齋、朔望齋或長齋，無論男女老幼，常相率入禮拜堂，誦經聽講，僧俗罔辨，男女混淆，廉恥既喪，倫常漸乖。」（註3）此固與蔣毓英個人心存「拒佛」有關，但亦可見佛教在鄭氏時期已相當普及，而且影響到庶民的生活。

康熙二十九年（一六九〇年）台灣總兵王化行、台廈道王效宗等以為「王法佛法殊途同歸」且各有所用，因此將鄭氏名園改成梵剎，「開元寺」就是以鄭經母董氏的「北園別館」修改而成，又以「海會寺」之名，聞於當時；李茂春的夢蝶園，成了「法華寺」。此外，竹溪寺、黃檗寺、彌陀寺均聞名於當時。（註4）到康熙五十九年（一七二〇年）陳文達等纂的《台灣縣志》〈雜記志〉寺廟門，共載寺廟六十所，其中佛寺居其十四，約占總數的23.3％。（註5）

台灣佛教發展到清末日治初期，形成五個主要流派，包括「台南開元寺派」、「苗栗大湖法雲寺派」、「基隆月眉山靈泉寺派」、「高雄大岡山超峰寺派」及「台北觀音山凌雲禪寺派」。（註6）這些流派均與福建鼓山湧泉寺有深厚淵源。由於這些宗派的開山祖師或中興祖師均為台灣本地僧侶，這使台灣佛教走向獨立成為可能，同時也是走向獨立的開始。

總之，鄭氏時期的台灣佛

護戒牒。（齋明寺江金曄小姐提供）

第七章　佛教與台灣的庶民生活

教帶著濃厚的個人佛教色彩，多偏屬於私人、個別僧侶遊化或信眾單獨的祭拜。清代台灣佛教隨著消災解厄、接引西方的宗教需求，使正信佛教與齋教、民間宗教混同發展，而成為台灣社會一種「生活性」的民間宗教信仰。而其擴張的基礎，則仰賴僧侶及居士庶民個人性的弘法佈教。

參、終戰前台灣佛教的發展

日本領台初期由於反抗激烈，總督府為緩和台灣人民的反抗，因而採取尊重舊慣的無方針統治政策，對於人民舊有的宗教風俗習慣，採取包容尊重的態度。然而部分的寺院負責人，在日本領台之際，對於寺院未來的命運感到惶恐，因此在明治三〇年代，約有上百間的台灣寺院和日本曹洞宗簽約，成為日本曹洞宗的附屬寺院，企圖借日本佛教界的庇護，平安渡過危機。（註7）

待台灣政局穩定之後，由於台灣佛教原本與中國佛教關係密切，尤其是福州鼓山湧泉寺僧陸續來到台灣宣揚佛法，如善智、妙密、聖恩、覺力等法師。台灣的僧侶也以前往中國寺院，為更上一層修行的途徑，如後來靈泉寺的善慧、凌雲寺的本圓、法雲寺的妙果等法師，均與中國佛教關係密切。因此兩岸間僧侶往來密切，也都在兩岸享有相當高的名望。日本的在台僧侶，面對此一現象，不但予以尊重，並加以利用，形成江燦騰所謂的「日、中、台三角關係的佛教聯誼。」（註8）

在此一背景下，台灣的僧侶一方面和中國的佛教界關係密切，如靈泉寺善慧法師，在一九一一年帶領門徒渡海到中國，拜訪上海、天童、杭州、普陀山等佛教重要道場。返台後，足跡又

遍及全台，親訪台灣各處寺廟與齋堂，以建立友誼。（註9）另一方面善慧也積極和日本佛教界建立關係，在一九○七年他應邀加入日本曹洞宗的僧籍。後來他所領導的靈泉寺，也與日本曹洞宗建立長期良好的合作關係。一九一二年善慧更在蔡桂林秀才的陪同下，到東京請經，並拜訪曹洞宗大本山總主持長石川素重。在素重的協助下，善慧順利請回訓點大藏經一部。（註10）

一九一五年發生西來庵事件，由於此次民變有眾多的齋友涉案，引起台灣總督府展開全島性的宗教調整，以便掌握全台灣各種宗教信仰的背景與生態，進而防止類似事件再度發生。由丸井圭治郎主導全台的宗教調查，一九一七年總督府內務局成立「社寺課」，並以丸井為課長。在丸井的主導下，完成了各地的「宗教台帳」，並將調查的資料整理成《台灣宗教調查報告書》第一卷。除了寺社調查外，西來庵事件還有兩件大影響：一是「南瀛佛教會」的成立；一是「台灣佛教中學林」的設立。（註11）

如前所述，日中台佛教界關係密切，台灣的大寺院紛紛加入

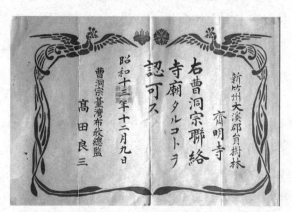

昭和十三年曹洞宗台灣布教總監發給之曹洞宗聯絡寺廟認可。（齋明寺江金曄小姐提供）

第七章　佛教與台灣的庶民生活

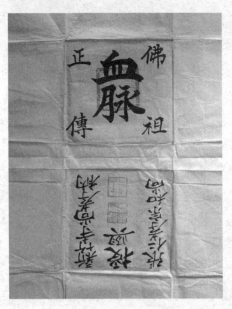

昭和十五年新竹寺天
山尚孝授與張仁孝宗
佛祖正傳血脈。（齋
明寺江金曄小姐提供）

日本佛教系統。如大湖法雲寺在覺力與妙果兩法師的努力下，宗
風大盛。因而引起日本曹洞宗在台總監的重視。一九一六年法雲
寺就和日本曹洞宗建立起「聯絡」的關係。一九二二年覺力禪師
接受日本曹洞宗本山任命爲「佈教師」，關係更爲密切。（註12）
當日本挑起中日戰爭的同時，皇民化運動也在台灣強力展開，對
台灣的宗教信仰展開整頓，規定所有寺廟、齋堂等宗教場所全改
爲神社，原有神像毀棄。具濃厚中國文化內涵的民間宗教、寺廟
首當其衝。除原先已登記加入日本佛教宗派，受日本教派保護者
外，均受到打擊。因此很多佛教寺院就成爲日本佛教的一環，尤
其是曹洞宗和臨濟宗在台灣佛教界具有龐大的勢力。因此，日治
末期台灣的大道場，也不例外，如觀音山凌雲寺、台南開元寺、
高雄大岡山超峰寺歸屬臨濟宗；基隆月眉山靈泉寺、苗栗大湖法
雲寺、獅頭山元光寺、中壢圓光寺則歸入曹洞宗。（註13）大寺

齋明寺牆上現存之曹洞宗及永平寺寺
徽。（中原大學建築研究所張朝博先
生提供）

院尚且加入日本佛教系統以求自保，何況是大寺院之分燈末寺，
自然就隸屬於日本宗派之下。因此很多齋堂在此時被迫改齋堂為
佛寺，必須由寺院向日本的宗派提出編入寺籍的申請，經審查後
再發給「寺籍編入證」，大溪齋明堂就在此時改名為齋明寺。而寄
生於寺院和齋堂的僧眾、或齋堂的住持，均須向日本的曹洞宗或
臨濟宗提出編入僧籍的申請，再由曹洞宗或臨濟宗發給「僧籍登
錄證」，獲頒僧籍登錄證者會再由各宗發給「佛祖正傳血脈書」，
將受頒者的佛祖血脈與日本佛教的血脈加以銜接，徹底成為日本
佛教的一支系。（註14）可見，皇民化運動時期，日本有計畫地
將台灣寺院轉與日本佛教銜接。這種改變成為皇民化運動時期台
灣佛教寺院求生存的途徑。大溪齋明寺被納入曹洞宗的系統，其
第五代住持成為新竹寺天山尚孝的弟子，其佛教血脈轉為日本曹
洞宗永平寺系統，因此今日齋明寺大殿佛龕牆面上仍保有兩枚徽
章，分別是日本京都永平寺的寺徽和曹洞宗的宗徽，印證了這段
歷史。（註15）

第七章　佛教與台灣的庶民生活

肆、「人間佛教」與當代佛教的蓬勃

終戰後，被迫隸屬日本宗教的佛教寺院，紛紛恢復原貌。同時，中國叢林的僧侶也紛紛來台，尤其是中國共產黨統治中國以後，很多中國法師來到台灣。這些法師往往以其本位主義看待台灣佛教，其中對齋教批評最多。（註16）因此，戰後台灣佛教，除了在原有法派基礎上繼續發展外，來自中國的佛教系統以後來居上之勢，盛行於各地寺院，扮演教導佛學的角色，成了台灣佛教的支配者、指導者。而他們在台灣辦理多所佛學院，培育了青年僧侶，對後來台灣佛教的發展卓有貢獻，如慈航法師在新竹辦理台灣佛學院，又於汐止辦彌勒內院；印順法師與其弟子在台北創太虛佛學院。（註17）

今日台灣佛教界影響力最大，信徒最廣眾的應該是台灣四大道場，分別是：星雲的佛光山、證嚴的慈濟功德會、聖嚴的法鼓山及惟覺的中台山。這四處道場形成的歷史，非今日所要討論的重點，然而這四大道場的出現代表台灣佛教發展的特色。這四處道場起初均是由一處據點發展成全台性的大寺院，其弘法的領域遍及全台灣，結合現代企業經營管理方式，依發展需要陸續在台灣各地設置分支機構。這些道場的發展過程有幾個共同的特色，這些特色包括：

1. 都由一位明星式的出家人所創設與主持。
2. 都具有雄厚的財力。
3. 都具有兼含在家與出家信徒在內的幹部群。

4.信眾與分支機構都分布在全台各地，且不限於某一縣市。近年來其分支機構逐步往海外發展，都有國際化的傾向。

5.主持人都是一般大眾傳播媒體的寵兒。而且，都各自創辦自己的刊物，尤有甚者還擁有有線電視台，以宣揚佛教。

6.主持人與政界都維持一定程度的良好關係；有不少政治人物甘心成為這些道場主持人的皈依弟子。

7.四大道場掌握了全台灣佛教界大部分的社會資源，包括捐款、人力、物力與媒體焦點。

　　這些道場都是在傳統中國佛教下發展出來的，而其發展有一項值得注意的是大多強調所謂的「人間佛教」。「人間佛教」的理念，是印順法師在一九五一年開始大力推動的，改良自他的老師太虛法師所提倡的「人生佛教」，在台灣引起極大的迴響。其主要的理念有：（1）佛教的社會關懷：鼓勵佛教徒在各行各業組織自己的團體，反對政府對文化的壟斷，主張教育平等、經濟平等；（2）「凡夫菩薩」的強調：即帶有煩惱，慈悲心廣大，學習菩薩實行救度眾生的一般凡人；（3）「不修禪定，不斷煩惱」乃至「不證實際」，即留在生死輪迴的人間，生生世世度化眾生；（4）強調佛教經典的人間性及人本主義。（註18）一九八〇年代以後，很多僧俗教團自承或私淑印順之「人間佛教」路線，慈濟功德會的組成就是「人間佛教」具體的實踐。

　　印順法師「人間佛教」的理想，透過證嚴法師的慈濟功德會來實踐。一九六六年三月二十四日證嚴法師正式成立「佛教克難慈濟功德會」，將收到各界的善款作為救世之用。凡是皈依者均需做功德會的會員，並負起功德會社會救濟工作，不可徒託空言。此外，功德會會員是採開放的，因此無論會員數或捐款數，成長

第七章　佛教與台灣的庶民生活

速度均相當快。目前創辦有醫院、學校,社會救濟事業遍及海內外。慈濟功德會的事業,充分表現出佛教入世的精神,積極實踐慈善、醫療、教育、文化等四大志業,落實「人間佛教」的信念。

聖嚴法師是有名的學問僧侶,他承繼了東初法師「人生佛教」的理念,除一般的環保觀之外,他特別提倡精神層面的「心靈環保」,是人生佛教的落實者。他強調的是「人間淨土」與「心靈環保」。（註19）

星雲法師則是把佛教生活化,將「為死人服務的宗教」,轉變成「人間的佛教」。他一改佛教的修持方式,從深山古剎中的苦修,轉變成滾滾紅塵中的樂修,在他領導下,佛教不再是以「自了漢」為滿足,而是以傳播喜樂、淨化社會為職志。（註20）

可見雖然各有不同的傾向,如佛光山走的是「人間性」、「生活性」;慈濟走的是社會救濟路線;法鼓山走的是「人間淨土」與「心靈環保」。但均強調將佛教帶入人間,是一種入世的佛教,是將佛教與現代社會結合,以實現「人間佛教」的理想。佛教不再是「消極出世」的,法師只是替施主「唸經懺、做功德」,藉以賺取生活所需的必要手段。

台灣佛教的發展,也由戰後初期以「崇僧抑俗」的觀念,否定在家居士情境,發展成「俗僧平等」的觀念。佛教不再是屬於出家僧眾的專利,在家眾反而成為弘法的中堅分子,使得更多人加入在家弟子的行列,讓在家弟子有更多的空間為佛教奉獻力量與智慧,不僅可護持三寶,甚至可以應機說法,加入弘法佈教的行列。（註21）

伍、在家佛教的發展與困境

個人淺見以為，佛教最高的理想在「求不生」，因此一目標而
發展出「出家」、「離世」、「求道」、「開悟」、「戒律」、「清修」
等，但這種出世的清修，並非人人可得。齋教是在這樣的理想
下，在現實社會中以不同的形態表現出來的一種實踐。這些齋友
一方面極力實踐佛教的某些理想，另一方面卻企圖把宗教的追求
與一般日常生活更加密切的結合起來。結果他們發展出一套獨自
的教義，不單把佛法變成中國的「道」，更加把佛法的精髓歸納到
自己派下，提高在家修行者的地位，甚至宣稱只有在家修行者才
能保存佛教的秘法。

齋教在教義上吸納了傳統民間宗教的特質，結合了佛教的概
念自成一系統，不需仰賴僧尼的領導。因此兩者之間有些異同，
齋友們基本上認為同屬敬佛清修，只是沙門堅持出家，結果只有
少數人能夠達成。而且出家人沒有家庭，自己所得到的法門結果
無子孫可傳。齋門則不同，社會上大眾都有家累，也要維持生
計，所以不能剃度出家，齋門的好處就是讓信徒一方面在社會上
活動，積極參與；另一方面維持修行，在救濟本人之外，還可以
傳子孫，甚至傳予他人。（註22）

日治時期文獻將齋教視為佛教的一個支派，屬於禪宗臨濟宗
的一個分支。（註23）目前台灣的齋教，可分成三派，即龍華
派、金幢派和先天派。三派的教勢，以一九一九年的台灣宗教調
查報告顯示，當時先天派有齋堂二十一間，金幢派三十二間，而
龍華派有一百一十九間。可見龍華派齋堂的數量遠超過其他兩

派，時至今日仍以龍華派居多。（註24）

　　齋教信徒俗稱「食菜人」，他們不圓顱方服出家，居市井營生，以俗人身分維持佛教。強調在家修行，一方面營生，一面持戒，所以齋教又稱「在家佛教」。（註25）但齋教是否可視爲佛教，歷來有不同的看法。鄭志明教授曾指出，「齋教根本上就不是佛教，而是共同源出於明代武宗年間的羅教，是以『無生老母』與『龍華三會』爲共同信仰的民間宗教團體。」（註26）然而，民間通稱齋堂爲「菜堂」或「佛堂」，稱齋堂內的齋友是「吃齋事佛」，雖然他們不出家，但是齋友朝夕佛前誦經，守持佛戒，不食葷肉、不飲酒，幾乎過著與僧侶無異的生活。因此，如果純從民間的角度觀察，將之視爲佛教的一支並無不可。但如從其祭祀的神祇而言，與正信的佛教比較是有很大差異的，以筆者個人曾研究的桃園大溪齋明寺爲例，日治時期的寺廟台帳所載，當時齋明堂奉祀的本尊爲觀音佛祖，從祀金童、玉女；配祀釋迦文佛、哪吒、太吒、韋馱菩薩、五顯靈官大帝。左龕奉有三官大帝、北極大帝、福德大帝、保安尊王、司命帝君、張天師；右龕供奉天上聖母、千里眼和順風耳，在左右廂房各崇祀地藏菩薩和齋教的羅祖師。其中尚有諸多非佛教的神祇。（註27）

　　鄭志明教授指出，齋教是以「無生老母」與「龍華三會」爲共同信仰核心。「無生老母」的觀念，本質上是佛道混融後蛻變而生的，其基本論點是三教之上，有一個無極本源，是老母所居。老母曾派原子下凡塵，然而原子卻迷失本性不知回家。老母爲救原子，因而有所謂「三佛應劫」的說法。「三佛應劫」與「龍華三會」的概念是相通的。「無極立下青陽會，化顯掌教是燃燈；太極立下紅陽會，轉化釋迦掌教尊；皇極立下白陽會，八十一劫彌勒尊，三佛輪流有改變」。（註28）

如前所述，台灣齋教的齋友一面持戒，一面營生。持戒，就是持齋戒，也就是吃齋事佛；至於營生，齋友如何營生，值得進一步說明。根據齋明寺寺廟台帳發現，當一八七三年（同治十二年）大溪地方人士獻員樹林庄的原野和茶園，充當祠廟（齋明堂）用地，其餘之地膜耕給黃琴栽種茶樹。黃琴就是齋明寺第二代住持，一名黃士琴。在筆者訪談齋明寺住持後人時，也說明昔日要栽茶種茱，可見齋明堂的住持仍參與勞動，藉以謀生，此應與一般民眾無異。（註29）

　　但齋堂內的齋友除了一般的營生之外，是否也利用他們對於各種經書的熟稔，而為人誦經祈福，值得觀察。丸井圭治郎認為齋友的喪葬功德儀式，只限於齋友，並未服務其他人。（註30）丸井的觀察應有誤差，因為大溪齋明寺所舉行的喪葬功德對象並不限於齋友，一般人民家裡有喪事，亦可延請齋友做功德。大溪齋明堂歷任的住持多擅長於「功德」法會，相傳第四任住持普梅，禮鼓山聖恩法師為師，聖恩法師誦經時，字正腔圓，聲音宏亮，表現出純正的鼓山腔，普梅的唱讚聲韻全都出自聖恩的傳授。因此，齋明堂後來的住持普乾和會觀，其經懺均以莊嚴肅穆出名。據聞辜顯榮的告別式功德即由齋明堂第五代住持普乾主持；陳查某夫人過世舉行七七四十九天的法會，最後出殯的功德法會，則由齋明堂第六代住持會觀主持。其餘各地寺廟的法會，亦經常延請齋明堂的住持前往主持，如木柵指南宮農曆九月一日至九日的拜斗儀式，曾由普乾主持，林口竹林寺和三峽清水祖師廟元月份的法會，多有齋明堂住持和齋友們的足跡。從會觀法師胞弟江守德先生的報導可知，年輕時經常一班人騎著腳踏車，往來於桃園地區，替人舉行各種法會，所得的禮金（紅包）為數可觀。可見齋友們不但誦經事佛，也經常為人作功德，以獲取生活

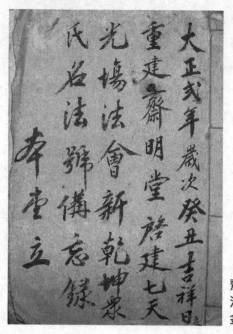

齋堂過光場法會新眾姓名
法號備忘錄。（齋明寺江
金曄小姐提供）

之資。（註31）

　　王見川先生曾在台南安平「化善堂」蒐集到該堂所藏一九二
五年的信徒名冊，冊中登錄有信徒的性別、職業、年齡。該份名
冊計有三十二名信徒，全部均有法名；其中男性八位、女性二十
四位，性別比例差異甚大，同時值得注意的是女性均為無業。
（註32）齋堂內以婦女居多的原因，亦應有一定的社會背景。其原
因在於台灣社會仍承襲中國民間社會價值的影響，重祖先祭祀，
有重男輕女的觀念，「公媽桌不奉祀姑婆」。因此，較富有人家，
家中若有年長未嫁之女，父母往往會抽出一部分的財產，給不婚
的女兒，提供一小齋堂和部分的租額供其終老。鄰近相類的婦
女，在父母家得不到死後的祭祀，有的前來依附共同生活，死後
其神主牌位就供奉在佛堂中，解決了公媽桌不奉祀姑婆的問題，

免於成爲孤魂野鬼。

今日齋堂沒落了，除了少數齋堂尙有活動外，大都處於停滯的狀態。甚至有些齋堂已爲所謂「正信佛教」所接管，桃園大溪齋明寺住持後人，在第六代住持會觀法師晩年，因後繼無人，積極尋找可能的接任者，江家後人的說法是「商得法鼓山聖嚴法師出任第七代住持」，但實際上目前的齋明寺已完全爲法鼓山系統所接管，成爲法鼓山系統的一個據點。（註33）台南安平化善堂也在齋堂堂主去世後，找不到後繼者，而決定請僧尼進駐。（註34）

終戰以來，台灣的齋教趨於式微，應是不爭的事實，但歷來對於齋教沒落的原因，則有不同的解釋。齋友本身多傾向解釋爲：沒有人才，法令上隸屬佛教會及無法領恩進級等三項。宋光宇教授認爲，自從日本人強制將齋教納入佛教之後，引起和尙入佔齋堂的現象，加上中國共產黨統治中國大陸之後，齋教又面臨新的困境，「無法再得到福州總壇的升座任命，發生了齋堂的主持人無法遞補的現象。再加上宗教寺廟管理辦法的實施，和尙就大批的進佔佛堂。」（註35）林萬傳研究先天道認爲，中國大陸淪陷後與中國祖堂斷了聯繫，無法定期派員指導及授職；而且戰後隸屬中國佛教會，佛教僧侶得以進駐齋堂，及「一貫道」的競爭取代，均造成先天道的式微。（註36）王見川認爲，齋教的沒落是齋教本身被佛教化的過程，在正式納入佛教會後，更加速的進展，以致它們在形式與內容上較之以前更像是居士類型的「在家佛教」。此一轉變，使原本齋教傳統上所具有的與出家佛教在解脫上各異其途徑，二者地位同等，甚至更優越，至此即變爲出家佛教高於齋教的情況。對於有心尋求解脫的齋友，一旦面臨如此情境，有的齋友即成了在家居士，有的則成了僧侶，部分的齋堂也就變成佛寺。（註37）

第七章　佛教與台灣的庶民生活

另外值得注意的是，戰後中國佛教僧侶對齋教的歧視，與齋教失去發言權多少有關。在教義上，齋教的傳統背負著「外道」、「邪教」、「魔種」之陰影；再者在家主持道場的正當性受到質疑與否定；此外，還夾雜著民族主義的情緒，如戰後來台的東初法師就公然地將其對日本人的厭惡和日本佛教、在家佛教混同在一起。對齋教的傳戒亦大加批評，認為正統佛教應清修，嚴禁娶妻生子，應「出家」，凡要出家者必須具足佛制三壇大戒，否定居士道場的正當性，試圖建立出家中心主義的佛教倫理，在此情況下，以齋教為核心的居士道場成為中國佛教改造的對象。（註38）

齋友為更進一步修行，進而剃度出家，在歷史上時有所聞，在台灣佛教史上，多位享有盛名的法師都有齋教的背景。創建基隆月眉山靈泉寺的善慧法師，他生於一八八一年，一八九六年和母親郭氏皈依「齋教」的龍華派，一九○○年禮基隆當地龍華派的張太空為師，法號「普傑」，後來受到福建鼓山湧泉寺僧侶善智法師和妙密法師的影響而出家。（註39）這是齋教徒的善慧法師，被帶到福建出家受戒的例子。開創圓光寺的妙果法師與齋明堂也有密切的關係，他是桃園人，年輕時曾在齋明堂受菩薩戒，十九歲依覺力法師剃度出家，二十九歲受具足戒，成為佛教出家之僧侶，曾任大湖法雲寺和中壢月眉山圓光寺開山住持。（註40）

陸、民間信仰中的佛教神祇——佛道不分

台灣佛教信仰現象存在「佛道不分」的現象，這種現象至今日並未稍減，信徒也不刻意區隔。一般民眾常是逢廟就拜，見神像就磕頭，心中所求的無非是個人或家庭的平安吉利。這種現象

使得佛教和道教之間的分野日趨減少。前引陳文達《台灣縣志》所載，可知黃檗寺前殿祀關帝、後殿祀觀音三世尊佛；法華寺前殿祀大神；大媽祖廟（今大天后宮）委僧侶住持，廟後進設有禪室，供僧侶居住；鹿耳門媽祖廟（今鹿耳門天后宮）廟前殿祀媽祖，後殿祀觀音，「兩旁建僧舍六間，僧人居之，以奉香火」；彌陀寺中設有「閻君殿」和「三官殿」；厲壇同樣壇前殿祀大眾爺，後殿祀觀音。（註41）尹章義教授指出，這是一種儒、釋、道三教雜處融合的現象，這種現象不只存在府城，可見「佛道不分」的現象，在台灣可謂歷史長久。佛教傳入台灣之初，與民間宗教信仰彼此相容，互不排斥，使佛教得到很好的發展機會。

「佛道不分」的現象，一直沒有太大的改變，以佛教神祇為主祀神的寺廟，不一定是屬佛教的寺院。尤有甚者，信徒仍以民間信仰的方式來祭祀寺廟內的神祇。如以觀音為主神的寺廟，在觀音生日時仍然以民間宗教祭拜的方式備牲禮祭拜。這主要是受到台灣社會仍然受到佛、釋、道三教合一思想的影響，無法分清礎神佛所致。一九三四年增田福太郎調查台灣寺廟，其數量高達三千六百六十二座，其主神多達一百三十一種，茲將前十名主神的寺廟數表列如**表7-1**。其中，以佛教神祇為主神的寺廟高達9.2％，然而眾所皆知的是，其他非以觀音為主祀神的寺廟，往往會以觀音為陪祀神，而這些寺廟在觀音相關節日的祭典中，大多採民間宗教祭祀的方式加以祭拜。

一九三七年日本發動對中國的戰爭，台灣總督府以道教發源於中國，恐引發台灣人民的民族情緒，不利日本政策。因此，在台灣總督府推動皇民化運動時，對佛教採取較多的包容，對民間宗教信仰，則採取較嚴厲的措施，民間宗教信仰因而受到相當的打擊。在揚佛抑道的政策下，有所謂「寺廟神升天」，在過渡時期

表7-1　1934年台灣寺廟主祀神統計表

主神名稱	寺廟數	佔總寺廟百分比	備註
福德正神	718	19.6	
王爺	537	14.7	
觀音	336	9.2	
天上聖母	335	9.2	
玄天上帝	204	5.6	
關帝	157	4.3	
三山國王	121	3.3	
保生大帝	117	3.2	
釋迦	103	2.8	
有應公	88	2.4	
小計		74.3	

資料來源：李添春、林普易等著（1995），《台灣宗教》，頁53-54，台北市：眾文出版社。

有所謂「一街庄一寺廟」過渡措施。很多的民間信仰寺廟受到打壓，尤其是當時新竹州中壢郡採取較嚴格的措施。在此政策下，寺廟祀神須改為純正佛教或儒教之神佛。

先前，台灣佛教界也感受到台灣佛道不分的現象，因此在一九三六年台中州佛教聯合會成立時，即有僧眾提出「神佛分離」的主張，以解決當時台灣的寺廟、齋堂神道混合祭祀，表面上是佛教的寺廟，實際上卻是三教混合的現象。因此終戰後東渡的中國法師，對於此一現象提出批評，認為台灣佛教的根本意識是幼稚的。東初法師曾說不少佛教寺院中，釋迦牟尼像旁坐的，不是藥師佛，也不是阿彌陀佛，而是呂祖、玉皇、三官，具有「迷信神化」的形狀。釋迦牟尼弟子為人唸玉皇真經，為人拜斗，是慣常之事。東初法師在訪問獅頭山勸化堂時，全體僧侶齋姑身著灰

色海青站在各殿歡迎；而殿上所供奉的不是佛，而是老子、玉皇、呂祖等神。在拜訪苗栗佛教會時，發現其辦公室張貼爲人唸玉皇眞經、血盆經，堂前供奉的諸如「北斗君」等。

柒、結語

　　台灣佛教的歷史與台灣歷史的發展關係密不可分，曾有學者提出台灣歷史的發展是跳躍式的，主要是受政治力介入的影響，台灣佛教史亦然。清代台灣佛教以民俗佛教和齋教爲主體；日治時期台灣佛教則以閩南佛教和日本佛教爲主體；終戰後台灣佛教又以來自中國的佛教爲主體，幾乎均在中國佛教系統的支配之下。

　　自初墾至清代初期，台灣佛教存在明顯的齋教特質。縱有出家衆，亦屬少數，他們或被邀到台灣主持廟務，以佛教神祇爲主神的寺廟，也多爲民間信仰性質居多，是故台灣佛教自古以來即存在「佛道不分」的現象。皈依者多以齋堂爲敬佛之處，出家衆對一般民衆並無太大的影響，只有在「經懺」、「功德」時才有較密切的關係。近年來，「人間佛教」的提倡與實踐，使台灣佛教與大多數的民衆建立關係。因此，當代台灣佛教的發展，在家衆的成長較出家衆更爲迅速，也就是說「居家佛教」漸興，甚至超越了傳統出家衆爲主體的「僧團佛教」，而成爲台灣佛教發展的另一股主流。「學佛並非出家，學佛不必出家」也成爲大家共同的信念。

註　釋

1. 尹章義（1994），江燦騰、龔鵬程主編，〈佛教在台灣的開展（1661-1895 A.D.)〉，《台灣佛教的歷史與文化》，頁17-18，台北：靈鷲山般若文教基金會國際佛學研究中心。

2. 蔣毓英（1985），《臺灣府志》，康熙廿四年修，頁220-224，北京：中華書局影本。

3. 蔣毓英，《臺灣府志》，頁93。

4. 尹章義，〈佛教在台灣的開展（1661-1895 A.D.)〉，頁20-22。

5. 陳文達（1993），《臺灣縣志》，頁207-216，南投：臺灣省文獻委員會。

6. 有關台灣佛教流派的問題，各家有不同的見解。除五派說，還有三派說、四派說。

7. 《曹洞宗海外開教傳道史》，間引自江燦騰，〈日據前期台灣北部新佛教道場的崛起——基隆月眉山靈泉寺與台北觀音山凌雲寺〉，收入江燦騰、龔鵬程主編（1994），《台灣佛教的歷史與文化》，頁62，台北：靈鷲山般若文教基金會國際佛學研究中心。

8. 江燦騰，〈日據前期台灣北部新佛教道場的崛起——基隆月眉山靈泉寺與台北觀音山凌雲寺〉，頁55。

9. 江燦騰，〈日據前期台灣北部新佛教道場的崛起——基隆月眉山靈泉寺與台北觀音山凌雲寺〉，頁58。

10. 江燦騰，〈日據前期台灣北部新佛教道場的崛起——基隆月眉山靈泉寺與台北觀音山凌雲寺〉，頁58。

11. 吳學明（2003），〈台灣齋堂個案研究——以大溪齋明寺為中心〉，

《國立中央大學文學院人文學報》第28期，12月，頁151。

12. 李添春誤此日期爲民國17年。〈臺灣佛教史資料 曹洞宗史二 大湖
法雲寺高僧傳〉（上篇）《臺灣佛教》，第27卷第1期，頁14。轉引自
江燦騰〈日據時期台灣北部曹洞宗大法派的崛起——覺力禪師與法
雲寺派〉，收入於楊惠南主編（1996），《臺灣佛學學術研討會論文
集》，頁53，台北：財團法人佛教青年文教基金會。

13. 李添春（1971），《台灣省通志稿——人民志 宗教篇（二）》卷二，
頁68-69，台北：台灣省文獻委員會。

14. 吳學明，〈台灣齋堂個案研究——以大溪齋明寺爲中心〉，頁155。

15. 吳學明，〈台灣齋堂個案研究——以大溪齋明寺爲中心〉，頁155-
156。

16. 溫金柯，〈臺灣居士佛教的展望〉，收入於江燦騰、龔鵬程主編，
《台灣佛教的歷史與文化》，頁140-141。

17. 王見川，〈妙果禪師與慈航法師——戰後初期台灣佛教史上的一段
辦學因緣〉，收入於王見川、李世偉合著（1999），《台灣的宗教與
文化》，頁93，台北：博揚文化。

18. 印順，《契理契機之人間佛教》（台北：正聞出版社，1990），頁43-
49。

19. 釋聖嚴，〈人間佛教的人間淨土〉，《中華佛學研究》第三期
（1999.03），頁18。

20. 闞正宗（1999），《台灣佛教一百年》，頁214-217，台北：東大圖書
公司。

21. 溫金柯，〈臺灣居士佛教的展望〉，頁147-153。

22. 林美容、祖運輝，收入於江燦騰、王見川編，〈在家佛教：臺灣彰
化朝天堂所傳的龍華派齋教現況〉，《臺灣的齋教歷史觀察與展
望》，頁229-230。

233

23.日治時期日本的學者將齋教視爲佛教的一支，可能因與日本佛教允許僧侶可娶妻生子、食肉有關，如齋教之齋友雖不食葷，但可娶妻生子，營家庭生活，便與日本佛教類同。

24.丸井圭治郎（1919），《臺灣宗教調查報告書》，大正8年，頁44-50，台北：台灣總督府。

25.增田福太郎（昭和10年），《臺灣の宗教》，頁99-100，東京：養賢堂發行（1935）；台北：南天書局影印本（1996）。

26.鄭志明（1988），〈臺灣齋教的源流及流變〉，收入氏著，《臺灣民間宗教論集》，台北：台灣學生書局。

27.吳學明，〈台灣齋堂個案研究——以大溪齋明寺爲中心〉，頁133。

28.鄭志明，〈臺灣齋教的源流及流變〉。

29.訪齋明寺第六代住持之後人江金曄小姐。

30.丸井圭治郎，《台灣宗教調查報告書》，頁80。

31.訪齋明寺第六代住持之胞弟江守德先生。

32.王見川（1996），〈龍華派齋堂的個案研究——安平化善堂〉，收入氏著，《臺灣的齋教與鸞堂》，頁126，台北：南天書局。

33.1998年3月，江張仁居士主動派其女兒江金曄居士前往法鼓山，力邀聖嚴法師接任齋明寺第七任住持兼管理人，經過11個月的磋商，於1999年1月22日舉行交接典禮，成爲法鼓山實現佛教志業的一環。江金曄，〈齋明寺沿革〉，1999年8月14日，頁2。

34.王見川，〈龍華派齋堂的個案研究——安平化善堂〉，頁116。

35.宋光宇（1983），《天道鉤沉》，頁22，台北：天祐出版社。

36.林萬傳（1985），《先天道研究》，頁267，台北：靝巨書局。

37.王見川（1994），〈戰後台灣齋教發展的困境和問題〉，收入氏著，《台灣齋教的歷史觀察與展望》，頁264，台北：新文豐出版社。

38.王見川，〈戰後台灣齋教發展的困境和問題〉，頁269。

39.李添春（1955），〈靈泉寺沿革〉、〈得戒慧公和尚傳〉，收入於
《靈泉寺同戒錄》，頁2-7，基隆：靈泉寺。

40.闞正宗（1999），《台灣佛教一百年》，頁57，台北：東大圖書公
司。

41.陳文達，《臺灣縣志》，頁207-212。

問題討論

一、清末日治初期台灣佛教界日、中、台三方面僧侶的關係為何？

二、能否說明齋教何以能滿足既不出家又能實踐佛法。

三、請討論「人間佛教」思想的實踐對台灣佛教發展的影響。

參考書目

江燦騰、王見川主編（1994），《台灣齋教的歷史觀察與展望》，台
　　北：新文豐出版公司。

江燦騰、龔鵬程主編（1994），《台灣佛教的歷史與文化》，台北：靈
　　鷲山般若文教基金會國際佛學研究中心。

吳學明（2003），〈台灣齋堂個案研究──以大溪齋明寺為中心〉，
　　《人文學報》第二十八期，頁125-166。

宋光宇編（1994），《台灣經驗──社會文化》（二），台北：東大圖書
　　公司。

阮昌銳（1972），〈台灣的冥婚與過房之原始意義及其社會功能〉，
　　《中央研究院民族所集刊》第三十三期，頁15-38。

楊惠南（2000），〈從印順的人間佛教探討新雨社與璃代禪的宗教發
　　展〉，《佛教研究中心學報》第五期。

闞正宗（1999），《台灣佛教一百年》，台北：東大圖書公司。

第八章　日治時期台灣人的中國大陸經驗

許雪姬

中央研究院台灣史研究所研究員
中央研究院近代史研究所合聘研究員

作者簡介

許雪姬

　　澎湖人，一九五三年生，台灣大學歷史研究所博士。目前為中央研究院台灣史研究所所長；並在台灣大學、政治大學歷史研究所開「台灣家族史研究」、「台灣史料與史學」、「台灣史專題研究」等三門課，專著有《清代台灣的綠營》等五本，論文七十餘篇，口述歷史十數種。

教學目標

　　藉著對日治時期台灣人海外活動所面臨到的法令、限制及其在中國大陸活動之情形。有助於學生了解他們的經驗對於戰後台灣的社會與文化發展所造成的影響。

摘　要

　　本文旨在說明日治時期台人受迫或主動前往中國大陸求職、求學及從事其他活動的情形。由於台灣人是日本籍又是漢人，為了保護自己的安全，往往冒籍；而面對一八九五至一九四五的中國，台人未必都能選擇正統的中華民國政府，往往到所謂的偽政

台灣社會、經濟與文化的變遷

權供職，戰後面臨戰犯、漢奸審判的困境，這一段經驗與心理歷程，往往產生認同的危機。

第八章　日治時期台灣人的中國大陸經驗

壹、前言

　　日治時期有不少台灣人因不同的背景而踏上中國大陸，由於自一八九七年五月八日（台灣住民去就決定日）後台灣人依法已成為日本籍，但卻未能享受日本籍的權利。亦即台灣人已取得日本籍，但台灣人到中國大陸仍必須申請「渡華旅券」。這些遠赴海外的台人被日本政府稱做「台灣籍民」，由於台灣籍民是準日本籍，也能享受部分日本人在華的特權，如領事裁判權，不需向中國政府納稅，因此也有部分中國人加入日本籍，這些人與台灣籍民不同，被稱為「福建籍民」。過去學者戴國煇、中村孝志、梁華璜、鍾淑敏等人都研究過台灣籍民，一般人對台灣籍民往往有錯誤的觀念，認為他們都是日本政府的走狗，到中國大陸去胡作非為。實則為惡的固然難免，但也有不少菁英因為嚮往中國的地大物博，又或在台灣遭受差別待遇因此前往中國開創自己的一片天，他們的經驗在戰後帶回台灣，對台灣的建設盡其一份心力；即使有在所謂「偽政府」擔任官員者，亦非盡是漢奸；而在中國大陸選擇在重慶中華民國政府下服務的台灣人，戰後也大半得到政府的重用，而被稱為「半山集團」。以上這些日治時期錯綜複雜的台灣人海外活動，實有必要予以觀察、研究，以便了解戰後台灣的政治、社會情況。

貳、台灣人前往中國大陸的背景

　　日本統治台灣五十年中，可說是台灣人前往海外活動很重要的一個時期，固然他們前往東南亞（時稱南洋），但大部分人多前往中國大陸廈門、福州、上海等地方（台灣人大多前往這些地方），但所謂的「滿洲國」也吸引不少台灣人。台灣人為什麼要離鄉背井遠離故鄉？以下分析他們前往中國大陸的原因。

一、求學

　　台灣人在公學校受教育，其資源遠不如日本人小學校，即使往後在一九二二年成為日台共學，甚至在一九四一年將之全部改為國民學校，或甚至在一九四三年將小學教育改為義務教育，但台人學生受到差別待遇事屬顯然。台灣一直到一九二八年才設立台北帝國大學，而台北帝大又是日人學生數遠超過台人，台人子弟要接受專門學校、大學等高等教育，莫不選擇到日本或中國求學。中國地大，雖然不少學校素質不佳，但因學費便宜且有聲譽卓著的大學，因此不少台人學生在公學校畢業後即選擇前往中國，有的進入軍校，有的進入一般大學，其中上海大學、北京朝陽大學、北京大學、廣東中山大學、廈門大學等，都是台灣學生所嚮往的。

二、求職

　　大學或專門學校畢業生要進入職場，或進入政府部門工作，在台日人有比台人更多的機會，由目前的《台灣人士鑑》、《台灣總督府職員錄》來觀察，政府的官吏多半來自日本重要大學，如東京、京都帝大等，台人第一個普通文官考試通過的是賴雨若，高等文官考試第一個通過的是劉明朝，那都要在大正末期，甚至昭和以後。這些人進入台灣的職場雖和日本人同工，但卻不同酬；就判任官而言，日人要高出六成薪水；同樣是台灣總督府國語學校畢業，但日人多任教諭，台灣人只能當訓導，日人學生畢業大致能在台灣找到工作，但台人則很難，在此情勢下，只好前往海外發展。是時中國並未統一，群雄林立，在地方呈割據之勢，受俄國或日本卵翼，這正提供了機會給台灣人。

三、反日

　　在台灣總督府統治下，部分覺醒者不願在台灣受日本統治，也有在台灣從事台灣民族運動，曾被拘捕、下獄過的台人，在出獄後前往革命的聖地——廣州求學或從事政治運動，結成台灣人的反日團體，往往受到日本警察的監視、逮捕，甚或送回台灣坐牢，死於獄中。如台共兼中共的翁澤生；一九二八年台灣共產黨必須成立於上海，《台灣民報》最先必須在東京發行，其原因不難窺知。

四、其他

　　有的因為有家族成員已在中國大陸，前往投奔；也有的是曾在台灣為官或為教師的日本人，調職到中國，常會介紹在台灣沒有工作的台灣青年前往，這也是台人前往中國大陸的原因。

參、渡華旅券的申請

　　依一八九五年所訂生效的馬關條約，日本人到中國通商口岸可以不必護照，但台人則不能「享受」此權利，日本政府規定凡到中國必須要申請渡華旅券，而申請必須先向當地警察提出，警察常刁難或勸導台人不要到中國大陸，以下大略談談渡華旅券申請的相關問題。

一、取得渡華旅券的相關限制

　　日本從清朝手中取得台灣，自始即以將台灣徹底自清朝割離為目的，因此積極地加強日本內地和台灣間的關係。一八九七年五月八日以後，台灣總督府開始規範台灣人赴海外的活動，命令欲到中國，必先向相關單位申請渡華旅券，須要繳交規費、附上照片，用完必須繳回。相關規則曾經過多次變革，要之，都在消極阻止台人前往中國。

二、台灣總督府對在華台人的管理

　　台灣總督府透過日本駐華領事館中的警察，嚴密監視台人的行動，一度要台人在抵達中國大陸後，即向最近的日本領事館報到，將渡華旅券置於此，要回台時再到領事館取回，甚至有的在開往中國的船上即將台人的渡華旅券收走，這樣做無非是牽掣台人在華的活動。另外，對領導台灣民族運動者、從事共產活動者，都由台灣地方政府提供消息給對岸日本領事館，依其重要性分為幾級：特要甲號、特要乙號、思想要注意人、有嫌疑的台灣人等幾種。對這些人登陸即展開跟蹤，隨即上報，以掌握這些人在大陸的行蹤與表現。林獻堂被列為特要甲號，他於一九三六年到華南、華中一帶考察，因在上海接受報界歡迎會時說了一句「此番回到祖國」，這一消息立刻傳回台灣，因而產生「祖國事件」，林獻堂相當狼狽，此即遭到跟蹤的結果。如果發現台人有不法行為，日警常予逮捕遣回台灣，或迫其回台即予擒治。

三、廢除渡華旅券的言論

　　渡華旅券給台人的海外活動帶來不便，因此有志之士早已呼籲台灣總督府一視同仁，取消渡華旅券，但台灣總督不僅不予回應，反而認為渡華旅券是為了保護台人而設。政治社會運動者如蔣渭水等，將「廢除渡華旅券」作為台灣民眾黨的黨綱之一，努力要廢除之，但迄未能廢止。不過一九三二年九一八事變後台灣人以軍屬、軍夫、軍人的身分被抽調赴中國，則沒有發給「護照」，導致戰後南洋一帶的台人要恢復中華民國籍產生困難。

四、台人因應之道

　　既然台人想赴中國而受到台灣總督府直間接的阻撓，因此只好鑽法律漏洞，此即台人自一九〇八年起，到日本去不需要「內地渡航證」，而且自日本再轉赴中國或香港也不需旅券。因此有志往中國發展，又不願讓日本駐華領事館管轄者，無不先往日本再轉往中國，一九一四年台灣總督府為防堵此漏洞，曾修改旅券規則，命令台人往後由台灣經日本往中國者，亦要申辦旅券，若不遵守則罰款百圓以下或拘役。不過鑽此漏洞者，即使經判決也未必被罰，因此這條管道成為台人赴中國的方法之一。

肆、台人在中國大陸活動的幾項特色

　　九一八事變以後，日本積極侵略中國，一九三二年三月一日「滿州國」正式成立於中國的疆土東三省，一九三四年三月一日「滿洲國」的執政溥儀稱帝。七七事變以後，由於國民政府面對日本的侵略，節節撤退，因此各地的傀儡政府不斷產生。先是冀東防共自治政府，接著是中華民國維新政府、華北政務委員會，等到一九四〇年汪精衛「還都」後，又有所謂汪記國民政府。面對日軍強烈進攻，難以招架的國民政府，轉進到重慶。除了上述政府、政權外，還有在延安立足的中共政權。以下分析台人在中國大陸的幾項特質。

一、特色一：台人與所謂的「傀儡政權」

台人除極少數跟著國民政府在重慶外，大半分別服務於幾個傀儡政權，最主要及數目最多的是「滿洲國」，其次可能是華北政務委員「治理」下的平津地區，第三是汪精衛的「國民政府」。目前所知在重慶的台灣人前後大約不到百人，但到滿洲國（或關東州，即「滿洲國」尚未成立前）的台灣人先後有五千人。但由於到重慶的政治選擇正確，故被稱為愛國志士，但在所謂「淪陷區」中的台人則都是準漢奸的候選人。過去對台人在中國活動重視的大概只有重慶的半山，其餘的尚未被充份研究。在重慶大概只有黃朝琴在外交部任職算是最高職位，但在國民政府的眼光看來是「傀儡政權」的有：「滿洲國」外交部總長、第一任駐日大使謝介石；外交部歐美情報司司長林景仁；駐汪記國民政府濟南總領事吳左金；汪記政權駐日本橫濱總領事的吳敦禮（改名吳克竣）；汪記國民政府參贊中將；僑務委員藍國城（藍家精）；也有在北京大學教書的洪炎秋、張我軍；國立北京師範大學教授林朝棨、柯政和；在哈爾濱工科大學教書的王銘勳；在新京醫科大學教書的郭松根；在滿洲大陸科學院做研究的何芳陔、林耀堂、楊藏嶽、翁通楹等；也有音樂家江文也；畫家郭柏川、張秋海等。

二、特色二：冒籍、脫籍或雙重「國」籍

台灣人除了在日本勢力強大的中國地區敢自稱台灣人外，為了怕被中國人視為「二鬼子」，無不冒其原鄉的福建籍或廣東籍，甚至改姓名以免被台灣總督府發覺。「滿洲國」最高學府——建

國大學，是所有日本人勢力下中國地區唯一給台灣人一年三名配額者，所以在中國大陸的台灣人，有時自稱中國人，有時又自稱日本籍，爲了保護自身的安全，只能隨時臨機應變，不過若要擔任官吏則非脫籍不可。台灣人中第一個放棄日本籍的是連雅堂、其次是林季商、謝介石、蔡伯毅等，當然討厭受日本人統治亦可脫籍。至於到「滿洲國」的，則因滿洲自稱「五族協和」，即日、滿、鮮、蒙、漢五族，但此國實際上是由日本所製造、控制，並不是一個正常的國家，因此沒有「國籍法」而只有民籍法。日本人不被允許變成「滿洲國」籍，台人當然亦不可，不過台人有的到「滿洲國」是以漢籍的身分，因此既是日本籍也是漢籍，而漢籍者則可選擇加入滿洲籍，如得過「盛京時報獎」的名醫王洛（原名王世恭），他就入「滿洲」的民籍。

三、特色三：醫生、學生、商人多

就職業別而言醫生、學生、商人的比例高。固然部分台灣籍民爲非作歹，而被當地人稱爲「台灣歹狗」、「台灣仔」，但大部分的台人都在中上素質，甚至有很好的職業。據目前所知台人在中國大陸當醫生的比例相當高，在「滿洲國」就至少有二百多位醫生，甚至被當地人說台灣是「醫生島」，在華南、上海等地的醫生也不少，甚至在台灣未能順利拿到醫生執照，或在醫院當學徒多年，連藥劑師也有到大陸行醫的機會，其事業也頗爲繁昌。其次是學生，前已述及台灣的高等教育機構少，因此家境較差，又想接受更高教育者往往到中國大陸。隨著日本政府進入中國大陸的商人固然有，但到各地去經商的比例也很高，甚至有開銀行的，如前養樂多董事長陳重光，他就在上海開設通華銀行，又如

台灣的茶商原將茶葉輸往南洋，但因該地抽稅過重，在日本占領「滿洲」後，乃將茶輸往東北，但因資本並不多，因此未能成為巨賈；此外技術人員也不少，如在重慶的李佛續負責發電廠的設立；在「滿洲國」的傅慶騰等台南工學校（今成功大學）或台北工學校（今台北科技大學）的畢業生，在中國東北的建設上盡其心力。

四、其他

就居住在中國大城市的台人而言，以廈門人口最多，其次是海口、廣州、上海、杭州等城市。廈門的台人之所以多，主要是沒有語言障礙，而且離台灣又近，再加上台灣總督府的鼓勵，去的人自然更多。海口是海南島最大的城市，物產豐富，日本占領海南島後，台人到海南島的比例更高；廣州也是客家人的原鄉之一，因是革命聖地，吸引不少台人前往；上海是全中國最熱鬧、商業活動最暢旺的地方，且有「魔都」之稱，其吸引台人自不在話下。

伍、日治時期台人的大陸經驗對戰後的影響

受日本人統治五十年的台人，面對台灣光復，他們的大陸經驗對戰後的台灣產生了什麼影響？茲分述於下。

一、認同問題

　　台人夾在中國、日本兩國間，他和中國人一樣都是漢人，但卻是日本籍；他和日本人一樣都是日本籍，但卻不是大和族，台人常在事齊、事楚中徘徊，若事齊則必得罪楚，若事楚則又失歡於齊。到中國大陸的志士，以抗日為天命，但未必為中國政府與人民所信任，他在中國，對國民黨在中國大陸的各種劣蹟也必了然於心；且在日本統治經過滿五十年，台人多多少少「日化」，尤其在一九三六年後開始皇民化運動，一九四一年又組成皇民奉公會後，且被強迫現代化，因此在各方面都已和中國大陸有所不同。在戰後面對國民政府未妥善遣回在大陸的台人，甚至還遭受虐待（如海南島），使得有海外經驗（尤其是中國經驗者）的台人產生認同的混淆。日本已經投降，國民政府宣稱台灣人已恢復中華民國籍，當然不再是「日本籍」，且日本政府也立刻翻臉不認台人，台人在東京受日本警察欺負，即所謂的澀谷事件。但在面對國府脫序的接收以後，對國府已產生離心，認同中華民國政府並不是絕對的。二二八事件後，台人對國府更加失望，高度自治既不可得，獨立乃開始成為台灣未來的選項之一。

二、「半山集團」形成

　　所謂半山特別指在重慶的中華民國政府服務的台灣人。前言已敘，在日治時期跟隨國民政府到重慶的台人數目並不多，他們能漢節無虧，且國民政府正有賴於他們協助接收台灣的工作，因此受到酬庸，形成有別於本、外省人，卻和外省人合作的半山集

團。黃朝琴是外交官，戰後被任命爲台北市長，在省參議會成立之後，被「選」爲省參議會議長（以後改爲臨時省議會、省議會，他一直任議長），排除了「台灣議會之父」的林獻堂；劉啓光（侯朝宗）據說協助國民政府在廈門一帶的情報工作，在林熊徵病逝後，成爲華南銀行董事長，設計合併了「台灣信託公司」；游彌堅（原名游柏），被命爲經濟部特派員，在黃朝琴任省參議會議長後，繼任台北市長；連震東原任土地會社社長，後任省參議會秘書；宋斐如被任命爲台灣省行政長官公署中唯一的台人教育處副處長；不是國民黨而是青年黨的李萬居，負責接收《台灣新報》，改爲《台灣新生報》，任社長，……。這些人所形成的勢力隱然成爲對抗「阿海」（指沒有大陸經驗的台灣原來社會領導階層）的「半山集團」。半山中有兩個例外：一個是堅持《人民導報》忠實報導，放棄教育處副處長一職，卻死於二二八的宋斐如；一個是李萬居，他離開《台灣新生報》改出版《公論報》爲民喉舌，爲世所欽敬。

三、漢奸與戰犯問題

凡在傀儡政權的官場中服務，或曾殘害中國人民者，都有可能被視爲漢奸。按中華民國政府在一九三八年爲治汪精衛脫走河內與日合作的罪，頒布了「懲治漢奸條例」，到一九四六年又因應戰後修訂一次。台灣人因協助日本人犯下「罪行」，一部分人被當成漢奸而被逮捕，廈門還出有《閩台漢奸錄》一書，特別「彰顯」台籍漢奸的劣行。台人中固有罪有應得者，但多半係無辜。二二八事件中除三十二條要求外另加的十條，其中一條即籲請政府取消台人的漢奸罪。台人向政府抗議「漢奸懲治條例」頒布時，台

人並非中國籍，不能以此條例治罪，國民政府因而規定了擔任縣長以上之職的人才符該條例，但又認為當時台人若係日籍，則台人當以戰犯條例治罪。眾所周知，戰犯罪名重於漢奸，且地方法院不能審判，必須移到南京最高法院才能終審，使台人面對戰犯條例的科刑，形勢更為嚴峻，雖然有些人被判無罪，如葉廷珪（日治時期改名為葉山嚴），但也有被判重刑者。今中國南京第二檔案館有五十多名台灣戰犯資料可供參考、研究，至於在南洋的台人，則有被列為BC級戰犯者，其中有十多個B級戰犯（大半犯虐待俘虜的人道罪）被處死刑。

有中國大陸經驗者九死一生由大陸回到台灣，還要面對「漢奸」或「戰犯」的嫌疑，情況更加不堪。

四、大陸經驗有益於戰後台灣的發展

一群在中國大陸能獨當一面的技術人員，回到台灣後乃自其技術面加以發揮，有益於台灣戰後的復原與建設。如陳永祥、楊藏嶽、傅慶騰、李佛續等人加入台電，成為中堅份子；也有一些學者回台執教於國立大學，如地質學者林朝棨入台大地質系，機械學者翁通楹入台大機械系；也有美術家郭柏川入成大建築系；在滿洲中央銀行、興業銀行任職的吳金川、高湯盤，回台後進入彰化銀行、華南銀行，最後都任到董事長。在吳三連主政台北市長時，重用日治時期到東北的一批人，如王洛為台北市衛生局長、黃瀛澤任松山區長、黃千里任自來水廠長（戰後一度任阜新市市長）、楊蘭洲任建設局長……，一時稱為「東北幫」。他們之被吳三連青睞，除了技術外，也因這些人多少懂得北京話，且有官場經驗。

陸、結論

　　研究日治時期台灣人的海外活動，尤其是在中國傀儡政權下的台灣人，相當困難，一來過去都只注重在重慶隨著國民政府的台灣人，二來若注意到其他地方也只注意到在廈門、福州等地為非作歹的台人。除了在重慶者外，其餘的台人都有可能成為「漢奸」、「戰犯」，因此對過去這段經驗都諱莫如深。隨著這些人年華日逝，要了解這段特定時期的台灣人之中國大陸經驗相當困難，本文只是這方面研究的一些初步結果。

　　台人因為在日本統治下受到差別待遇，任職受限，受高等教育的機會不多，因此不少人到中國大陸尋找新天地。當然也有因反日而到中國大陸，企圖與朝鮮、中國相關方面聯繫，想推翻日本統治而到中國大陸者；而家族中只要有成員在中國，也很容易吸引其他親戚前往，有些人前往則是日籍主管、老師所牽的線。

　　但對要前往台灣人的「祖國」——中國者，台灣總督府卻不表歡迎，主要是日人急於要割斷台灣和中國的聯繫，因此制定相關法規，要台人申請「渡華旅券」才能前往。這種作法也是一種差別待遇，因此成為台灣政治社會運動時所要廢止的，但台灣總督府絲毫不放鬆。不過因一九〇八年日本取消台人赴日必須申請的規定，且自日本前往中國亦不必簽證，台人乃利用此漏洞輾轉前往中國。

　　在中國大陸的台灣人，以政權選擇來說，到重慶國民政府相對地少，日本佔領區內設置的傀儡政權，台人倒去得多；由於台灣人是漢族卻是日本籍，為了減少在大陸的風險往往自稱福建、

廣東籍，這是一種冒籍；也有的人不想受日本統治而脫籍。在滿洲國台灣人不少是以「漢」族的身分在東北，因此也取得「滿洲國」民籍，可說是雙重「國籍」，就職業別來說，以醫生、學生、商人為多，至於教師、技術人員也不少。

　　台灣人的中國大陸經驗對戰後台灣的建設方面來看，能以在中國大陸習得的經驗在台灣做更大的發揮，但有些隨日本腳步前往中國，或者在台灣已「日化」者，面對中國戰勝，雖有一時的欣喜，但其腐敗，以及政府追究漢奸、戰犯，使台人更為離心。戰後初期台人也知道自己在中國大陸的版圖中只是微不足道的存在著，不敢奢言到了北京又有何能見度可言，只求能高度自治，但二二八打消了這一切，也使得人們更為失望，而逐漸形成所謂「認同」問題。

255

問題討論

一、有沒有年長的親戚、朋友,在日治時期曾有到過中國大陸的經驗,試以口訪的方式,紀錄下來。

二、爲什麼台人在日治時期要前往中國大陸求職、求學?

三、「漢奸」和「戰犯」有什麼不同?

參考書目

李雲漢（1971），《國民革命與台灣光復的歷史淵源》，台北：幼獅書店。

張瑞成編（1990），《台灣志士在祖國的復台努力》，台北：中國國民黨中央委員會黨史委員會。

中華民國台灣同胞聯誼會編（1998），《台灣同胞抗日五十年紀實》，北京：中國婦女出版社。

林德政，〈抗戰期間台籍人士在重慶的活動〉，收入《中國現代史專題研究報告》第二十二輯（2001），頁765-820，台北：中華民國史料研究中心。

許雪姬（2002），《日治時期在「滿洲」的台灣人》，台北：中研院台史所。

許雪姬（1994），《口述歷史第五期：日據時期台灣人赴大陸經驗專號之一》，台北：中研院近史所。

許雪姬（1995），《口述歷史第六期：日據時期台灣人赴大陸經驗專號之二》，台北：中研院近史所。

許雪姬（2001），〈日治時期赴華南發展的高雄人〉，《2000年高雄研究學報》，頁44，高雄：社區大學促進會。

許雪姬（2003），〈滿洲經驗與白色恐怖——「滿洲建大等案」的實與虛〉，收入財團法人戒嚴時期不當叛亂暨匪諜審判案件補償基金會《戒嚴時期政治案件專題研討會論文暨口述歷史記錄》一書，12月，頁1-40。

許雪姬（2002），〈台灣人の「滿洲」體驗〉刊登於《植民地文化研究》

第1期，頁172～175。

許雪姬（2004），〈日治時期台灣人的海外活動——在「滿州」的台灣
　　醫生〉，《台灣史研究》，第11卷第2期，頁1～73。

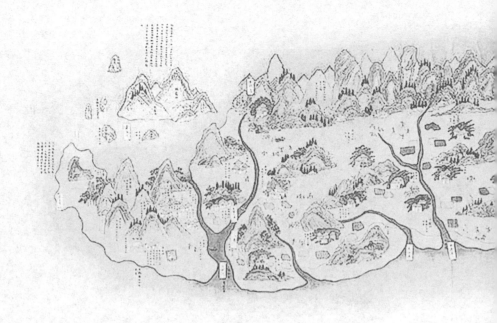

第九章 日治時期的板橋林家——家族與社會活動

許雪姬

中央研究院台灣史研究所研究員中央研究院近代史
研究所合聘研究員

作者簡介

許雪姬

　　澎湖人，一九五三年生，台灣大學歷史研究所博士。目前為
中央研究院台灣史研究所研究員兼所長；並在台灣大學、政治大
學歷史研究所開「台灣家族史研究」、「台灣史料與史學」、「台
灣史專題研究」等三門課，專著有《清代台灣的綠營》等五本，
論文七十餘篇，口述歷史十數種。

教學目標

　　本章以板橋林家作為討論，主要在於板橋林家的林維源可稱
為「台灣近代化的幕後功臣」。也正因為他在當時的舞台上扮演
著重要的角色，因此期盼藉著討論在台灣割讓給日本後，這個家
族內部如何因應這樣的變化，以及如何與當時的統治者間的互
動，提供一個觀察面向，讓學生藉此了解台灣割讓給日本後，在
島上的人們對此所做出的因應與抉擇。

摘　要

　　作為清末台灣的第一大家族，當台灣割讓給日本後，林本源家面對的是兩難的選擇，而後林家大半遷往廈門，但為了保護家產也陸續地回台加入日籍。日本政府為了讓林家的人入日本籍，或要林家的存款自香港、廈門送回台灣，或要林家設立糖廠，同時也介入林家的分家，為大房爭取應有的權利，而林熊徵等三兄弟也成為日本的「協力者」。

261

壹、前言

在台灣史上，台灣號稱有五大家族，即板橋林家、霧峰林家、鹿港辜家、基隆顏家、高雄陳家，然而要將這五個家族排名，則板橋林家是全台第一家族殆無疑異。所謂第一，是財產之多冠於全台；家族成員中的林維源任二品京官，是清代台灣人中最高的文官；尤其在台灣巡撫劉銘傳在台期間，林家與官方做最好的官紳合作，展開台灣近代化的工作，所以筆者曾為文稱林維源為「台灣近代化的幕後功臣」。台灣由於近四百年來分別接受不同的政權統治，所留下的資料大半是官方的，有時甚至是異民族留下的資料，闡釋歷史時也大半自統治階層的角度來看，缺乏由家族的、民間的站在台灣人的角度來看，因此所形成的台灣史大半是政治史，林家既為台灣第一家，故在家族史的研究中占極重要的地位。在家族史研究過程中可以看到自中國來台的移民如何在台灣定居，甚至致富的經過，而林家與其他大家族及與官方的關係，亦值得深入探討。

有關林家私人資料是七、八年前由台灣省文獻會（今稱國史館台灣文獻館）以一千萬元向收藏家購來的林家訓眉記（林爾嘉、林景仁）的資料：日本外交史料館藏有林熊祥借款給福建省政府的相關檔案，「林熊祥借款督促ニ關スル件」、「台灣銀行及林熊祥關係ノ對省政府借款關係」；另有「鈴木三郎文書」，記載林家各房分產的經過；在故宮博物院中《宮中檔》、《軍機處月摺包奏摺錄副》中也有不少資料，另外如日治時期台灣總督府機關報《台灣日日新報》有板橋林家的相關記錄。廈門歷史博物館也

有林爾嘉一族的相關資料。

　　過去筆者與黃富三教授、吳密察副教授、李文良助理教授都曾為文研究板橋林家，早期陳漢光、王國璠、王世慶、史威廉等先生也曾研究過。其中大半集中在清代，筆者和王世慶、吳密察則涉獵到日治時期。

貳、清廷割台與林本源家的回應

　　林本源是板橋林家的家號，正如霧峰林家稱林本堂。清代林家已是全台第一家，以「板橋林」或「台灣林」著稱於世，林家的代表林維源也可說是台灣第一人，他既是協辦大學士，又是全台撫墾大臣，幫辦劉銘傳許多近代化的工作，官紳關係良好，其財富也到年收租五十萬石之多。面對清廷割讓台灣給日本，林本源家族如何面對這個政治變局？

一、林維源選擇離台

　　依馬關條約第五款第一項的規定，凡在台的台灣人在一八九七年五月八日（台灣住民去就決定日）止未提出申請為清國人者，都成為日本籍。到底在這兩年內有多少人離開台灣回到清朝呢？其實只有四千四百五十六人，若以當時台灣人口是二百八十萬粗估，離台的比例相當低，這些比例少的人離台的原因不外是：

1.在中國大陸另有田產者。

2.有科舉功名者。

3.有較強的華夷之辨者。

　　大多數人之所以選擇留在台灣，主要是當時由閩粵來台的人，已土著化，且歷經數代，在中國已沒有田產、墳塋，台灣對他們而言就是鄉之國了。

　　林維源何以選擇離台和他是清廷命官與全力保護家族有關。先是一八九四年甲午戰爭之際，林維源被命為督辦全台團防大臣，他報效三營鄉勇並供給台灣巡撫唐景崧防費一百萬兩，後唐再向林借四十萬兩，林維源只能再捐八萬元。台灣正式割讓後，台民為了保台，呼群保義建立台灣民主國，林維源被推為議長，但他推而不就。以他的見識早知抗日保台之不可行，雖曾謠傳李鴻章曾在談判之餘要伊藤博文日本首相保護林家，林仍決定先回廈門以觀其變。促使他做出這個決定的原因有三：

1.他是家族的重心：兄維讓一八七八年亡；弟維德一八八四年亡；維讓次子，爾昌亡於一八八一年，次子爾康亡於一八九四年；家庭成員最年長的為其養子林爾嘉二十一歲，侄彭壽十三歲較長外，三個侄子都年幼，而爾康之婦正有孕在身；故不能不做打算。

2.日本已登陸，而台北城兵民交變，富戶已成為覬覦的對象。

3.服從清廷內渡的命令。

二、在台家產的權宜措施

　　林家在台有偌大家產，林維源既不便回台管理，也不能拱手

送給日本人；而日本政府也認定林家是台灣第一家，擁有私人最大的武力，手下更有許多佃農；其次，林維源是漳州人的領袖；第三，林家與清代權臣李鴻章、盛宣懷、陳寶琛都有密切關係，若能歸順日本，則可左右台灣人心之向背；第四，當時台灣的科舉中人有官職者大半回中國大陸去，林家值得爭取。日本人乃派人遊說林維源回台，林不為所動，遂沒收林家的租館及大嵙崁、宜蘭、桃園、大稻埕四個地方的土地及房舍。

　　林維源為了保護自家的產業，在一八九七年五月八日前派其弟維德（三房）之子彭壽、自己三子祖壽回台，加入日本籍以保護家產，這時彭壽年僅十六（虛歲），就已負起台灣林家產業管理人之責，在日人土地調查時，備妥相關文件，保住產業。

三、林家與乙未抗日

　　林維源內渡後，將家事、田產託給林克成，而散處在台北、宜蘭兩地的二十一處租館則分別由管事、壯勇、家丁照管。當日軍進入台北城八天後，有線民向日軍稟報，說林維源有兩萬私兵，由統領劉順治、營帶黃老虎、總巡簡成德指揮，分別駐守在擺接堡及大嵙崁等租館，企圖挾攻竹塹日軍之背。日軍得訊，就收繳林本源在板橋家中及各地租館的武器、彈藥，因而林家不能不停止抗日。除擬武裝抗日外，林家也透過得忌利士洋行的買辦薛棠谷資助各義軍首領，但因林維源已回大陸，要群龍無首的私兵繼續抗日是不可能的。其實受日軍之壓迫，林本源的私兵、壯勇、家丁還不得不加入日本警方，而與抗日義軍作戰。

四、林維源與日本政府的關係

一九〇一年四月十九日台灣民政長官後藤新平在廈門訪問林維源時,林維源當面向後藤致謝其照顧林家,後藤也藉機勸導林維源回台整頓家業,兩人雖相見甚歡,但林維源既未回台,也未入籍迄其死亡。不過為表示日本政府對林家的器重,表示只要林家願意回台入日籍,將不拘年限,隨時歡迎。一九〇五年清廷委林維源為福建商務大臣,並給二品侍郎銜,林也擬創福建銀行,引起日本政府注意,遂由在廈門的領事上野專一深入調查,當時還作成「清政府與林本源將在福建開創銀行調查」的文書。然而就在此時林維源過世,此事遂罷。在日本外交史料館留下的護照資料中,一九〇五年不少台人申請到廈門,其理由是「參加林維源葬禮」,日本政府均予以放行,一再對板橋林家釋出善意。

參、林家三房分家

林家在來台第二代林國華、林國芳時期已有林本源這個家號,且光大了這個家號,兄弟二人共有子嗣三房,即林維讓、林維源、林維德(非國芳親生子,收養自葉東谷)。

一、公業與共業

這三房所擁有的田產、房產、錢莊等產業,可大別為公業與共業兩部分。所謂公業,即林家的「祭祀公業」,田產大半在台

灣，由第三房的林彭壽、嵩壽所管轄，虧損田產不少，因而往後由二房的林柏壽、林履信來管理。

至於共業，則分別在台灣和鼓浪嶼，在鼓浪嶼的田產大半由林維源所掙得的，由於大房的林維讓及其二子爾康、爾昌都早逝，林維德亦不永年，因此林維源順理成章地成為林家的家長。

過去依台灣傳統習俗，父子的財產由諸子來平分，但林家的後代林衡道卻說台灣的有錢人，包括板橋林家用的往往以「嫡全庶半養子半半」為原則，林維讓的大房有三個孫子，長熊徵、次熊祥、三熊光，熊光年紀大於熊祥，原該為次，但因其為養子，故成為三子；林維源有九個太太，共生四子，長子懷訓早卒，乃養妻弟之子林爾嘉為子（算是螟蛉子），其次依序為祖壽、柏壽、松壽，來自不同的母親，三個人都是庶子。林家三房本就是螟蛉子，三個兒子分別是彭壽、鶴壽、嵩壽，這一房在分家上勢必會吃虧。

到了日治時期，雖然日本已統治台灣，但一直到一九二三年民法才適用於台灣。依日本，是採長子繼承制，換言之，依傳統三房分家時二房最強，應得的產業最多；但大房因有日本政府撐腰，兩房可算打平，但因產業太多及諸房間的競逐，竟要勞日本政府的介入。有關這方面的相關文件可參考鈴木三郎文書。

二、日本政府的介入

林家在林維源在世時尚能維持勤儉之家風，但過世後林家子弟開始走向奢華之路，林家若未能產生一個新的領導人，以經營閩、台兩處的家產，勢必走上分家之路。將財產分給各房自行運作，以避免因出現敗家子而將三房財產敗光。大房的林熊徵十八

歲，二房林爾嘉三十一歲，三房林彭壽都是得當的管理人，但林熊徵隨母回居福州，不熟悉台灣事務；林爾嘉在年齡上可為各房之長，但因是螟蛉子，且長年在廈門；彭壽雖在台，但染上了抽鴉片的惡習，既然產生不了新領導人，自以分家為宜。當時也有些律師為了賺取分家的酬勞，也不無鼓動林家分產之嫌。

接下來林家要如何分家？其實早在林維源時期（一八九九年），已將林家產業做過精密的調查，為了公平處置，分為六個字號，林家各記號之派下，何人分得何業，何人應得若干，早已作了安排，但各房對此處分並不同意，甚至要對簿公堂，同室操戈。為了徹底解決財產問題，於一九○一年設立祭祀公業林本源，擁有十萬石租，將板橋林家本宅、祖祠、園邸及二十一座租穀、建地等都歸祭祀公業，大房持分三分之一，二房持分二分之一，三房持分六分之一，最初由彭壽管理，等到一九二七年換林柏壽等管理時，租已減到只剩二、三萬石了。至於其它的公業，在閩的產業由林爾嘉管理，林本源製糖會社由林鶴壽主持，板橋方面的土地由林熊徵回台管理。

日本政府見林家家大業大，又有意維護大房（林熊徵兼祧兩房），乃由當時的台北廳長井村大吉出面，以快刀斬亂麻的方式，才解決這個問題。

三、一九一一年三房簽訂「和解條項承諾書」

井村大吉為處理此事，將各房當事者請到廳長辦公室，先諭各房應抱著互讓的精神，然後將預先分好各房應得的分家之相關文件拿出，強迫林家各房立刻簽字，不讓各房有躊躇的機會。此舉使困擾多年的林家分家事件，能在和平、公平的原則下解決，

雖然各房在某些財產上有互換的動作，但井村仍被稱做「林本源家之恩人」。茲將當時號稱三房頭六記號的產業分配記敘如下：

1. 大房永記：熊徵（過房兼祧國棟、爾昌兩房），六萬石。
2. 大房益記：熊祥三萬石，熊光一萬石。
3. 二房訓眉記：訓壽（即懷訓；早夭）、眉壽（爾嘉）六萬石。
4. 二房祖椿記：祖壽二萬石。
5. 二房松柏記：柏壽二萬石、松壽二萬石。
6. 三房彭壽嵩記：彭壽一萬石、鶴壽一萬石、嵩壽一萬石。

總計號稱家業五十萬石的林本源家族，分家時只剩不到三十萬石了（包括祭祀公業），大房得二十五分之十，二房得二十五分之十二，三房得二十五分之三。

肆、林家在台的政經、社會活動

林家在一八九五年以後，家族成員分居中國、台灣兩地，既是兩岸的重要家族，那麼這五十年內板橋林家在台灣的政經社會方面扮演什麼角色？

一、林家的政治活動

林家無可避免地成為日本治台的「協力者」，大房既受日本政府扶助，當然要付出代價，台灣總督府指定林熊徵為總督府評議員，他曾爭取男爵之位而未得，而後赴日居住，一直到戰後才回

到台灣。在府議評員方面由其弟熊光繼續被指定，熊光後也長期定居日本，府評議員遂轉給七七事變後由福州回台的林熊祥。林熊祥長期擔任福州台灣公會會長，一九四一年皇民奉公會成立時，又被指定為皇民奉公會中央本部參與。

在台灣人的民族運動中，板橋林家大異霧峰林家，成為服從日本的保守勢力，一九二一年台灣文化協會成立後，林熊徵卻和辜顯榮合力成立公益會作為對抗的團體；而同年內開始的台灣議會設置請願運動，林熊徵再和辜聯手召開全島有力者大會加以反對，迫使林獻堂等人也出面召開全島無力者大會以為反擊。

二、林本源製糖會社的開場與收場

由於林家有部分產業在福建，現款也運回廈門，日本政府採取斧底抽薪的辦法，勸林家將存在香港、福建銀行的錢取回台灣，鼓舞林家成立林本源製糖，同時提供製糖技術，在民政長官大島久滿次的勸導下實踐「台灣人的資本、內地人的智識」，亦即林本源出錢，日本政府技術支援。一九〇九年林本源製糖廠在彰化溪州設廠，但不到四年即經營不善，而三房林鶴壽和大房林熊徵間為爭取當社長而內鬨，一九一七年改為林本源製糖株式會社。受到林熊徵的挑戰，爾後林鶴壽事業虧損因爭取續任社長，乃將股份賣給鈴木商店而舉家遷至中國大陸；後鈴木商店迫於輿論，放棄收買林糖，林糖雖渡過這個難關，卻未能繼續經營下去。這其中還有技術人員的分派系，接著又有提供林糖原料的蔗農和林糖之間有了衝突，發生二林事件，林家經營的意願更低，一九二七年乃賣給了鹽水港製糖會社。林糖的失敗，可說是內台人合作不成功的又一例子。

三、株式會社華南銀行的設立

日本政府欲利用林家在華南及南洋的聲望，創設銀行，以作為日本侵略華南經濟的前鋒，一九二九年一月二十九日創立華南銀行。該銀行接受台銀的指導及援助，採行日、中合資，由台灣資本及在南洋的華僑資本、部分日資所組成，由林熊徵領銜前往南洋、華南去募股。一開始華南銀行的經營並不太順利，一度減資，後經台銀大力的協助才能渡過難關，以後忠實的執行日本政府所交付的任務，直至日本投降為止。

四、林本源的社會活動

林家對台灣社會的貢獻至少有以下三樣：首先是在板橋設立了林本源博愛醫院，醫治患者，其次是提供獎學金給有前途的青年，由其「家長」許丙協同物色。如台灣文化協會健將吳三連，他就讀東京商科大學時就得到此獎學金，這獎學金的特色是自取得之年級始，可資助到畢業。吳三連加入台灣民族運動，林家雖站在日本政府這一方，但也未取消吳的獎學金。第三成立如水社，在夜間開設演講等會，由民眾來選聽，這是由林履信、林熊光兩人所主持。

林家在台灣的成員在生活上也逐漸日本化，林家人後代大半進入日本學習院，並大半在日本完成大學教育，生活習慣漸趨日化，其代表人是林熊光。據說平生食衣住，完全日本式，在當時四百萬台人中，那是非常稀少的。林家亦有娶日本女子為妻的，林熊光之妻石原文子即日本人，林熊徵原娶盛宣懷第五女，但因

故離婚，再娶者爲日本女子高賀智惠子。不僅日化、娶日女爲妻，葬禮也採日本的神式葬儀，如林彭壽、林祖壽之母的喪禮，報紙認爲林家能改革過去的陋習，「眞可作全台之楷模」。

伍、在中國的林本源家

林本源家在一八九五至一九四五年這五十年間，在中國大陸也有相當重要的活動，如大房的林熊祥借鉅款給福建省政府；三房林鶴壽在廈門、上海的大額投資；二房林爾嘉在福建的活動及建「菽莊」。

一、林維源父子在中國的經濟活動

林維源在商場上具有敏銳的反應能力，如台灣成爲日本領土後，自上海、天津運抵台北的貨物被課關稅，林乃改在神戶設店，販貨來台以節稅；又利用子侄入日籍，在廈門開設錢莊，最大的爲建祥號，由林鶴壽主持。一九○○年義和團事件發生，興泉永道延年邀集林維源爲首的鄉紳，議辦廈門十八堡團練保甲事宜；一九○五年清廷以商部奏請，委爲福建商務大臣，並給二品侍郎銜，林維源以年邁力辭，但不獲准。而後他想創辦福建銀行，引起在台日本官員的密切注意，已如前述不贅。

林維源逝世後，其子林爾嘉被奉派爲廈門保商局總辦，兼商會的總理，共任六年。民國成立後，他曾獲福建省方代向中央呈請的三等嘉禾章，一度要被聘爲黎元洪總統的總統府顧問，因林爾嘉固辭而未果。

二、林鶴壽在廈門、上海的事業

林鶴壽是林維源最重視的子侄輩，他在和林熊徵爭林糖社長後，賣掉林糖股份回到中國；他以七十萬元在上海購置大量房產，並經營金長源錢莊、鶴木產業株式會社。但他在上海的經營也非順利，金長源、鶴木陸續發生問題，而其長、次子又被綁票，犯人是過去的傭人，於是他一口氣辭去家中三十八個傭人，而於一九三四年回到台灣，而後於一九三七年過世。

三、林松壽在大陸失蹤

林松壽在林維源過世時尚年幼，為擺脫長兄爾嘉的管束，乃慫恿生母遷回板橋，而後在民國初年抵達北京。由於時任交通總長的高洪恩與林維源有舊，遂任命其為交通署長，曾參與調節八校索薪案和臨城劫車事件；又因力諫曹錕不要接受十六國通牒而去職。九一八事變後，他在北京參加台灣同鄉會所舉行的反日集會，八一三淞滬之役，林熊祥勸其回台，松壽自說朋友多，且預測事件將在一、兩個月內結束，仍舊留在福州，不久與劉愛其、劉崇魁三人同時失蹤。

四、林熊祥貸款給福建省政府

一九二一年十月福州省政府在督軍李厚基與財務廳長費毓楷之主導下，與林熊祥簽約，借款二百萬円，月率一分二厘，預計在一九二六年八月一日還清，此項簽署得到中華民國財政部的認

可。除此次大宗借款外，自一九二一年十月至一九二二年九月，又向林熊祥貸款九次，共日元六十萬，台伏（福州當地錢，即七四一六銀）六三三九千元，而後因李厚基為周蔭人驅走，乃不還款。林熊祥不得不透過日本駐福州領事館向福建省交涉，才得到按月撥一萬元清償的承諾，但只進行三次又中止。中國國民黨北伐成功後，保證償還外債，給林熊祥帶來希望，乃由日本政府代為交涉，而這時已滾利不少，加上本銀，到一九二八年時中國政府共欠林日金五百五十四萬，福弗三十八萬，台伏一百一十九萬。不過中國政府認為福建當局並非毫無償還，且不能把利滾入本銀，國民政府雖承認了林熊祥的債權，但一直到一九三五年趁邀請福建省長陳儀到台灣來參加「始政四十年紀念博覽會」時談判，才獲得每年清償的額數，不料一九三七年七七事變發生，此一償還動作又被迫終止，換句話說中國政府到現在為止沒有清償這筆債務。

陸、結論

板橋林家在日治時期（一八九五至一九四五）先是為了保住家族幼小成員的安全，林維源不願接受台灣民主國國會議長之職，決定回到廈門（鼓浪嶼），但因財產問題，他很快地在二年期限內，派三房彭壽，自己的三子林祖壽入日籍以保護家產。林維源另一方面又因資助義軍，自家又有二萬私兵，日本政府斷定林抗日跡象明顯而沒收其二十一座租館，又將其私兵繳械，最後還強迫林本源的私兵協助參加與抗日義軍的作戰。無論如何，林本源家族在這五十年間，與日本、中國政府間都發生緊密的關係，

約略可以分為三個時期：

年代	代表人	與日本政府的關係
1895~1905	林維源	緩衝期
1906~1937	林熊徵	扶植林家時期
1938~1945	林熊祥	利用與猜忌期

　　與中國政府的關係應以林爾嘉最深，林松壽擔任過交通署長、林鶴壽在上海擁有大量的產業，但經營錢莊和鶴木則是失敗的，由於板橋林家在中國並不是第一大家，亦未得到來自中國政府的壓迫和扶助。

　　在日本殖民統治下的台灣，板橋林家為了保護產業，而大房因在分家上為日本政府所保護，因此不能不配合日本政府，如與辜顯榮組公益會、有力者大會，來抵制台人的民族運動，但林柏壽也曾出任《台灣新民報》的董事；林熊徵也出獎學金資助旅日台灣優秀學生，設博愛醫院等，對社會亦做出貢獻。

　　林本源家在日治時期有幾項重要的事業，即林本源製糖（後改成林本源製糖株式會社），此為日本政府要林家將存在香港、福建的錢取回台灣做經營糖廠的資本，再加上日本人的技術，而形成「日台合作」的模式，但因林家內鬨，技術人員間亦分派系，再加上二林事件發生，林糖乃賣給鹽水港製糖廠；華南銀行是日本政府想利用林家在華南、華僑間的影響力，為日本對華南、南洋經濟侵略的重要銀行，其間經營出現必須減資的危機，但得台銀的支助渡過難關，亦忠實地為日本政府執行任務；此外還有林熊光與日人合辦的大成海上保險會社，最終亦為日本之義子逞輔吞蝕了這家會社。林家如果還有事業那就是建祥號錢莊，此外林家六記號也各自成立會社，並投資其他的事業，因此他們被稱為

台灣五大家族之首。

　　然而即使林家大致上配合日本政府，因而保持良好而密切的關係，但進入中日戰爭時期，日本政府對林家成員亦保持警戒的態度，在在顯示出日本政府對林家仍保持其對台人的一貫政策，即鞭與飴的政策。

問題討論

一、台灣所謂五大家族，其中哪一個家族在清代、日治時期號稱台灣第一大家族？

二、板橋林家在日本統治時期何以未和台灣民族運動發生較密切的關係？

三、林本源製糖會社爲何難以經營，最後賣給鹽水港製糖會社？

四、你家附近有製糖廠嗎？它們還在製糖？還是轉而經營其他行業。

參考書目

許雪姬（2000），《板橋林家林平侯父子傳》，臺中：臺灣省文獻會。

許雪姬（1981），〈板橋林本源及其邸園研究〉，臺北：臺大土木所都計室。

許雪姬（1992），〈日據時期的板橋林家——一個家族與政治的關係〉，《近世家族與政治比較歷史論文集》，臺北：中央研究院近代史研究所。

許雪姬（1994），〈台灣總督府的「協力者」林熊徵——日據時期板橋林家研究之二〉，《中央研究院近代史研究所集刊》（下），第23期，頁55。

許雪姬（1998），〈林熊祥先生事蹟考——日治時期板橋林家研究之三〉，收入《史學：傳承與變遷學術研討會論文集》，頁32，臺北：台大歷史研究所。

許雪姬（1991），〈「林本源」研究的回顧與展望〉，《近代中國史研究通訊》第11期，頁6。

第十章 台灣漢人社會民間信仰的性別文化初探——以「早夭女性」之亡魂安頓為例

黃萍瑛

中央大學客家研究中心研究助理

作者簡介

黃萍瑛

　　國立中央大學歷史研究所碩士。著有：〈臺灣民間信仰「孤娘」的奉祀——一個臺灣社會史的考察〉（2000年），並以〈臺灣的「孤娘」信仰與地方社會——以「張玉姑顯靈」事件為例〉一文發表於《民俗曲藝》（2002），第137期，頁：203-236。

教學目標

　　幫助學生了解台灣漢人社會的民間信仰及習俗，如冥婚及鬼魂信仰等議題的社會意義與性別文化。

摘　要

　　台灣漢人社會，女兒是被排除在生家的宗祧之外，換句話說女子必須要出嫁，死後才能享有被祭祀權，否則會成為無嗣的孤魂野鬼。

　　本演講主要內容即在討論不幸早夭或未婚即亡女子其亡魂安頓之相關議題，所欲探討的是在父系宗祧秩序下，早夭未婚女子「生而無依，死而無所」的一種「失序」，試圖藉此失序狀態的處

理，說明在父系社會「女有所歸」理想化的人生藍圖下，這些未婚無嗣女鬼的「性」失序似乎未嘗不是問題的一個癥結所在。文中主要就冥婚中的「鬼新娘」，及被人立祠建廟崇祀的孤娘所分別呈現出截然不同（淫／貞）的性別特質，試圖對台灣漢人社會女鬼信仰的性別文化做初探性的探討。

第十章　台灣漢人社會民間信仰的性別文化初探──以「早夭女性」之亡魂安頓為例

壹、前言

　　中國傳統漢人社會在家族世系很重傳承，正如學者李豐楙所說，「基本上與祖先崇拜相互配合的宗祧制，是以男性繼承所設計的宗教祭祀權、宗教主導權及財產分配權；而女性則勢需『歸』於他姓，始能擁有相關的權力，特別是死後享祀的被祭祀權。」（註1）因此，在通常的情況下女子是必須出嫁的，唯有如此死後才能合法、名正言順的享有香火祭祀，而不致淪為孤魂野鬼；同時，也象徵著父系社會秩序的維持。台灣漢人社會，女兒同樣被排除在生家的宗祧之外，喚女兒為「外頭家神」（意指別人的家神或別人的神鬼）便是最清楚的寫照；台諺「尪架桌（神明桌）上不置姑婆」或「厝內不奉祀姑婆」即警示現世女性尋覓一個「歸宿」的重要性，因為這攸關著身後亡魂的安頓與否。

　　本文所欲探討的正是在此宗祧秩序下，早夭未婚女子「生而無依，死而無所」的一種「失序」，這種「失序」（未獲得妥當安頓的亡魂），通常也被認為與人間各種不幸、疾病及苦難有關。在此，試圖藉此失序狀態的處理，說明在父系社會「女有所歸」理想化的人生藍圖下，這些未婚無嗣女鬼的「性」失序似乎未嘗不是問題的一個癥結所在。在台灣漢人社會，人們慣以「孤娘」（ko-niu）或「孤娘仔」（ko-niu-a）來稱呼這類早夭亡魂（以下簡稱「孤娘」）。（註2）就筆者實際的田野調查所見，安頓孤娘亡魂的方式是很多樣的，除一般所熟悉的冥婚（女鬼「討嫁」）或將神主送往佛寺、菜堂供奉外；（註3）一些荒野孤魂女鬼有的因不時作祟（或顯現神異事蹟）而被人立祠膜拜，或被收納副祀於廟

宇，或依附於土地享有香火（註4）。總的來說，冥婚是使孤娘「有所歸」得以進入另一世系成為祖先；被人蓋廟崇祀的孤娘（多為荒野女鬼）則有機會逐漸轉化為女神。然而，雖同屬未婚無嗣女鬼，在冥婚及建廟兩種解決方式中，孤娘（鬼新娘／女神）卻分別呈現出淫／貞截然不同的性別特質。本文即試圖藉此觸角深入一探究竟，首先陳述台灣漢人社會裡「女鬼討嫁」的冥婚習俗；其次說明冥婚風俗裡超脫禮教的「鬼新娘」及隱含性關係的相關儀式；再者討論女神的聖潔；最後小結上述分析討論，期以對台灣漢人社會早夭女子亡魂安頓的議題，及女鬼信仰的性別文化有初步的討論。

貳、冥婚——「女鬼討嫁」

　　冥婚是中國非常古老的一種社會風俗。《周禮地官》媒氏即載：「禁遷葬者，與嫁殤者」。所謂「遷葬」與「嫁殤」，按鄭玄注云：「遷葬者，謂生時非夫婦，死，既葬，遷之，使相從也」。又，「殤，十九以下，未嫁而死者，生不以禮相接，死而合之。是亦亂人倫也。」（註5）孔穎達疏云：「遷葬謂成人鰥寡，生時非夫婦，死乃嫁之。嫁殤者，生年十九以下而死，死乃嫁之。不言殤娶者，舉女殤，男可知也。」簡單的說，「遷葬」與「嫁殤」都是冥婚的形式。在地域的差異上，中國北方的冥婚大多是死人合葬的形式，載述宋人康與之《昨夢錄》婚嫁夭殤情形如下：

　　　　北俗，男女年當嫁娶，未婚而死者，兩家命媒互求之，謂之「鬼媒人」，通家狀細帖，為以父母命禱而卜之，得卜即製冥

衣，男冠帶，女裙帔等畢備，媒者就男墓備酒果祭以合婚，設二座相並，各立小幡長尺餘者于座後，其未奠也，二幡凝然直垂不動，奠畢，祝請男女相就，若合巹焉。其相喜者，則二幡微動，以致相合；若一不喜者，幡不為動且合也，又有慮男女年幼，或未聞教訓，男即取先生已故者，書其姓名生時以荐之，使受教。女即作冥器充保女使婢云屬，既已成婚，則或夢新婦謁翁姑，婿謁外舅也。不如是，則男女或作祟，見穢惡之跡，謂之「男祥女祥」鬼，兩家亦薄以幣帛酬鬼媒，鬼媒每歲察鄉里男女之死者而議，資以養生焉。（註6）

明代陸容《菽園雜記》也提到：「山西石州風俗，凡男子未娶而死，其母俟鄉人有女死，必求以配之，議婚定禮納幣，率如生者，葬日，亦復宴會親戚。女死，父母欲為贅婿，禮亦如之。」（註7）《威縣志》則載：「舊俗，未婚男女死，經媒妁作合，兩家允許后，合葬一處，與生前結婚同，古謂之『冥婚』近俗謂之『濕骨併乾骨』。（註8）另有「冥配」、「陰婚」、「陰親」或「娶骨女」等稱謂。不同於北方死人合葬的冥婚風俗，南方的冥婚則有活人娶鬼（死人）的形式，例如福州地區「女子未訂婚就死了，在未埋葬前，父母要為她請『媒人』找一位『冥婚夫』，找到以後才能收殮。」（註9）在浙江安吉、孝豐二縣邊境的林邊、洋溝，和連坑、路城等幾個村鎮，年屆十六歲以下的女孩不幸夭逝時，同樣也要替她找到冥婚夫之後才能入殮。（註10）另外，廣東東莞縣已訂婚未成親的女子死亡時，未婚夫另娶新婦前必須先迎其神主回家，俗稱「娶鬼」。（註11）

本文所欲討論的範圍將限於為早夭亡女所行的冥婚，雖與大陸南方同為「娶鬼」的形式，但二者實質內涵略有差異，有別於

未婚死亡女子須找到冥婚夫才能入殮安葬所行的冥婚，台灣漢人社會的冥婚大多是在早夭女兒亡故多年後才舉行，促成早夭亡女往生多年後才締結的一段姻緣，多半是家中經常不平安、運途乖舛，或久病不癒，經由託夢或神諭得知是女鬼纏身，或是家中早年夭逝的女兒或姐妹欲嫁人。由於一個人死後能否成為祖先，並不是因為他的死亡，而是有一個合法的繼嗣者。（註12）「冥婚」與「過房」之原始意義即是在使不幸早夭無嗣的女鬼與男鬼獲得承嗣。（註13）所以，台灣「民間未聞男鬼討著娶妻之事，為的是鬼世界的婚姻關係已不具傳宗接代的意義」，（註14）宋和也指出：「冥婚的習俗各地有所不同，然皆大同小異，到了臺灣卻只聽說女鬼要求嫁人，而未曾聽過男鬼娶妻的事例。」（註15）台灣漢人社會這種由女鬼主動要求嫁人的習俗在中國是較少見的。此一女鬼「討嫁」風俗又稱為「娶神主牌」、「嫁香煙」（註16）、「娶柴頭」、「娶孤女」（註17）或「賣骨的婚姻」。（註18）

冥婚儀式和一般婚禮差不多，大致如阮昌銳〈臺灣的冥婚與過房之原始意義及其社會功能〉一文所述：

> 迎娶之日，男方與媒人攜帶禮物到達女家，先向女方祖先禮拜，後在該女神主牌案前，燒香禮拜，告訴她婚娶之大事，當時神主牌以紅巾蓋著，拜完之後，由女方家長將神主牌交給新郎，新郎雙手抱住神主牌向其父母拜別，後將神主牌放在米斗內，坐新娘轎一同往男家，在路上新郎手持香，在過橋時要喊三聲新娘的名字，並告訴她現在要過橋，走路要小心，到家附近亦要喊其名，告訴她家已到了，迎回神主牌後放在中廳。若新郎已有妻室，接受其活妻的禮拜，活妻踏在椅子上拜，口唸「腳踏椅，小妹拜大姐」，因此鬼妻成為正

房，活妻成為偏房。當晚，神主牌迎入新房，三日後安置在
中廳，成為男家的祖妣，若活妻有子則其次子或長子過繼給
鬼妻，永享男家之奉祀。（註19）

與一般婚禮不同處：例如早期黑轎迎神主牌，活新娘則坐紅轎；
娶親時辰上多在凌晨三、四點，清晨天剛亮或黃昏六、七時，少
有像一般婚禮在白天舉行。（註20）David Jordan進一步指出冥婚
儀式各種相異處都暗示著新娘是死的，且蘊涵「侵略性」（aggres-
sive）和「潛在危險」（potentially dangerous），例如紙糊的鬼新娘
身著三層衣服，只有死人才有穿幾層的規定（一般壽終正寢者以
五套為主，而非壽終正寢者多以穿三套為主），所以與其說她是一
個新娘，不如說是一具屍體；其次，就焚香數目，拜神一般用三
或五枝清香，拜祖先則是七、九、或十一枝香，拜鬼新娘用七枝
香，示意著她是死去的家人；再者，新郎戴黑手套（通常婚禮是
白色），黑色在中國意含黑暗、邪惡、秘密、髒、不潔，隱喻新郎
即將進行的婚禮是不名譽的（black business）；另外，鬼新娘
（紙糊的造型）是露齒而笑，似乎隱約透露著一種成功勝利的冷
笑，因為台灣或中國風俗裡的新娘通常是不笑的，所呈露的姿態
往往是害羞、不好意思、頭低低的。（註21）甚至，中國的新娘
在出嫁前夕或前幾天須「悲怨」地哭唱也是婚禮必要的儀式過程
之一，這類「哭嫁歌」歌謠，普遍盛行於中國南方，各地稱呼有
異，例如「嫁囡歌」、「哭嫁囡」、「哭婚調」、「怨嫁歌」，或
「哭婚歌」等。（註22）在台灣則有所謂「哭好命」，即「新娘上
轎時唏哭幾聲，謂『哭好命』，以示好命」。（註23）

台諺「要嫁擔蔥賣菜，不嫁雙人一婿」，說明女性寧願嫁小
販，也不願嫁做妾身。（註24）台灣的冥婚卻為一生一死的兩位

女性共侍一夫，鬼妻與活妻可能原本是姐妹（南部較多），或毫無血緣關係的陌生人，無論陽世的關係如何，在冥婚習俗裡的倫理關係是，鬼妻為正妻（正室），活妻為後妻（或降為後妻），活妻拜鬼妻為大姐，二人宛如姐妹，（註25）活妻甚至替代鬼妻在生家的女兒角色進而產生一種擬親屬關係。冥婚的婚姻關係，可說是祭祀的義務與責任。因此，就鬼新娘來說，實質的婚姻關係對她沒有意義，所以她不在乎對象的條件，更不在乎與人共侍一夫。在台灣南部鬼妻多為妻子夭折的姐妹，蔡佩如表示，未婚夭折的女魂「討嫁」多半會作祟在已出嫁的姐妹身上，而非兄弟或母親，這是因為出嫁的姐妹屬於另一世系（註26）。其他資料也發現鬼新娘擇偶的對象多為已婚男人，因有妻室的男人通常會有小孩，小孩可過繼給她，使她有合法的承嗣。換言之，活妻的小孩是鬼妻受祭祀的來源及穩定性的保證。顯然，在冥婚當中，鬼妻與活妻兩者之間的關係似乎遠比冥婚夫來得密切。

　　至於冥婚是否會影響正常的婚姻。就一般人懼鬼的文化心理因素來看，多少是有可能的。陳祥水在〈「公媽牌」的祭祀──承繼財富與祖先地位之確定〉一文，便提到有活妻經常在夜間看到鬼妻回來共枕，因害怕而要求離婚的例子。（註27）就此而言，冥婚（或女鬼）對父系社會所謂的正統婚姻體制與社會秩序其實也隱含某種程度的挑戰與威脅，這是值得我們注意的。因為諸多現象顯示，冥婚雖然不具實質的婚姻關係，但這種「兩人三角」（兩個活人與一位女鬼）的婚姻，似乎也是不怎麼光彩的事。周立芳提到福州舊俗便說：「有錢人家的女兒一般都不願嫁『冥婚夫』，因為名聲不好聽，連親生的小孩都不能叫自己做『媽媽』。」（註28）浙江地區也同樣，陸漢斌闡釋說：

未婚女子嫁給做過冥婚夫的人，稱為「做填房」，事實上，一般閨女都怕做填房；雖然做填房的有二對親生父母疼愛，但有一個彆扭，民間稱做填房的是「某某接面的女兒」。於是她在「接面的父母」面前，聽他們喊乃已死的女兒的名字；但在自己親生父母面前，仍沿用本名。因此，她不但有兩個芳名，簡直成為一個「化身姑娘」了。所以這椿「三角」關係的婚姻，是不易撮合的。（註29）

台灣的未婚女性不願嫁作填房或是訂過婚男人（這種男人即是習俗所謂「身家不清不白」的人），或許是涉及名份的考量。依鈴木清一郎《臺灣舊慣習俗信仰》一書所陳，夫妻的名份在訂婚後便已確立，「所以即使女方不幸死亡，男方也必須把她視為結髮之妻。凡是以後男方迎娶的妻子，只能稱為二、三房等續弦（填房），她們百年之後到了陰間，也仍然要維持陽間填房的名份。……無法在陰間跟丈夫結成正式夫妻。」（註30）看來陰間譜系秩序的維持是同樣重要的。然而，冥婚令人感到擔憂或不安的是若干年後，活妻有反被視為偏房祖先或被淡忘的可能，陳祥水在〈「公媽牌」的祭祀——承繼財富與祖先地位之確定〉一文，即認為：

冥婚所產生的祖先應屬於異姓公媽，實際上卻也可能被認為是直系祖先，因為除了當事人及上下兩代的人可能知曉此事外，再隔幾代的子孫可能不知道自己的祖先中有行過冥婚的例子，因為這是一件不體面的事，不太可能流傳下來，而且在系譜上沒有登記，在公媽牌上也不容易辨認，反而有把冥婚視為正妻，而將由正式婚嫁手續過程而來的祖先視為偏房。（註31）

既然如此，相信對某些女子或家長在選擇親事時，勢必也會將之納入考量的因素，這或許亦是冥婚令人嫌惡之處。

冥婚是一種社會習俗，反映到現實社會則是一種強化父系社會男娶女嫁的體制，及以男性爲中心的文化思想上。對女性來說，「尪架桌（神明桌）上不置姑婆」或「曆內不奉祀姑婆」的習俗似乎警示現世的女性尋覓一個歸屬是很重要的，（註32）否則有淪爲孤魂野鬼的危機；早夭的孤娘即是違反或未能達成父系社會所要求的角色——爲人妻、爲人母，而成爲孤魂野鬼，她們只能以作祟的方式，重新納回正常的社會秩序，（註33）爲脫離鬼的困境最終仍需依附男性才能獲得救贖。但對於女鬼找上門「討嫁」的男性，大多是因恐遭女鬼作祟，不得不勉爲其難的接受鬼婚。一般人害怕娶女鬼，可由習俗農曆七月（俗稱鬼月）忌舉行婚禮（怕娶到鬼妻）或長輩諄諄告誡「路邊的東西不能亂撿」一語，可窺知人們娶神主牌的意願不高。「路邊的東西不能亂撿」是因爲孤娘的家人在尋覓冥婚夫時，除託請媒人到窮人家去找外，通常是直接將孤娘的東西（諸如生辰八字、錢或冥紙等）丟置在路旁，然後躲在一旁等候，一旦有男子撿拾，便立刻出來稱呼他爲「姐夫」、「姨丈」或「姑丈」，這個男人即被認爲是孤娘挑選的對象。一如《臺灣風土志》所載：「在台南，凡女子成年未訂婚約而死亡的，父母以其無後嗣供奉，乃用紅紙條書明其生死年月日時，附現款四元、六元、十二元，或二十四元不等，包封妥當，遺置道旁，有人拾得的，即須迎娶其神主牌以承祀之，否則必有不祥之兆。」（註34）此外，少有冥婚儀式會在白天舉行，在信仰上或許是爲配合鬼新娘「陰」的屬性，但這不算是一個令人滿意的答案，我們不妨將Jordan及陳祥水論及人們對冥婚的看法納入思考，冥婚既然是件不怎麼光彩或體面的事，（註35）

那麼在夜間或半夜進行冥婚儀式以避免眾人皆知的窘境是可以理解的。

　　既然娶神主牌並不怎麼受歡迎，令人費解的是此俗在台灣漢人民間社會卻是相當普遍。一個社會習俗不為社會所歡迎卻又普遍存在甚至歷時不衰，這種社會現象說明了什麼？俗諺「人倫有五，夫婦為先，大禮三千，婚姻最重」，正說明社會五種人際關係以夫婦關係為首要，各種儀式亦以婚禮為最重要，（註36）足見婚姻是社會人際關係的重要基礎。父系社會姻親關係的建立，是必須透過女性的婚姻才能擴大建立關係，就這一層面來說，女性對家庭有其重要的功能及責任。（註37）簡單的說，女人是否結婚生子，是延續父系社會的關鍵。

　　在過去的傳統社會裡，結婚似乎是女人唯一的前途與出路。然而，傳統社會裡媳婦的處境卻是備嘗艱辛與難為的，總是盼望能有「媳婦熬成婆」的一天。論輩份可謂「夫妻同床，輩份卻不同」，已婚的女性在輩份上是與她的孩子相同的，是要跟隨孩子稱呼的，即「綴囝叫」。（註38）另外就喪禮儀式而言，當已婚的女子死亡時，兒子或夫家的人必須先去其娘家報喪，俗謂「報外祖」或「報白」。「外祖」聞喪後，便要立刻拄杖來弔祭其姐妹，娘家對於已出嫁女兒的死亡有極大的發言權，待垂詢或查明死因妥當之後才能蓋棺，（註39）即俗話說「死查夫（男人）扛去埋，死查某（女人）等候外家來」。（註40）「報外祖」或「報白」儀式暗諭背後的社會現象想必是過去在傳統社會媳婦被虐待的情形很普遍，所以婦女死亡時必須由娘家驗屍才行，爾後才逐漸形成慣例與習俗。此由時有所聞「別人家的飯斗難捧」、「要做人家的三年艱苦查某子，不做人家的一年快活（輕鬆）媳婦」等諺語，便可使我們明瞭傳統社會裡媳婦艱苦、難為的處境，不難體會為人

媳婦的辛酸。Margery Wolf在*Women and the Family in Rural Taiwan*一書即詳細刻劃出台灣鄉下傳統社會裡的女性，由父親的女兒嫁入一個與自己成長完全陌生的環境成為別人家的媳婦，這樣人生角色的轉變，對她來說是一件多麼不容易的事。（註41）在角色的轉換上，已婚的女人在娘家是嫁出去的女兒，就像潑出去的水；在婆家則是外來的媳婦，正如俗諺所云：「查某人，三世無厝」，（註42）在在說明了女性在父權社會家庭的邊緣性。雖然傳統社會裡的女性其自主性不高，但面對婚姻所帶來的沉重負荷，是否會令女性對婚姻感到怯步，甚至抗拒婚姻的可能性呢？女性拒婚無疑同樣威脅其父系社會的承續。

就冥婚的社會功能來說，其締結的姻親關係一如正常的婚姻，藉由擬親屬關係同樣可以擴大孤娘生家的社會關係網絡，以三峽地區為例，依Arthur Wolf的調查，在三峽冥婚的新郎大多是陌生人，如此可以建立新的姻親關係。（註43）換句話說，孤娘的生家不會因女兒的夭亡而失去對外擴大社會關係的機會。此外，若鬼妻是獨生女，透過活妻所生的小孩過繼給鬼妻，則可以承繼鬼妻家之香火，（註44）使本家不致於「倒房」斷了香火。可以說如此一來，不因女子的夭逝而無法完成父系社會所要求的責任與義務，這對於父系制的維持不無是另一種補救的辦法；再者，就經濟面而言，冥婚可說近似於一種祭祀責任與義務的買賣交易。由於冥婚並不受歡迎，因此鬼媒人或家人在代為物色對象時，多半會到窮人家去找（也有報導受訪者甚至直接了當的表示，在過去只有窮人才會娶「神主」），（註45）以豐盛的嫁妝及不少的祭祀費作為娶鬼妻的代價。貧窮男子再藉由這筆陪嫁金另娶一門活妻，以免淪為羅漢腳，如下例：

鍾厝鍾來有一個姐姐於出生數月後即告夭折，經過二十年
後，家中運途不好，有人生病，窮困潦倒。請太子元帥來家
指點，問明是其亡姐在作祟，要回來討祿位。……後來聽到
張金火因為貧窮而娶不到太太，鍾家就抓住這個機會把亡魂
的神主牌嫁給張金火，同時貼補一些錢讓他娶個活太太。…
…每逢過年過節，全家人都向她燒香祭拜。（註46）

中國大陸亦有相同的情形，在福州「女子未訂婚就死了，在未埋
葬前，父母要為她請『媒人』找一位『冥婚夫』，找到以後才能收
殮。……願意當『冥婚夫』的人，一般都是貧窮子弟，可以從女
家得到一筆可觀的『陪嫁』費，作為結婚之用。」（註47）另如浙
江地區的風俗：

在浙江安吉、孝豐二縣邊境的林邊、洋溝，和連坑、路城等
幾個村鎮的居民，年屆十六歲以下的姑娘不幸夭逝時，她父
母要替她央媒人找一位「冥婚夫」，找到冥婚夫之後，才能收
殮。……大都是貧窮子弟，因兄弟多，恐日後沒錢結婚，才
願意做人家的冥婚夫。……做冥婚夫的代價，就是去送一位
「死妻」換得一位「活妻」，嗣後他結婚時所有開支，都是由
他冥妻父母負擔。（註48）

林耀華在《義序的宗族研究》一書甚至提及須「賠」這名平凡貧
窮子弟依約定的銀錢，或另外給他聘個續弦的女兒。（註49）換
言之，冥婚背後蘊藏的現實經濟利益及功能，提供原本無力結婚
的男人得以有成家立業的機會，對於父系社會家庭的延續同樣不
失為助力。然而，這種助力充其量只能說是下策之選，它代表著
一種無奈、毫無能力或選擇的困境，為女鬼的嫁金而娶，非主動

的選擇，一如「吃軟飯」（靠女人維生）總是令人嫌惡或不恥的文化概念，這或許可以反過來解釋爲何冥婚被嫌惡，或人們對「娶柴頭仔」一事心存芥蒂的原因。

　　總之，這種不爲一般人所樂意接受卻又相當普遍的「娶神主牌」習俗，在宗教的意義上不僅處理了因早夭女魂所造成的個人甚至家庭的災難與不幸，同時也解決了未婚即去世女兒的「失序」問題。然而就冥婚存在的社會機制而言，似乎在某種程度上，也表現了男性或父系社會對女性不婚或拒婚的恐懼，期以使女性永遠受制於婚姻。或許可以這麼說，當「厝內不奉祀姑婆」的風俗慣例成爲一種社會意識，婚姻成了女性的唯一「歸屬」或前途時（否則有淪爲孤魂野鬼的危機），著實也就成了一種文化制約，是壓抑女性的一種文化表現；同樣地，對於不得不娶女鬼的男性來說，未嘗不也是另一種桎梏。或許唯有如此，父系社會才能得以維持運作不衰。當然，我們也注意到習俗本身雖不失其維繫父系社會的延續與鞏固的助力；然其對父系社會所謂的正統婚姻體制與社會秩序，卻也隱含著某種程度的挑戰與威脅。

參、超脫傳統禮教的「鬼新娘」

　　在台灣漢人信仰的觀念裡，早夭亡女在陰間會隨著時間的流轉而逐漸長大，舉行冥婚儀式的時間多是在其至婚配冥齡，因而「女鬼討嫁」的冥婚，經常被曖昧地繪聲繪影成「女鬼思春」或「女鬼不甘寂寞」的奇聞軼事在民間流傳。更甚者，「地方習俗相信鬼新娘與新郎會有性行爲發生，因此新郎第二天總是筋疲力竭。……『鬼新娘是陰的』很厲害，他們的交媾一晚不只一次，

而是好幾次，所以新郎隔天才會疲倦異常。」（註50）或是鬼新娘會借用活妻的軀體與丈夫發生性關係，曾有男性在電視節目中表示冥婚後與活妻敦倫，有時會感覺妻子的表現與反應似乎較以往更為強烈，面帶青色飢渴如豺狼像是被女鬼附身。（註51）另一「社會秘密檔案」節目製作的「台灣鬼新娘」，則是有活妻被問及先生冥婚是否對她們的婚姻生活有任何影響時，她說，先生娶鬼新娘之後，與先生魚水之歡經常渾然沒有感覺或印象，夫妻倆因而感到有些困擾。（註52）類似的趣談在筆者的田調中亦時有所聞。

鬼新娘的性能力及需求反覆地被強調與誇示，可說一反世間飲食男女性事需由男人主控的刻板印象（因為女性的性是被強調在生育，而非性歡愉）。人鬼之間是否真有性行為我們無法得知，但很顯然的，無論是相關的傳說或是民間習俗的觀念，台灣鬼新娘的表現是背離了傳統儒家禮教（或傳統的女性社會道德標準）。一如人鬼戀媾在中國神話或文學著作裡呈現的關係模式——男人與女鬼的浪漫綺情，對女鬼的形象或行為刻劃總是突顯其超脫人世間禮法束縛的一面。誠如沈宗憲《宋代民間的幽冥世界觀》書中所云：「傳說中之女鬼，顯然不符合諸正史『列女傳』標準。」（註53）然而，台灣鬼新娘對性的需索及能力的強調是有其時間性及對象限制的。所謂時間性範圍，是指女鬼由鬼新娘到與夫家的香爐完成「合爐」儀式成為祖先的這個過渡階段，原因是「合爐」成為祖先之後就算是成神（家神）了，所以不會再來與新郎睡覺；（註54）性行為對象也只限於鬼新娘所嫁的丈夫。

至於為何會存在或產生這個過渡地帶，它說明了什麼樣的性別文化現象及意義為何。對男性來說，它滿足男性的色慾，解決了男性對女性色、德的自我矛盾。（註55）援引洪鸞梅在〈人鬼

婚戀故事的文化思考〉一文所述：

> 痴情的好色女鬼主動來就男子，體現了從男性性愛心理出發
> 的男性中心主義。在封建禮教束縛下，男子對情欲充滿熱
> 望，無法排遣性的苦悶，只能期望那?色的女子主動相就後倏
> 忽而去，男子不用背負任何道德責任，縱欲的後果一併推給
> 「縱情冶蕩」的鬼婦身上。（註56）

娼妓也是最好的說明，她「因男人的色欲而生，且因附和男人的
色欲而受懲罰，妓女經由她的身體表達性在危險與歡樂間永恆的
擺盪，而她的營生則是男性欲望與對女性的輕蔑兩相交鋒的戰
場。」（註57）在此女性易為「主位」與淫蕩實是為滿足男性的性
幻想，而非女性真的擁有掌控權；而「鬼新娘是陰的很厲害，他
們的交媾一晚不只一次，而是好幾次，所以新郎隔天才會疲倦異
常。」一如臨水夫人神話傳說裡專門蠱惑男人的蛇精，具備女性
激進的特質尋求性解放，不但破壞社會禮儀教化，更顛覆傳統視
女性的「性」目的僅為生殖的價值觀念，同時性需索無度將使男
人的精氣消耗殆盡，這樣無疑會直接威脅父系社會的延續。（註
58）因此，為維持以男性為中心的社會體制，蛇精必須被剷除，
鬼新娘也在「合爐」儀式之後便不再有人欲，一切才能回復到原
有的父系社會秩序。

　　中國傳統漢人父系社會裡，不孕或未產子是可以構成「出妻」
的條件。即使目前在台灣，不孕或未產子的婦女所受到的家庭與
社會方面的心理壓力依舊很大。然而不管是未婚、不婚的「姑娘」
或是「孤娘」，她／祂們都是失序於父系社會的框架之外，對父系
社會來說都是一種威脅，唯有歷經結婚、生子為人妻母的人生階
段才算是完整的女人。因此未婚的「老處女」代表的是古怪、孤

癖、不正常、嘲諷的，經常受到鄙視、排擠與責難，死後將有淪為孤魂野鬼的危機；但無論如何，未婚而卒的女鬼的確完全脫離了女性的「必然命運」——成為妻／母的角色。然而，這種失序事實上是不被允許永久存在的。一如犯了通姦罪的女人，幾乎在中外所有傳統父權社會裡是不被寬赦的，其罪大惡極般地（對以男性為中心的社會來說）經常被處以極刑。與人通姦的女人之罪足以該死，理由是「一旦她犯了通姦罪，她就不再能履行她命定的妻／母角色；一旦失掉妻／母功能……要是她活下來，她不就成為女人能在父權社會框架外獨立生活的明證了嗎？這是萬萬不可的。再者，妻／母角色是關鍵——未擔負妻／母角色的女人不但危害社會安寧，更危害她自己；何止危害，她根本是個廢物。」（註59）因此，孤娘作祟的目的是「討嫁」，仍是「嫁」人的方式，而不是以「招贅」來重新納回社會秩序，也唯有依附於一位男性才能獲得救贖並得以跳脫孤魂野鬼的困境。

當我們進一步比較台灣漢人社會處理同樣不幸未婚夭亡的男鬼時，可以發現「冥婚」或「過房」之原始目的與意義雖都是為使女鬼與男鬼獲得承嗣，不同的是在解決男鬼的方式裡，人們並不強調其性能力或儀式性的性關係締結。董芳苑謂：「臺灣民間未聞男鬼討著娶妻之事，為的是鬼世界的婚姻已不具傳宗接代的意義」（註60）既然如此，令人好奇的是，為何唯獨強調鬼新娘的性能力？就冥婚儀式而言，鬼新娘在併入夫家的祖先行列前，須先將神主牌置於洞房或新床三天（宛如正常婚禮中的合巹儀式），三天後再請到祖先廳「合爐」正式成為祖先，冥婚才能算是大功告成（註61）。在這三天，忌諱活妻接近或進入新房，為的是避免打擾到鬼新娘的蜜月。一如姚漢秋的《臺灣婚俗古今談》所述：

散席後，「鬼媒人」即將米斗旁的衣裳等物解下，拿到房中床上鋪陳像人睡臥一樣，房門外擺著皮鞋、新木履，使「鬼新娘」儼然進入洞房睡臥一樣，自此連續三個晚上，倘新郎原有妻室，應暫時迴避到其他房間睡覺，由新郎獨自陪著「鬼新娘」睡覺，恰像活新娘洞房花燭夜的態勢。（註62）

此隱含「性」意味的儀式並不是台灣漢人社會所特有，中國的冥婚習俗同樣有性暗示關係締結的儀式與禁忌。例如廣東翁源一地，男子迎娶已聘未過門便亡故的冥妻，在將冥妻的骨骸抬回安葬時：

抬骸用小轎，金埕頂上，拈以花紅，安插香炷。有的娘家遺以衣服，疊至轎中；或裝成人形的，也有。入門時，以鞭炮引入祖堂，與男子拜堂，行謁祖禮；再入間房，行合巹禮。禮畢，安置房中靠椅上，扮裝成人，香燭敬奉，三餐，饗以飯菜，請而後入席。……一七後，才將金骸擇地安葬，或移置他處。這七日中，是與鬼妻結婚之期，聽說不能和女人交接。（註63）

另如浙江地區冥婚裡的「騎棺儀式」，就是「當死者（鬼新娘）下棺後，棺蓋未蓋的煞（剎）那，她冥婚夫和她面面相對，然後（冥婚夫）雙腳由她棺上跨過，即算完婚了。」（註64）在福州男女雙方已聘未婚，其中一方亡故的冥婚類型：男死女方要到男家與牌位成親，在男家守寡，不過這通常是男家社會地位較高時才有的情況；反之，女死男的要參加她的葬禮，行「跋棺」（跨棺之意）儀式承認死者為自己的妻子，並迎請神主牌回家供奉，日後再娶時，床上枕頭要擺三個，交杯酒也要備三份。（註65）這些

儀式的目的無非是在使未婚女性（女鬼）依附於一位男性，這其中已隱含取得對女性的性控制權。冥婚誠如我們所知，是使未婚或早夭的女鬼獲得香火以脫離孤魂野鬼的處境，但「男娶女嫁」的體制反映在台灣民間信仰上也只是「男人娶女鬼」。（註66）這種「男（人）娶女（鬼）嫁」的強調，其中暗藏的玄機其實是將這些未婚的「處女鬼」加以重新納回父系社會運作的秩序，因為祂們代表著女性尚未被控制的性。Harrell即認為，雖然存在有至高無上的女神，祂們卻不是世俗女性力量（power）的反映，女性在父系家庭中男性不易控制的分裂性與顛覆力量，便反射在這些女鬼的身上。（註67）這或許可以解釋何以鬼新娘的神主牌必須被安置於新房或新床三天的儀式與禁忌背後所隱藏的意義。因此，冥婚之最終意義實為是將女性（孤娘）尚未納入社會秩序的性納回父系社會體系，即使她是女鬼。「女鬼討嫁」的冥婚習俗實是為將未婚的「處女（鬼）」重新納回父系社會秩序的權宜，因為祂們代表著女性尚未被控制住的性，對父系社會具有很大的威脅性。

肆、純潔與靈力

自家未婚死去的女兒被安置供奉在佛寺或菜堂（或齋堂）中仍有「出嫁」或「討嫁」的例子；值得注意的是，經人立祠建廟的孤娘（多屬荒郊女鬼，在此將以「姑娘廟」來作為這類廟宇的一種他稱，至於「姑娘廟」等相關問題將不在本文討論），在田野調查中則似乎未聞有「討嫁」或予以匹配對象（配偶神）的情形。（註68）彰化縣大村鄉淑女祠相關報導如下：

大村鄉淑女祠，二十二年來沒有習俗中女子長大成人，請求
尋覓佳偶下嫁的傳聞，……傳統台灣習俗中，一般早夭的女
子，仍然一如陽間般持續長大成人，直到希望嫁為他人婦，
即向父母親託夢，請求代為完成婚姻大事，以便將來有後代
子女可以奉祀，因此社會上關於冥婚的事情也就經常的發
生。不過淑女祠十六位埋葬的芳魂，經過二十二年的悠悠歲
月，不但沒有任何請求嫁人的傳聞，也從未傳出任何驚擾社
會大眾的事情。（註69）

在詢問為什麼時，報導人大多回答：因為祂們已經「做神」
（成神）了。然而，男神有配偶神是非常普遍的，甚至是「一夫多
妻」，（註70）諸如土地婆、城隍夫人、聖王媽，西秦媽等，其中
以孩童成神的廣澤尊王，信徒同樣配以聖王媽為其夫人（也有小
孩十三太保），（註71）連有應公都會配有個老婆「媽」，唯獨媽
祖與大道公（保生大帝）的婚事不成。更甚者，不同於（冥婚中）
鬼新娘性能力的強調與儀式性性關係的締結，這些出現在公共領
域被人立祠建廟崇祀的女性鬼／神，卻是標榜未經性「污染」或
與性沒有關係的「純潔」，這種「純潔」是神聖不容侵犯的，地方
傳說中便有孤娘懲罰輕薄男子的例子：

約三十年前，姑娘廟（三峽龍埔）翻修重建之際，有兩個十
多歲的年輕小伙子路過姑娘廟，其中一男子對另一男子說，
「你那麼勤勞，若姑娘廟蓋好，你就去給孤娘招贅吧！」，話
一說完，不一會兒全身無力，……回家之後病了一個多月無
法下田工作……。該名男子的母親便去問神明，才得知是沖犯

（冒犯）到孤娘。隔天，男子的母親便到姑娘廟前燒香向孤娘賠罪。之後，該男子僅再看一次醫生，病就痊癒了。（註72）清人錢泳《履園叢話》裡載述一則，同樣將女性神祇視為可欲對象調戲而遭懲治的例子，前後二例可相呼應對照，引述如下：

> 虞山有神洲廟，不知始于何時。其神為女像，端嚴美麗，凡婦人求子者，輒禱焉。嘉慶己卯歲，有諸生錢雲驤者，偕二友人讀書其中。錢素狂，適夏月暑甚，謀移神像，而置臥榻于殿上，一友人頷之，一友止之。……錢笑曰：「吾視神美，若果靈，當現形與我同宿。」遂上殿抱之出，而移其榻，是夕錢驟病。家人知之，迎以歸，病益劇，不數日遂死。其一友人頷之者，亦染外症幾半年，而止之者則無恙也。（註73）

　　女神形象多強調「聖潔」或「純潔」在父權社會文化體制裡是很普遍的，傳統中國漢人社會諸多女性神祇如此，其他世界宗教也有類似的現象。P. Steven Sangren指出，女神在中國的宗教與信仰裡佔有很重要的地位，祂們所代表的意義與男神所具有的官僚身分有著明顯的不同，但男神、女神所顯現的性別差異，並不能單純地視為是男性和女性的社會角色之投射。在 "Female Gender in Chinese Religious Symbols: Kuan Yin, Ma Tsu, and the 'Eternal Mother'," 一文，Sangren以觀音、媽祖及無生老母三位女神為例說明中國女神的特色。他透過與女性有關的「污穢」或所謂「不潔」的信仰（female-pollution beliefs）和女性社會角色的關係，指出女神所代表的性別文化特質僅是「理想化」（idealizations）的女性角色，因此必須克服和超越各種與女性相關的「污穢」（female-pollution）——月經、性行為、死亡和分娩等各種觀

念。觀音（在妙善公主傳說中）違抗父意並拒絕婚姻，執意出家修行才得以保有其純潔（purity）之身，但卻也違背了孝道，最後她只有以死亡來化解孝道與純潔這兩者之間的矛盾及衝突；媽祖則是未婚即去世的孤娘；無生老母也是一位未受分娩污染的處女。這三位女神都是「處女」，與性及生育沒有關係，是完全純潔的。很顯然地，女神所具的「純潔性」（purity）正是反映了世俗女性的「污穢」與「不潔」，因為中國婦女必須結婚生子，這使得她們無法避免宗教上「污穢」的概念。即使在閩台地區有媽祖與大道公（保生大帝）婚配的神話，媽祖依然拒絕婚姻，拒婚的原因傳說是媽祖曾看到母羊分娩時痛苦的樣子，自此對婚姻感到厭懼。兩位神明也因婚事不成而反目成仇，大道公怒言要在農曆三月二十三日媽祖誕辰日下雨，使媽祖臉上的妝被洗掉；媽祖則說要在三月十五日大道公神誕時召大風以吹掉其冠巾，這即便是「十五日日眞人颺，廿三日日馬祖颺（眞人多風，馬祖多雨）」或「三月十四無風也雨意」等諺語的由來。對於這則傳說或俗諺一般大多從氣候現象的角度來解析，農曆三月本是多風多雨的季節，神話傳說只是人們穿鑿附會加上去的想像。（註74）不過，對於中國女性「污穢」或「不潔」的觀念——特別是婦女生產時所帶來的「污穢」，在此例神界婚配的神話傳說中表露無遺，媽祖拒絕分娩生產的痛苦與其隨之而來的「污穢」，這依舊是一般廣大的傳統中國婦女人生所無法拒絕或逃避的宿命。

此外，Sangren認爲，女神所體現的女性特質僅是女性在社會的母親角色，在性質上不同於男神所具有的階序性（hierarchy）、權威性（authority）與正當性（legitimacy）等的特點，女神則是較具有包容性（inclusivity）、調解性（mediation）、及連盟性（alliance）的角色，而女性在社會中具分裂性之妻子的角色則被避

開。（註75）諸多女神信仰相關的研究論點，也將女神視之爲一種「母性崇拜」或「母親崇拜」的表現。例如，中國南方尤以福建地區一直以來女神特別多，女神信仰非常興盛，徐曉望對這種現象解釋道，「從人類心理而言，尊重母親是普遍的情感，在其他地區，這種心理受到大男子主義的干擾，多數處在壓抑狀態。但在閩人社會中，這種情感卻施放在神靈世界，形成女神崇拜。這是閩中民間信仰的一個顯著特點。」（註76）換句話說，女神代表了父系社會兩個理想化的女性角色，分別是處女與母親。

依循P. Steven Sangren的論述範式，經人立祠建廟的孤娘所示的性別角色是如此。（註77）有的姑娘廟（高雄縣田寮鄉的秀峰寺）主神原本就是拒婚或抗婚：

> 主祀連奶夫人，俗稱二姑媽，副祀她的七姐妹。據說清代咸豐年間有連奶夫人，原係本地連姓人家，自動吃素念佛，及笄之年，父母不知其志，令出嫁，連女不從，自殺身亡，葬於現廟址之後側。（註78）

而早夭的孤娘被賦予母親的角色更是處處有跡可尋，例如崙背鄉慈玲宮的方玲姑、台北縣石碇魏扁孤娘、關渡玉女娘等都有收「契子」的例子，關渡玉女娘甚向女信徒託夢示意：「我需求契女二百四十名，希汝代爲登記上簿，以維我廟。」（註79）；另由楹聯如嘉義布袋長春祠：「春氣感人長□暖；娘心愛子大慈悲」可一窺究竟。因長春祠主祀也是一位不慎早夭的女魂——邱春娘，邱春娘還小時因吃東西不慎時被噎死，死後埋在現廟址，後得地理爲人所崇祀。（註80）

此外，由各種公共文本如碑文、匾額或楹聯（甚至廟宇名稱）等，我們發現傳統文人或知識份子經常用「貞節」來詮釋孤娘。

（註81）如三峽龍埔姑娘廟的門聯便書有：（註82）

上天歸德淑朝熙（橫聯）
勵節孤梅凌凍雪
貞心如水照清天

又以南投縣集集劉姑娘廟為例：（註83）

磷緇不白玉（橫聯）
守身如玉名重朽
經霜耐雪食長留

這或許是傳統知識份子或儒者為自己所信的鬼神，由「淫祀」轉為合法化或正當化的一種方式，而這些失序的女鬼也得以藉此納入所謂的正統體系。這種別有意圖及實際讀者群的文本效用有限，因此文人雖以「貞節」來詮釋姑娘廟的女性鬼神，我們卻不能將姑娘廟與貞節牌坊劃上等號。不過，的確也有將姑娘廟視為另類的貞節牌坊，點燃有關女性形象的爭議性社會話題。一九九八年民進黨前文宣部主任陳文茜將辦公室取名為「姑娘廟」卻遭致抗議，徵引該新聞：

民進黨文宣部主任陳文茜將自己的個人辦公室取名為「姑娘廟」，沒想到竟引起建國黨台北縣婦女後援會的抗議，指形象備受爭議的陳文茜不該使用姑娘廟這個名稱……。

建國黨台北縣婦女後援會今天上午帶海報、布條到民進黨中央黨部向陳文茜抗議，她們表示，坐落在台北縣平溪鄉姑娘廟是為紀念一位魏扁姑娘的神靈而設。祭祀的是一位青春少女，代表純潔的少女貞操，與陳文茜的形象不符。

303

建國黨表示，陳文茜曾因為「北港香爐」名譟一時，引起北港媽祖廟的抗議，現在又成立「姑娘廟」辦公室，藉機籌募款項，圓個人政治舞台夢，有辱「平溪姑娘廟」的清譽，因此要求政治歸政治，宗教歸宗教，不要混為一談。（註84）

綜觀事件風波雖頗富政治玩味，卻也透露出過去束縛傳統女性的貞操枷鎖，及女人往往也是此社會道德標準的捍衛者之弔詭，並未隨著時代的推進而褪去。就此，事件本身所具的社會意義是值得令人省思的。

離開複雜的政治角力場，在父權社會文化結構下，解讀事件裡的「平溪姑娘廟」與「陳文茜姑娘廟」同樣形成強烈對比，（註85）呈現出兩種截然不同的女性形象，它們分別象徵被控制的性（合法的社會秩序）與未被控制的性（非法的一種力量，是不被以男性父權為中心的社會所認可與允許的）。我們不禁好奇，一位作祟生人的少女鬼，何以無德無能，生命短暫的還未來得及對社會有任何建樹，生為父權家庭、社會的邊緣人，死後卻得到眾人的膜拜，甚至有朝成為地位崇高的女神。箇中的因素，除信仰上的觀念外，或許在某種層面上有符合社會體系的價值觀存在。就此事件來看，孤娘的信仰由「淫祀」轉為共同認同的一種信仰，「貞節」的加諸未嘗不是使其合理化、正當化的重要環扣之一，至少對某些人而言它是存在的。因為「貞節」或「貞操」一直以來即是與維繫父權秩序有密不可分的關係，同時也是父權社會的重要社會價值觀。或許這也正是何以女鬼要獨祀或女神何以多為純潔聖女的關鍵吧！假使如此，前述孤娘懲治輕浮男子的傳說，其實隱喻的是，維繫父權秩序的價值體系是不容褻瀆與挑釁的；而另類的「陳文茜姑娘廟」是這個新世代的產物，所號稱的

宗旨是為反「姑娘廟」而蓋「姑娘廟」，是女性對自身處境自我嘲諷式的批判。陳文茜在一九九二年籌組「姑娘廟民眾文化工作室」（原「姑娘廟工作室」）時，即開宗明義的說：

> 我們為什麼叫做「姑娘仔（台語）民眾文化工作室」。其實按照以前的意思就是說，女人生下來最重要的有二件事，一件就是嫁出去，另一件就是生孩子。如果她沒有嫁出去，或嫁人而沒生小孩，在傳統習俗裡會認為沒有人祭拜，她們就會變成孤魂野鬼。……「姑娘廟民眾文化工作室」有很多女性成員，少數男性，年紀較大的幾個都是不嫁的人，當然也就是嫁不出去，而且我們這些人又很不幸和古代女性很不一樣，知道一種東西叫「女性主義」，所以比以前沒嫁出去，又沒有生小孩的女性到陰間更會作怪。我們希望將來世界太平一點，我們就很想建議世人，不要等我們死後弄一個姑娘廟來拜，倒不如我們活著的時候就開始來祭拜我們。……當我們接觸台灣民間宗教的時候，發現民間宗教裡有非常多的禁忌與看法，對女性充滿歧視，所以我們一方面是自我解嘲，一方面是提出批判性的態度，這一群人突然一轉就變成「姑娘廟民眾文化工作室」。（註86）

就男性而言，為確保父系社會宗法制度的穩固及宗族血緣的純正，女人的性是有必要加以控制的，必須使婦女嚴守貞操，從一而終，因為這有關財產、地位、權力的繼承等問題。然而父權社會的貞操是雙重的社會道德標準，所謂「貞乃正也，女子能以禮自守者謂之貞。在中國人的理念中，貞節有四層含義：一是治好家內，能『正位乎內』二是夫妻關係能長久，甚至夫死不再嫁，從一而終，不更二夫；三是守貞不淫亂；四是處女貞。」「它作為

婦女最基本也是最重要的道德標準，實際上是對婦女性愛關係的一種準法律化的規範。」（註87）女子的貞操觀念衍生至後來，「處女貞」甚至成了貞操的唯一標準，可以說將女人的性慾與性自主權禁錮束縛於傳統社會禮法之中。因此，前衛的女性追求身體自由與性自主，無疑將對父權社會秩序的維繫構成極大威脅。

伍、結論

綜上所述，台灣漢人在父系社會宗祧秩序下，早夭未婚女子「生而無依，死而無所」不外乎是一種「失序」。因此解決的方法是冥婚，使孤娘「有所歸」得以進入另一世系成為祖先；被人蓋廟崇祀的孤娘（多為荒野女鬼）則有機會逐漸轉化為女神。在此，若將婚姻投射到台灣漢人的鬼神世界，可以發現不同於早夭女鬼以「冥婚」來解決，人們通常以「過房」或「過繼」的方式來解決早夭無嗣的男鬼，這固然是父系制度結構因素使然；反觀神界的情形卻不同，男神（或出現在公共領域被人崇祀的男性神靈）信徒多半會給予配偶家庭，女神（或出現在公共領域被人崇祀的孤娘）卻多獨祀，沒有婚配，甚至強調處女貞的「純潔」。

貞／淫在字意上互為相反詞，在父權社會女性的社會道德標準上，往往同時亦是區分「好女人」與「壞女人」的準則，吊詭的是，在這種女性社會道德標準下（貞／淫作為衡量女性社會道德的工具），二者的關係其實是一體兩面的。正如西方受社會改革者約瑟芬·巴特勒（Josephine Butler）影響而組成國家婦女協會（Ladies' National Association）中的溫和派，對於婦女所受的性剝削所陳，「女人彷彿分成『好女人』和『壞女人』兩種，但這兩

種女人其實只是一種，都是男人的性玩物，受到男人性剝削。」
而巴特勒本人也提到，關於這兩者間的差別僅在於「純潔女人的
身體是被用來從事不同的性目的，是作爲財產傳承的『工具』，而
非爲了性歡樂。」（註88）總之，就父權社會而言，女人的「性」
是很可怕的一種力量，不僅使父系社會得以繁衍、延續，亦可導
致父系家庭的分裂（妻子，兄弟分家），更攸關財產、地位和權力
等繼承的問題。這類未經性及生育污染的女鬼，若依正常在父權
社會命定的命運，必然結婚生子，未婚而卒卻使她們的「性」未
能依附於某一男性，無論如何她們是「失序」了。然而，雖同屬
未婚無嗣女鬼，在冥婚及建廟兩種解決方式中，孤娘（鬼新娘/女
神）卻分呈現出截然不同的性別特質：我們可以發現，女鬼/鬼新
娘的「淫蕩」（蕩婦）與女神的「純潔」（聖女）表面上看來似乎
是南轅北轍，其實骨子裡不管是前述家裡早夭的女鬼，或是這裡
所討論的荒郊女鬼，她們重新被納回父系社會正常運作軌道的方
式實是一致的。差別在於鬼新娘以「儀式性」性關係的締結使其
依附於一位男性；女神的性別角色及性自主則是被去除與剝奪。
藉此失序狀態的處理，似乎也說明了父系社會「女有所歸」的理
想人生藍圖下，這些未婚無嗣女鬼的「性」失序－未被納於規範
秩序的性，未嘗不是問題的一個癥結所在。

倘若女神（或女祖先）是這些未婚而卒的女鬼之最理想（或
最終極）目標，儘管由女鬼邁向女神（祖先）之途，過程中充滿
錯綜複雜的抗爭與妥協，從其示現的性別特質文化來看，那麼這
將是女性一場失敗的抗爭。因爲對女人來說，女神所體現的「理
想化」（idealizations）女性特質，只是符合父權社會所期待與認同
的女性角色，它既非是女性（female）真正的社會角色，也不是
女人（women）的自然角色。某方面而言，它同時也是父系社會

對處女、貞節崇拜的意識反映。對男人來說，一位至高無上神威顯赫的女神其靈力，來自其性別角色被去除（註89）；但對女人而言，祂們依舊是祈求生育的女性性別角色。

關於台灣漢人社會早夭女子亡魂安頓的課題，本文只是作一初淺的討論而已，許多相關的問題及現象仍值得我們作進一步的研究。例如家鬼的探討多止於冥婚，事實上蔡佩如的研究使我們知道冥婚後仍有再作祟「討作神」的情形，一如蔡文所述：「這些女魂『做公媽』的時間並不會長，她們多數會再度以作祟、讓姐妹身體不適的方式，暗示她們送自己上西方學藝以能歸神。此時姐妹就必須把其神主牌送到東嶽殿燒化，並請法師為其行上西方儀式」（註90）；另筆者也蒐集有鬼妻要求離婚的例子；此外兄弟或姐妹對自己早夭姐妹可能會因不同的性別習慣而有不同的處方式；再者有些姑娘廟的個案是值得加以深入的研究；除此之外，我們似乎也得重新思考何謂「姑娘廟文化」，因為近來對一些女性主義或婦女團體而言，姑娘廟儼然具有父權體制的象徵，所以應力求避免因特殊個案變成以偏概全的誤解。

註　釋

1.李豐楙（1996），〈導論〉，《誤入與謫降——六朝隋唐道教文學論集》，頁9，台北：臺灣學生書局。

2.在文字使用上，筆者主要採衛惠林、妻子匡、阮昌銳、馬之驌、陳金田、David Jordan等人的說法，用「孤娘」（lonely maiden）來與在世未婚的小姐「姑娘」（young maiden）作對稱或區分。

3.依筆者的田野調查，神主安奉在寺廟的孤娘，依然有作祟「討嫁」或被請出「嫁人」的例子。

4.有所謂的「對地吃」（tui-te chia），即由耕作或繼承其土地的人負責她的香火祭祀。有關台灣民間孤娘崇祀的情形詳參見拙著《台灣民間信仰「孤娘」的奉祀——一個台灣社會史的考察》，國立中央大學歷史研究所碩士論文，2000年6月。

5.《鄭注周禮地官媒氏》，卷14。

6.康與之，《昨夢錄》，台北：新文豐出版公司。

7.陸容（1970），《菽園雜記》，卷5，台北：廣文書局。

8.《威縣志》，卷20，民國18年鉛印本，轉引自丁世良、趙放主編（1989），《中國地方志民俗資料匯編·華北卷》，頁527，北京：書目文獻出版社發行。

9.周立方（1991），〈福州婚嫁習俗〉，《閩台婚俗》，福建省民俗學會編，頁64-72，福建：廈門大學出版社出版。

10.陸漢斌（1974），〈浙江偏遠地區的冬至趣俗〉，《浙江月刊》，第6卷第11期，頁25。

11.馬之驌（1976），〈我國古今冥婚習俗〉，《食貨》，第6卷第6期，

頁14；鮑宗豪（1990），《婚俗文化：中國婚俗的軌跡》，頁185，
上海：上海人民出版社。

12.董芳苑（1986），〈臺灣民間的鬼魂信仰〉，《臺灣風物》，第36卷
第2期，頁43-75。

13.阮昌銳（1972），〈臺灣的冥婚與過房之原始意義及其社會功能〉，
《民族學研究所集刊》，第33期，頁31。

14.董芳苑，〈臺灣民間的鬼魂信仰〉，頁43-75；見宋和（1976），
〈從冥婚的習俗來看中國人的祖先神鬼的觀念〉，《人類與文化》，
第8期，頁52-54。

15.宋和（1976），〈從冥婚的習俗來看中國人的祖先神鬼的觀念〉，
《人類與文化》，第8期，頁52-54。

16.參見陳金田，〈臺灣的娶神主風俗〉，《臺灣風物》，第32卷第3
期，1982年，頁22。

17.馬之驌，〈我國古今冥婚習俗〉，頁12；馬氏著（1979），《我國婚
俗研究》，頁176，經世書局出版。

18.「賣骨的婚姻」是客家地區的稱呼。參見蕭鄉（1981），〈人鬼聯
婚的來龍去脈〉，《香火》，第1期，頁88-89。

19.同註13。

20.同註13；姚漢秋（1991），《台灣婚俗古今談》，頁78，台北：台原
出版社；蕭鄉，〈人鬼聯婚的來龍去脈〉，頁89。台灣婚俗迎親的
時間大多在白天。然而，婚禮至少到周代前都是在黑夜舉行的，新
郎、迎親者及迎車皆為黑色，《儀禮・士昏禮》即言：「主人爵
弁，纁裳緇袘。從者畢玄端，乘墨車。從車二乘，執燭前馬。」
（詳參譚達先，《中國婚嫁儀式歌謠研究》，台北：臺灣商務印書股
份有限公司，1998年，頁4。）；又如《上杭縣志》所云：「古者
女嫁多以昏時，故婚姻字直作昏」（轉引自李秉乾【輯校】，〈方志

中的閩台婚俗〉，《閩台婚俗》，頁310）。古時迎娶少在白天舉行的
原因，除了可能是古代交通不方便的因素外，彭文宇認為應與婚禮
的禁忌密切相關，諸如迎新娘時忌在路上碰見喪葬隊伍、孕婦，或
遇上牛、馬等牲畜，選擇凌晨或黃昏時段，便可以避免碰上忌諱的
事（見彭文宇，〈福建婚俗禮儀中的觀念與禁忌〉，《閩台婚俗》，
頁33），但福建長汀迎娶新娘仍大多在深夜人靜之後進行（大多在
深夜12時至凌晨4時），絕沒有白天迎親的（張鴻祥，《長汀城關傳
統社會研究》，在勞格文主編（2003），《客家傳統社會叢書》第20
本，香港：國際客家學會、法國遠東學院、海外華人資料研究中心
出版，頁340）。

21. David K. Jordan, *Gods, Ghosts, and Ancestors: The Folk Religion of a
Taiwanese Village*.（【臺灣版】台北：敦煌書局，1985年）pp.149-
150。

22. 譚達先，《中國婚嫁儀式歌謠研究》，頁93-95。

23. 吳瀛濤（1980），《臺灣民俗》，頁133，台北：眾文圖書有限公
司。

24. 阮昌銳（1982），《中外婚姻禮俗之比較》，台北：中央文物供應
社。

25. 同註13，頁15-38。

26. 蔡佩如（1999），〈穿梭天人之際的女人：女童乩的性別特質與身
體意涵〉，清華大學人類學研究所碩士論文，頁91-92。

27. 陳祥水（1973），〈「公媽牌」的祭祀──承繼財富與祖先地位之確
定〉，《中央研究院民族學研究所集刊》，第36期，頁155。

28. 依福州的習俗，活妻的小孩稱鬼妻為「媽媽」，稱活妻本人則是
「孀孀」（參見周立方，〈福州婚嫁習俗〉，頁64-72）；台灣的情形
亦是如此，活妻的小孩過繼給鬼妻稱鬼妻為「大媽」或「大娘」。

29.同註10。

30.鈴木清一郎著，馮作民譯（1989），《臺灣舊慣習俗信仰》，增訂版，頁222。

31.所謂「異姓公媽牌的祭祀」，按陳祥水〈「公媽牌」的祭祀——承繼財富與祖先地位之確定〉一文的說明，「中國的宗法制度是單系繼承，但是因爲父方入贅、子孫祭祀父母雙方祖先，或是母方倒房，子孫同時供祀母方祖先。還有由於婚姻關係，因繼承財產而發生祭祀責任因而同時供奉異姓公媽牌者，這類異姓的祖先照理是不能擺在正廳，正廳是供奉神明和自己本家的祖先，這些異姓公媽牌只能置放在「護龍」或其他「間仔」裡，但它卻可因作祟而登入廳堂。」參見陳祥水，〈「公媽牌」的祭祀——承繼財富與祖先地位之確定〉，頁160。

32.江寶月（1992），〈生而無依死而無所——漢文化的女鬼與女性地位〉，《婦女新知》，8月號，頁12-15。黃馬金在《客家婦女》一書中說，女子20歲以上還未出嫁，在客家地區就會被稱爲「老處女」或「老姑婆」，甚至有「女大羞祖公」的諺語。見黃馬金（1995），《客家婦女》，頁189，北京：中國婦女出版社出版。

33.Stevan Harrell, "Men, Women, and Ghosts in Taiwanese Folk Religion", Caroline Walker Bynum, Stevan Harrell and Paula Richman eds., *Gender and Religion: On the Complexity of Symbols,* Boston: Beacon Press, 1986, pp.97-115.

34.何聯奎、衛惠林，《臺灣風土志》，頁75；1996年3月27日《中國時報》即報導一則：「撿到紅袋子，日夜見女鬼，託夢想覓歸宿，男子盼家屬出面解決」的新聞。

35.同註26；陳祥水，〈「公媽牌」的祭祀——承繼財富與祖先地位之確定〉，頁160；周立方，〈福州婚嫁習俗〉，頁64-72；另外，姚漢秋

在《台灣婚俗古今談》則説，「縱然政府不禁止，民間也得在半祕密、半公開之下進行，以免被鄰居嗤笑。」見姚漢秋，《台灣婚俗古今談》，頁77。

36. 同註24。

37. 植野弘子（1993），〈臺灣漢人社會的「後頭厝」與女性——聯結男性的求心力〉，《臺灣學術研究會誌》，第6期，頁167-175。

38. 洪惟仁（1991），《臺灣禮俗語典》，增訂版，頁215，台北：自立晚報社文化出版部。

39. 註30，頁299-300。此與閩南喪葬習俗中的「接祖」是如出一轍的，何綿山在《閩文化概論》也提到：「如死者為已婚女人，其娘家兄弟被稱為『祖』，死者家人必須接『祖』來驗明是否被害。」參見何綿山（1996），《閩文化概論》，北京大學出版，頁196。

40. 同註38，頁249。

313 ●●●●●●

41. Margery Wolf, *Women and the Family in Rural Taiwan,* （臺灣版）台北：敦煌書局股份有限公司，1979年。

42. 吳瀛濤，《臺灣諺語》。

43. Arthur P. Wolf "Gods, Ghosts, and Ancestors," in Arthur P. Wolf, ed., *Religion and Ritual in Chinese Society*. Stanford: Stanford University Press, 1974, （1974）p.151. 李貞德（1994），〈最近中國宗教史研究中的女性問題〉，《近代中國婦女史研究》，第2期，頁251-270。

44. 同註13。

45. 陳期裕（1990），〈娶神主〉，《民俗臺灣》（中文版），頁121，台北：武陵出版社；蕭鄉，〈人鬼聯婚的來龍去脈〉，頁88-89；陳金田，〈臺灣的娶神主風俗〉，頁22-24；及鈴木清一郎著，馮作民譯，《臺灣舊慣習俗信仰》，頁221；彭利芸（1988），《宋代婚俗研究》，頁86，新文豐出版社；馬之驌，〈我國古今冥婚習俗〉，頁

第十章　台灣漢人社會民間信仰的性別文化初探——以「早天女性」之亡魂安頓為例

245；莊金德，〈清代臺灣的婚姻禮俗〉，頁60；陸漢斌，〈浙江偏遠地區的冬至趣俗〉，頁25；周立方，〈福州婚嫁習俗〉，頁64-72。以上諸家均提到了，過去舊傳統社會裡娶神主牌的人多半是貧窮人家的子弟。

46. 同註31，頁155。

47. 同註28。

48. 同註10。

49. 林耀華（2000），《義序的宗族研究》，頁139-140，北京：生活・讀書・新知三聯書店。

50. 轉引自張珣的譯文（1997），〈神・鬼和祖先〉，《思與言》，第35卷第3期，頁256。

51. 1998年8月8日及8月15日，臺灣電視公司播出的「玫瑰之夜」節目之「鬼話連篇」單元。

52. 中國電視公司的「社會秘密檔案」節目於1998年8月18日所播出的「台灣鬼新娘」單元。

53. 沈宗憲（1993），《宋代民間的幽冥世界觀》，頁107-113，台北：商鼎文化出版社。

54. 張珣的譯文，〈神・鬼和祖先〉，頁256。

55. 男性用貞節來禁錮女性身體自由與性自主權，在性愛上卻又希望女性淫蕩，女人的貞節可以說多半是掌握在男人的手裡，一如王文斌所述：「男人既是貞節的衛士，又是女人貞節的強盜」（王文斌（1993），《瘋狂的教化——貞節崇拜之通觀》，頁21，瀋陽：遼寧人民出版社）。

56. 洪鶯梅（2000），〈人鬼婚戀故事的文化思考〉，《中國比較文學》，第4期（總第41期），頁92-93。

57. Rosalind Miles著，刁筱華譯（1998），《女人的世界史》，頁154，

台北：麥田出版股份有限公司。

58.Brigitte Baptandier, "The Lady Linshui: How a Woman Became a Goddess, in Meir Shahar and Robert P. Weller eds., *Unruly Gods: Divinity and Society in China*, Honolulu: University of Hawaii press, 1996, pp.105-149; Vivienne Lo, "The Legend of the Lady of Linshui," *Journal of Chinese Religions*, 21(1993), pp.69-96；黃美英，〈宗教與性別文化——台灣女神信奉初探〉，收錄於李豐楙、朱榮貴主編（1996），《儀式、廟會與社區——道教、民間信仰與民間文化》，頁297-325，台北：中央研究院中國文哲所。

59.同註57，頁152。

60.董芳苑，〈臺灣民間的鬼魂信仰〉，頁43-75。

61.參閱陳金田，〈臺灣的娶神主風俗〉，頁22-24；陳期裕，〈娶神主〉，頁120-123；蕭鄉，〈人鬼聯婚的來龍去脈〉，頁88-89；謝吉（1973），〈臺灣的人鬼聯姻奇俗〉，《生力月刊》，第6卷第67期，頁34-35；阮昌銳，〈臺灣冥婚與過房之原始意義與社會功能〉，頁20。

62.姚漢秋，《臺灣婚俗古今談》，頁83；謝聰輝的田野調查資料中也提到：「等預定時辰一到，新郎將新娘偶人抱進房間，此時房間已預置兩張椅子，魂偶安坐於椅上，……最後由尪姨協助掀起新娘紅頭紗，讓兩者共處一室，當晚入睡時，其夫原有之妻，則另處別室。」參見謝聰輝（1998），〈女有所歸——臺灣冥婚儀式的文化意義〉，《臺灣人文》，第二號，頁136。

63.黃華節（1934），〈冥婚〉，《東方雜誌》，第31卷3期，頁297-305。

64.同註10。

65.同註28，頁71-72。在福建義序鄉（位於福州城附近南台島南端）這個宗族鄉村則稱爲「撥棺」。林耀華在《義序的宗族研究》敘述：

「『撥棺』也是一種冥婚，禮儀條件和請鞋相等。惟是男子到女家，
沒有拜堂，只在女屍入殮蓋棺的時候，由這個男子騎棺上而過，俗
叫『撥棺』，然後請女子的神位和『靈前錢』歸家供奉。」並加註
說明：「『撥』閩音push，騎過的意思。『撥棺』意指跨過棺材」
（林耀華，《義序的宗族研究》，頁140、150）。

66.對《聊齋誌異》裡所呈現的人與異類關係的模式，主要仍是以男人
與女狐，或男人娶女鬼，卻少有女人嫁給男鬼，王溢嘉闡釋道：
「在以男性為主體的家庭及社會裡，男人可以含攝獸類的雌性，將
他們納入現有的體制中；但卻不願或無法忍受女性去跟隨異類，被
納入它們的體制中。這種『沙文主義』……不難發現，所謂將野獸
提升為人類的觀念，並不是要和它們平起平坐，而是想將它們納入
自己的體制中，成為滿足欲望的工具。」（王溢嘉，〈欲望交響曲
──《聊齋》狐妖故事的心理學探索〉，辜美高、王枝忠主編
（1992），《國際聊齋論文集》，頁222-223，北京：北京師範學院出
版社。）

67.Stevan Harrell, "Men, Women, and Ghosts in Taiwanese Folk Religion
," p.114.

68.這與六朝筆記小說，有關魏晉神女（早夭未婚成女仙者）與凡男婚
配傳說略有不同。魏晉神女的神話傳說中，年少早夭登仙籍的女子
由西王母所接養，適及婚齡再予以遣令下嫁凡夫，諸如何參軍女、
杜蘭香、王媚蘭及成公知瓊等。詳參李豐楙，〈魏晉神女傳說與道
教神女降真傳說〉，及〈西王母五女傳說的形成及其演變──西王母
研究之一〉，收錄於李豐楙著（1996），《誤入與謫降──六朝隋唐
道教文學論集》一書，台北：學生書局。

69.《自由時報》，1998年8月4日，頁12（中部焦點版）。

70.董芳苑，〈臺灣民間信仰的思想特徵 篡A收入其《探討臺灣民間

信仰》（1996），頁172，台北：常民文化出版。

71. 同註30，頁6。

72. 筆者訪問，陳雪霞口述，1996年1月24日。類似的傳說，在筆者探
    訪台北縣土城陳姑娘廟時亦有所聞。

73. 錢泳（1997），《履園叢話》，清代史料筆記叢刊，頁412，北京：
    中華書局。

74. 詳見王士禎《香祖筆記》，〈台灣風信〉（《廣陽雜選》，頁55）；東
    方孝義，《台灣習俗》，台北：古亭書屋印行，1974年，頁199～
    200；即曹甲乙，〈三月十四無風也雨意〉，《台灣風物》，第26
    卷，第4期，（1976年），頁124～126。福建地區許多地方有一種普
    遍的現象，即媽祖廟內不供奉保生大帝，保生大帝廟也沒有媽祖的
    位置，甚至有些林姓不拜保生大帝，有的吳姓則不拜媽祖。參見石
    奕龍（1999），許在全主編，〈廈門島媽祖信仰的特色〉，《媽祖研
    究》，廈門：廈門大學出版社，頁121～128

75. P. Steven Sangren, "Female Gender in Chinese Religious Symbols:
    Kuan Yin, Ma Tsu, and the Eternal Mother," *Signs,* 9:11 (1993), pp.4-
    25. Glen Dudbridge著，李文彬等譯（1990），《觀音菩薩緣起考——
    妙善傳說》，台北：巨流圖書公司。

76. 徐曉望（1993），《福建民間信仰源流》，福建：福建教育出版社，
    頁272。

77. 並不是所有的女神都如P. Steven Sangren所論述的，例如陳靖姑（臨
    水夫人）。

78. 林美容編（1997），《高雄縣民間信仰》，鳳山：高雄縣政府出版，
    頁77。另參仇德哉（1985），《臺灣廟神大全》，頁719，作者自行
    發行。

79. 謝金撰（1972），〈關渡玉女娘廟種種〉，《臺灣風物》，第22卷第1

317

期，頁24。

80.長春祠位於嘉義縣布袋鎮新厝里3鄰內田段408之91號。筆者訪問，蕭利等口述，1997年11月29日。

81.在此的文人或知識分子不外乎指的是男性，因爲傳統社會裡知識學問之門似乎只爲男性開啓，男性幾乎掌握了知識的優勢與權力，遑論地方公共事務。寺廟的組織及事務往往以男性爲主導或擔任要職，姑娘廟亦不例外。唯台北市長春路與新生北路口的蘇姑娘廟，贊助與贈匾額的落款人清一色都是女性（這是少見的）。田野調查日期爲1997年11月24日。

82.筆者的田野調查資料，日期爲1996年1月24日。

83.筆者的田野調查資料，日期爲1996年3月30日。

84.《中時晚報》，1998年1月7日，第4版。所謂「北港香爐」事件，是指1997年李昂發表了一篇政治小說——〈北港香爐人人插〉，小說內容「上半部敘述女子林麗姿從事黨外運動，爲了慰勞鬥士，遍施雨露，卻被那些得了便宜又賣乖的男人嘲爲『北港香爐』。下篇『香爐』發威，成了民意代表，但她的大膽言行，又讓自命正派的女性團體視若蛇蠍。」是一部探討性、權力與一個新興政黨間的糾葛關係的小說。陳文茜認爲有被影射之嫌，就在小說「純屬虛構」與「對號入座」之間引起不小的社會爭議。見王德威爲李昂作序之〈性，醜聞，與美學政治——李昂的情慾小說〉，李昂著（1997），《北港香爐人人插》，頁9-42，台北：麥田出版社。

85.「平溪姑娘廟」其實就是位於台北縣石碇的「魏扁姑娘廟」，立廟緣由摘錄該廟碑文（民國82年癸酉年孟春立碑）如下：「魏扁姑娘，……芳年十八歲時身疾……是獨生女，過世之後就葬於魏家林地中，（爲現址姑娘廟的後面），而魏扁姑娘家無嗣，所以她的墓地一直沒人整理祭拜，後來魏家的林地由宗親出面，讓給姑娘廟創

建人，曾桂，而曾桂買該地後，就開始開墾自耕，不知何故就發生腳疾爛瘡，一直拖了三、四年，屢次求醫不成，最後問神明拜佛，經神明指示，稱：魏扁姑娘，死後沒有人祭拜，沒有香火，日子過得很苦，很孤單，希望曾桂，請人幫忙撿骨，並建廟。曾桂，就按姑娘的意思，在路邊，用四塊石板搭成一座小小廟，安奉魏扁姑娘，（後俗稱聖媽）。而他的腳疾也不藥而痊癒了，後來也有香客來求願，求保佑，連外地人也開始傳說，這座小小廟的靈驗。」

86.姑娘廟民眾文化工作室編（1994），《天地人鬼神》，頁177，台北：前衛出版社出版。

87.詳參王文斌，《瘋狂的教化——貞節崇拜之通觀》，頁2；及石方（1993），《中國性文化史》，哈爾濱：黑龍江人民出版社。

88.Rosalind Miles著，刁筱華譯，《女人的世界史》，頁316。

89.同註67。

90.蔡佩如，〈穿梭天人之際的女人：女童乩的性別特質與身體意涵〉，頁97。

問題討論

一、女神與「孤娘」信仰之比較研究。

二、女性祖先崇拜及其社會文化意義。

三、神、鬼、祖先：女性崇拜之總體檢討。

四、台灣姑娘廟的個案研究。

參考書目

錢泳（1997），《履園叢話》，清代史料筆記叢刊，頁412，北京：中華
　　書局。

丁世良、趙放主編（1989），《中國地方志民俗資料匯編‧華北卷》，
　　北京：書目文獻出版社發行。

福建省民俗學會編（1991），《閩台婚俗》，福建：廈門大學出版社出
　　版。

董芳苑（1986），〈臺灣民間的鬼魂信仰〉，《臺灣風物》，第36卷第2
　　期，頁43-75。

阮昌銳（1972），〈臺灣的冥婚與過房之原始意義及其社會功能〉，
　　《民族學研究所集刊》，第33期，頁15-38。

阮昌銳（1982），《中外婚姻禮俗之比較》，台北：中央文物供應社。

宋和（1976），〈從冥婚的習俗來看中國人的祖先神鬼的觀念〉，《人
　　類與文化》，第8期，頁52-54。

蕭鄉（1981），〈人鬼聯婚的來龍去脈〉，《香火》，第1期，頁88-89。

姚漢秋（1991），《台灣婚俗古今談》，台北：台原出版社。

吳瀛濤（1980），《臺灣民俗》，台北：眾文圖書有限公司。

鈴木清一郎著，馮作民譯（1989），《臺灣舊慣習俗信仰》，增訂版。

江寶月（1992），〈生而無依死而無所——漢文化的女鬼與女性地
　　位〉，《婦女新知》，8月號，頁38-47。

何聯奎、衛惠林（1956），《臺灣風土志》，台北：中華書局。

李貞德（1994），〈最近中國宗教史研究中的女性問題〉，《近代中國
　　婦女史研究》，第2期，頁251-270。

Glen Dudbridg著，李文彬等譯（1990），《觀音菩薩緣起考——妙善傳說》，台北：巨流圖書公司。

林耀華（2000），《義序的宗族研究》，頁139~140，北京：生活・讀書・新知三聯書店。

洪鶯梅（2000），〈人鬼婚戀故事的文化思考〉，《中國比較文學》，第4期（總第41期），頁92-93。

Rosalind Miles著，刁筱華譯（1998），《女人的世界史》，台北：麥田出版股份有限公司。

施芳瓏，〈姑娘仔「污穢」的信仰與其社會建構——以北臺灣三間廟宇爲例〉，發表於「婦女與宗教」研討會系列一，中央研究院民族學研究所舉辦，1996年6月8日。

馬之驌（1976），〈我國古今冥婚習俗〉，《食貨》，第6卷第6期，頁9-15。

馬之驌（1979），《我國婚俗研究》，經世書局出版。

Arthur P. Wolf著，張珣譯（1997），〈神・鬼和祖先〉，《思與言》，第35卷第3期，頁233-91。

陳期裕（1990），〈娶神主〉，《民俗臺灣》（中文版），頁121，台北：武陵出版社。

陳祥水（1973），〈「公媽牌」的祭祀——承繼財富與祖先地位之確定〉，《中央研究院民族學研究所集刊》，第36期。

陳金田（1982），〈臺灣的娶神主風俗〉，《臺灣風物》，第32卷第3期，頁22。

陸容（1970），《菽園雜記》，卷5，台北：廣文書局。

陸漢斌（1974），〈浙江偏遠地區的冬至趣俗〉，《浙江月刊》，第6卷第11期，頁25-26。

黃美英，〈宗教與性別文化——台灣女神信奉初探〉，收錄於李豐楙、

朱榮貴主編（1996），《儀式、廟會與社區——道教、民間信仰與民間文化》，頁297-325，台北：中央研究院中國文哲所。

黃華節（1934），〈冥婚〉，《東方雜誌》，第31卷3期，頁297-305。

黃萍瑛（2000），〈台灣民間信仰「孤娘」的奉祀——一個台灣社會史的考察〉，國立中央大學歷史研究所碩士論文。

蔡佩如（1999），〈穿梭天人之際的女人：女童乩的性別特質與身體意涵〉，清華大學人類學研究所碩士論文。

鮑宗豪（1990），《婚俗文化：中國婚俗的軌跡》，上海：上海人民出版社。

謝吉（1973），〈臺灣的人鬼聯姻奇俗〉，《生力月刊》，第6卷第67期，頁34-35。

謝聰輝（1998），〈女有所歸——台灣冥婚儀式的文化意義〉，《臺灣人文》，第二號，頁：131-150。

Brigitte Baptandier, "The Lady Linshui: How a Woman Became a Goddess," in Meir Shahar and Robert P. Weller eds., *Unruly Gods: Divinity and Society in China,* Honolulu: University of Hawaii press, 1996, pp.105-149.

Harrell, Stevan C. "Men, Women, and Ghosts in Taiwanese Folk Religion", Caroline Walker Bynum, Stevan Harrell and Paula Richman eds., *Gender and Religion: On the Complexity of Symbols,* Boston: Beacon Press, 1986, pp.97-115.

Jordan, David K. *Gods, Ghosts, and Ancestors: The Folk Religion of a Taiwanese Village* 〔台北：敦煌書局（臺灣版），1985年〕, pp.149-150.

Lo, Vivienne "The Legend of the Lady of Linshui," *Journal of Chinese Religions,* 21(1993), pp.69-96.

Sangren, Stevan P. "Female Gender in Chinese Religious Symbols: Kuan Yin, Ma Tsu, and the Eternal Mother," *Signs,* 9: 11(1993), pp.4-25.

Wolf, Arthur P. "Gods, Ghosts, and Ancestors," in Arthur P. Wolf, ed., *Religion and Ritual in Chinese Society.* Stanford: Stanford University Press, 1974, pp.131-182.

Wolf, Margery. *Women and the Family in Rural Taiwan,* 台北：敦煌書局股份有限公司（臺灣版），1979年。

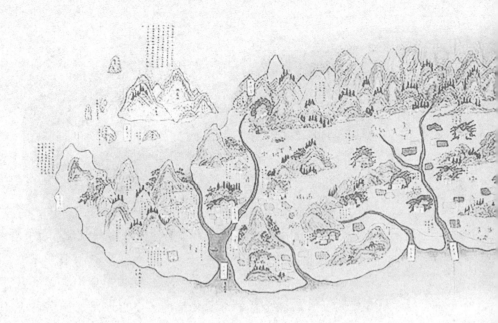

第十一章 荷、西、鄭氏王朝在台的經營與台灣的經濟、社會及文化的影響

賴澤涵

中央大學榮譽教授、
玄奘大學專任講座教授、
國立交通大學客家文化學院指導委員會委員

作者簡介

賴澤涵

　　台灣省台中市人，國立台灣師範大學歷史系第一名畢業，一九六八年獲美國伊利諾大學（香檳—歐本那校區）歷史學系的fellowship攻讀學位，獲碩士、博士學位後，留校為客座教授二年。先後曾為史坦福大學胡佛研究所高級研究員、美國伊利諾大學研究員、東海大學歷史所客座教授，中山、東海、中興、師大、文化、政大、清華等校兼任教授。

　　一九九〇年為行政院「二二八事件研究小組」委員兼總主筆、「二二八碑文」總主筆。一九九三年借調到國立中央大學設歷史研究所、客家研究中心並創客家學院。先後擔任所長、中心主任、文學院院長，並為教育部公費留學考試人文社會組召集人、教育部國中及國小課程標準委員、教育部改進基礎教育委員、總統教育獎決審委員。二〇〇〇年獲哈薩克共和國國家院士（人文組）。二〇〇三年八月一日自中大退休，獲聘為榮譽教授、玄奘大學專任講座教授、國立交通大學客家文化學院指導委員會委員。

　　賴澤涵早期研究為「廣州革命政府之研究」（先後發表六篇論文）「中國家庭制度變遷」，後來研究台灣「二二八事件」及「白色恐怖事件」。出版專書三本、主編六本，最近則研究中國和台灣百年的社會運動（一九〇〇至二〇〇〇）的比較，發表中外論文百篇以上。

台灣社會、經濟與文化的變遷

　　使學生瞭解最早來台的外來政權如荷蘭、西班牙和鄭成功三代如何在台灣開拓、發展，以及台灣如何成為十七世紀亞洲經貿重要基地的情況。

摘　要

　　本章討論荷蘭自一六二四年據台後在台灣的經營，並驅逐佔據淡水的西班牙人而控制大部分的台灣。荷人在台灣的政治、經濟、社會和原住民等各方面的控制對台灣後來有很深遠的影響，荷人同時把台灣的經濟帶入東亞經濟體系內。因此，台灣在十七世紀事實上為亞洲重要的貿易出口港。

　　荷人在台灣的高壓重稅政策下引起漢人及原住民的反抗，最後還是被明末孤臣鄭成功所驅逐，荷人統治台灣三十八年告終。

　　鄭成功雖驅逐了荷蘭人，但不到半年以三十九歲壯年去世，其所建王朝歷子經、孫克塽二十一年，而被鄭成功部屬降清的施琅消滅，從此台灣歸入中國版圖。

　　鄭氏三代雖只有短短二十一年，然對台灣之開發、教育、發展、海外經貿的重視。尤其漢文化的輸入傳播有其貢獻，影響頗為深邃。

第十一章　荷、西、鄭氏王朝在台的經營與台灣的經濟、社會及文化的影響

壹、前言

正如前面兩位老師（何傳坤、王嵩山）所講的，台灣並不是無人之島，原住民在台灣的經營已經很早，可惜因為沒有留下紀錄，因此我們只好靠地下考古、口傳資料來重建原住民在台灣的生活。由於台灣的地理位置是在太平洋之東，北邊有朝鮮、琉球；南有廣大的南洋群島，在十六世紀歐洲的西班牙、葡萄牙和荷蘭、英國、法國等航海國四處尋找新的殖民地，亞洲地區自然不會被遺漏，葡萄牙人航經太平洋看到台灣的林木鬱鬱蒼蒼不免驚嘆 "Ilha formosa"（beautiful island），葡人既然驚嘆台灣之美，自然不會不登陸台灣，住在台灣。可惜他們也沒有留下任何紀錄，因此葡人是否居留過台灣的問題還得留給後人考證。

貳、荷據時期

歐洲人首先到台灣，但在台灣經營三十八年之久的卻是荷蘭人。原來荷蘭在十五、十六世紀是西班牙人統治的。荷蘭雖為西班牙統治，但荷人對外追求殖民地之心未減，並且亞洲乃是其重要目標，因此中國的澳門和雅加達一直是荷人想侵佔作為其在亞洲貿易的據點。故上述兩地先後在一五五七年（明嘉靖三十六年）、一五七一（明隆慶五年）曾先後被佔領。西班牙雖是十六世紀的海權大國；領土廣大，但是王朝慢慢腐化引起革命，荷蘭終於在一五八一年（明萬曆九年）脫離西班牙獨立（註1），荷蘭更

大力推展海外的殖民事業。

　　事實上，荷蘭人在獨立前即積極尋覓海外殖民地。由於當時荷蘭還在西班牙的統治，荷蘭爲追求獨立與西班牙從事多年的獨立戰爭，荷蘭商人處處受到西班牙和葡萄牙的阻撓與排斥（時西班牙王一度兼任葡萄牙王）。爲此荷蘭國會乃於一六○二年通過「將遠東貿易各商行聯合組織成龐大的荷蘭東印度公司（Dutch East India Company，簡稱V.O.C），而這一公司享有如下的各種特權：公司由遠東輸入高級商品免稅；公司得自建海、陸軍武裝部隊；在遠東享有對外宣戰、媾和等特權。」這公司很明顯的與一般公司不同，它已是如同一個國家組織沒有什麼差別。（註2）並且，「是徹底的貿易獨占政策，以謀藉貿易來增加財富」（註3）但公司的虧損，卻由國家補助。有如中國的官辦民營或公司企銀的武裝貿易公司。因之在它創立十三年內「已經擁有八百武裝商船，奪獲五四○艘敵船，成爲遠東海面上重要的勢力。」（註4）

　　荷人爲了拓展亞洲的貿易，乃把東印度公司設在巴達維亞（即今之雅加達）。然後向日本、中國乃至南洋各地發展，在日本的平戶（一六○九年）設商館；接著希望能在明朝統治下的東南沿海取得一個據點，作爲與中國貿易的中心。因此，荷人看上了澳門，但澳門先由葡萄牙人租借，一五五七年荷人沒有辦法只得向澎湖發展，並於一六○四年佔領，但只佔領澎湖三個月，明朝派守浯江（即金門）的沈有容將軍要求荷人離開澎湖，否則將以大軍對付。荷人自恃無力對付，乃從澎湖撤退。

　　荷人退出澎湖於是轉向東亞，因之於一六○五年取得香料島中的安倍那島（Amboina Island），次年西班牙和葡萄牙在遠東的聯合艦隊被荷蘭海軍打敗。一六○七年在直布羅陀海峽的一次戰役也將西班牙殘餘艦隊消滅，並將西班牙殘餘艦隊清除，因荷人

329

取得海上的控制權，荷蘭人才能在獨立戰爭中把西班牙人驅逐出境，並在海外取得殖民發展的機會（註5）。

荷蘭人先後不到二十年時間除於一六一九年取得爪哇中部的雅加達外（荷人重新建造新城市改名為巴達維亞城）相繼佔領蘇門答臘、摩鹿加群島、馬來半島、婆羅洲、新幾內亞等地，並及北美洲哈德遜河（Hudson River）沿岸地區（改名為新尼德蘭New Netherland）曼哈頓島（Manhatan Island），並在島上蓋城堡命名為新阿姆斯特丹（New Amsterdan）就是現在的紐約（註6），儘管荷人所侵占的土地數十倍大於其本國，但對明朝的貿易始終並未放棄。

一六二〇年荷蘭與英國聯合艦隊攔截西班牙和葡萄牙在台灣海峽的船隻，使西、葡不得在澳門、馬尼拉和明帝國貿易（註7）。西班牙自不會輕易放棄此地的貿易，因此西班牙於是想取台灣作為對付英、荷的據點，荷人聞知消息，乃派兵先攻澳門（一六二二年六月），不幸失敗，荷人乃轉佔澎湖（一六二二年七月）此為荷人第二次入佔澎湖。

荷人行為自不為明帝國守將所諒解，明朝守將態度強硬，希望荷蘭人迅速離開澎湖，惟荷人採觀望的態度，因而在一六二四年八月爆發了明、荷之戰，由於兵力懸殊（明代有大軍上萬，荷人只有八百）最後由南中國海的海盜李旦居間調停，明、荷雙方達成協議：

1.荷軍退出澎湖；

2.對於荷軍佔有台灣一事，明廷沒有異議；

3.允許荷蘭人今後在明帝國通商貿易，而明帝國也派遣商船前往台灣、爪哇與荷蘭人進行交易（註8）。

由此可以看出中國在明、清時代看重澎湖而不知道台灣的重要，當然這與當時的交通工具及對大自然氣候無法掌握有關。既然明帝國默許荷人可以到台灣，荷人乃於一六二四年從台灣西南岸的鹿耳門進入台江，在今安平地方建Orange城，後來改名爲Zeelandia（熱蘭遮城，今安平古堡前身）荷人另在台江對面向平埔族購得赤崁建倉庫、宿舍，然後慢慢發展成商業中心，因而荷人蓋了Provintia城（今赤崁樓前身），此兩城實爲荷人在台灣的行政及商業中心。（註9）

　　至於荷蘭人，中國人叫他們做「紅毛」，大體上以外表的膚色來稱呼。由於中國人很少能夠分辨歐洲各國人種，故早期均以「紅毛」、「紅毛夷」、「紅毛番」、「紅毛鬼」或「番鬼」稱歐洲白人。中國人描寫他們是「白晰、長大、深皆、青碧眼、大鼻尖準、毛髮鬚眉皆白，狀似彌猴，語多譎智善賈」（註10）。而《台灣府舊志》說荷蘭人因遇颱風才飄到台灣，向台灣原住民租地住，起初原住民是不允許的，後來荷蘭人乞求「得一牛皮之地足矣，遂許之」，但是「紅毛剪牛皮如縷，圈匝已數丈。因築安平鎮、赤崁樓。漳、泉商賈集焉。」（註11）這就是荷人逐漸侵佔台灣之始。

　　荷人既據台，其面臨之問題則有：

1.如何對付原住民？
2.台灣雖小，但大部分未開發，荷人在台灣人數不多，如何開發？
3.荷人據台不久西班牙人亦乘機佔領北部淡水、基隆一帶，如何驅逐？
4.如何利用台灣優勢做貿易據點？

第十一章　荷、西、鄭氏王朝在台的經營與台灣的經濟、社會及文化的影響

荷人在台灣時（主以台南），接觸的原住民為西拉雅族（Siraya），他們分布在台南附近，主要有新港社（今台南新市鄉）、麻豆社（今台南縣麻豆鎮）、蕭龍（今台南縣佳里鎮）、目加溜灣社（今台南縣安定鄉）、大目降社（今台南縣新化鎮）等社，人口約四千餘人。而荷人據台初期因人力不多，至一六五四年駐台軍隊也不夠只有九百六十一人而已（註12）。

　　從一六三五年起因福建沿海平靜，北部西班牙勢力已弱，加上荷人與日本的關係已改善；因此，從一六三五年後荷蘭人乃大力由台南向外擴張，自然面對的是與荷人敵對的原住民，荷人的軍事行動是先從討伐麻豆社等再向南部擴張，接著討伐中部和東部原住民再推向北部基隆。到一六四四、一六四五年荷蘭人幾乎掃平北部、中部和東部的原住民，因而掌控了整個台灣（註13）。在征討原住民的過程中，荷人是相當殘酷的，幾乎以屠殺、燒村、砍倒果樹的方式（註14）。此外，利用「番」制「番」、「番征番」的方式，間亦利用漢人，結果造成「漢、番」的猜忌，自然這是標準的「分而治之」的方式。當然，荷人的南北征討，不全然是為擴張領土，而是利用機會取得他們認為的經濟利益如：鹿皮、鹿肉、礦產、硫磺和煤礦等，而荷人「每征服一社，都要令原住民簽署明文規定願意讓渡土地的條約，而且還要令原住民首領攜帶種在土裡的椰子和檳榔樹來到熱蘭遮城，表示已將土地讓給荷蘭議會。」（註15）

　　荷人的南征北討以當時原住民的估計約為十五至二十萬人，荷人約控制了一半左右的原住民（註16）。為了控制原住民，荷人在原住民地區設地方議會制度（Landdagh），以每村選出的長老（即村長）和牧師來控制，而為使長老有合法性，荷人發給長老們衣服、藤杖和荷蘭旗幟。從一六四四年八月以後每年要召開一次

地方會議，長老們得報告轄區內的事，荷人加以考核並給予獎懲（註17）。

　　荷人為便於控制，將他們能掌握原住民的三一五村落（北部六十九個、南部九十二個、淡水九十三個、卑南六十一個），全台分為四個地方會議區：北部（大員以北）、南部（大員以南）、卑南（台東）和淡水四區，原則上每年開一次會，一般會議時間則在三、四月，但只有北部和南部如期舉行，淡水和卑南則因控制力不強並未能如規劃（註18）。此外，荷人對原住民從一六四四年開始徵收貢賦，一般而言是繳交鹿皮或稻米（註19）。荷人對原住民一直不放心，深怕因荷人在台人數不多，原住民起而反抗，因此荷人必須防範較長老有影響力的領主（即一個領主統轄十數個村落），荷人因而想剝奪他們的特權如行使斬首權，對領內原住民，他擁有征租權不再傳給其子女或家屬等（註20）。

　　此外還限制了原住民的活動範圍，諸如不得外出狩獵、禁止與漢人有任何交往、漢人不得在村內居住或捕鹿、漢人供應原住民生活必需品。並自一六四四年十一月起「規定凡要進入村社進行貿易的商人，必須事先提出申請，經過投標中選，還要有股實商人的擔保，才可進入村莊（註21）」。

　　荷人除了征服原住民外，也派傳教士和教師到原住民區去傳教。傳教地區主要還是在大員附近，北部、東部則尚無暇注意到此。荷人對傳教是相當積極的，自然其目標是為使原住民服從荷人統治，當時對原住民規定極為嚴格，是強迫性的。無故不到教堂或上學者（學校亦為傳教之用）要處以罰款甚至鞭笞，當然為鼓勵原住民上教堂或學校，也有以實物、衣服或布料甚或是津貼補助優秀的原住民，希望他們能發揮功能繼續傳教，惟後來荷人被鄭成功驅逐後，不少原住民或漢人隨即不信基督教而改信其原

333

來宗教，故收效並未如預期（註22）。

荷人為使原住民服從於荷人，故對原住民的教育可說是相當費時費力，因之影響最大，不少原住民「學會了用拉丁文拼寫他們的語言」，他們用「羅馬拼音書寫他們自己的母語，這是西拉雅族用此文字書寫契約文書」，荷蘭的牧師「教導土著民族用拉丁字母書寫他們的語言，所謂用拉丁文書寫，就是用拉丁字母（又稱羅馬字）來表音，把語言拼寫出來」牧師也用新港語翻譯聖經和宗教教材（註23）。這些文書被稱為「新港文書」（註24），目前還存留一百五十件以上，但只識約五十件，其餘則有待學者的研究及解讀（註25）。

當時台灣原住民有二十萬人，但在整個島的分布還是很零散的，因此荷人為了積極開闢台灣，生產蔗糖及稻米，不得不引入大陸的漢人甚至日本人來台開墾。過去漢人來台居住只是少數且有季節性，荷人為了開發台灣，需大批的勞力，因此這些來台的移民，有的是透過有組織的私人關係如鄭芝龍、蘇鳴崗，有的則是零星的來到台灣。尤其自一六三五年以後來台者漸多，這些漢人大部分從廈門和安海到台灣（註26），大概在滿清入關前，漢人到台灣有來有往，每年平均住下的人還不到一半。但自滿清入關後，尤其是一六四六年清軍入關後的兵災兵害，使福建人移往台灣的人數大量增加。由於當時台灣仍然地廣人稀，荷人自然希望中國人來台為他們開墾，不過對中國人來台開墾荷人是給予相當的限制的，除提供耕牛、農具及資金外，對漢人是要控制的，也不給土地所有權，並限制他們任何政治和經濟活動。漢人不能任意的遷徙，更不允許漢人累積財富，當然擁有武器更是不允許。荷人自然也會防範漢人與原住民的結合（即使男女婚姻亦如此），故禁止漢人與原住民交易，凡此種種均可看出其在台灣的剝削和

壓榨土著的殖民心態。

　　漢人雖然越來越多，但是荷人卻對他們苛征重稅。當時主要的稅除關稅（貨物稅尤其以食品為大宗）、人頭稅（不分男女，七歲以上每月徵1/4 real）外，尚有田租（即稻作稅，主要為「十分一稅」，按土地肥沃貧瘠程度分為上中下三等稅則）、村社貿易稅、打漁鹿的漁獵稅（漁獲的十分之一，出口鹿肉、鞭、茸與羌皮亦十分之一）、房屋稅、商販與釀酒業者執照費、按船隻大小課徵的進出口稅（註27）。在原住民地方委由社商包稅──主要為貨物交易稅等等，當時荷人課征大多以實物為主，如鹿皮、稻穀或蔗糖，鹿的捕殺使原產量甚多的台灣銳減，台南的鹿則已消失（註28）。而人頭稅、村社貿易稅及稻作稅三者佔總稅收入的86％以上（註29）。至於漢人墾地的管理者，則委由牧師及學校教師（註30）。當時漢人來台者多，甚至已達二萬五千戶十萬人（註31）。

　　荷人把原住民、漢人大致控制後，就要對付佔領台灣北部的西班牙人。原來西班牙在一五八六年四月製訂征服中國十一款計劃時，就把台灣列入其想征服的地方，後來基於現實利益的考量，尤其中國的生絲和維持馬尼拉與福建的交通，以及荷蘭人在台灣南部的威脅就非取台灣不可（註32）。乃於一六二六年五月派Antonio C. Valdes率十四艘船由台灣東海岸繞過三貂角而進入雞籠港，接著又佔領滬尾，進入台北平原（一六三二年三月），然後以這兩個據點向附近的北投、八里岔、新店溪擴張，甚至一度擴張到宜蘭（一六三四年）、蘇澳一帶。西班牙在雞籠北部的社寮島上建築一個城堡取名San Salvador，淡水建Santo Dominic城堡，並在雞籠、滬尾各蓋一座教堂（註33）。強迫原住民信天主教並要向西班牙納貢（註34）。當然，西班牙入侵台灣的據點都是原住民平埔

族凱達格蘭人和噶瑪蘭人的土地，因此也引起這些原住民的反抗，但都是遭到無情的屠殺而被鎮壓下去。

　　西班牙人據台其目的不外是傳教與對付荷蘭人。他們派了三十多位傳教士在台灣傳佈天主教，並想向日本傳教，在西班牙教士的努力下，原住民有四人受洗，至於對付荷蘭人，西班牙人企圖阻斷荷人的商業通道並吸引日商、華商來台貿易，並不很成功。尤其日本厲行禁教，西班牙與日本關係一直未改善，此外北部台灣天氣炎熱，不適合西班牙人居住，故紛紛離開台灣北部而回馬尼拉。再者，當時國際需要的糖、米和鹿皮主要生產地均在荷蘭人控制下的南部（註35），西班牙佔據下的菲律賓南部民答那峨回教徒和台灣的原住民不斷的反抗，因而西班牙認為只好把軍隊（四分之三）調回菲律賓，在台灣只留一百多名防守，可說力量相當單薄，此舉給了荷蘭人機會，故荷蘭人乃利用機會驅逐西班牙人（註36）。如上所述，荷人與西班牙在殖民史上一直是對立的，荷人佔台灣之後二年，西班牙即佔台灣北部，初期荷人忙於對付原住民無暇北顧，但對西班牙在北部荷人曾多次派人暗中偵察。一六四一年八月荷人林迦上尉領一支三百一十七人組成的船隊到雞籠，希望西班牙投降，但遭拒絕。次年荷改派哈勞西上尉率六百九十名士兵乘七艘船向台北進攻，經過五天激戰，西班牙一百多名士兵不敵投降，從此荷人勢力才真正抵達台灣北部（註37）。

　　荷人統治台灣雖只有三十八年（一六二四至一六六二），但對台灣後來的影響還是很大，其中最重要的莫過於使台灣成為亞洲甚或在十七世紀很重要的貿易轉運地方，荷人到中國搜購「生絲、瓷器、砂糖、紡織品以及台灣的鹿皮：而銷往中國大陸的貨物，主要是東南亞的香料，如胡椒、丁香、蘇木蘇蘇生絲、砂

糖、鹿皮輸往日本，運回的是大量的白銀和少量商品生絲及砂糖：瓷器運往巴達維亞再轉運歐洲，運回的是香料及少量的歐洲貨物。砂糖輸往波斯，中國黃金運往印度沿岸的羅曼德爾」。除此之外，還有各國繁多的商品入流通領域（註38）。台灣「除了稻米、木材在台灣消費外，絕大部分都是輸往中國獲利。」（註39），因此荷人在鹿皮、生絲和砂糖商品的獲利平均利潤率（毛利）至少在100%以上（註40）但這種優勢因中國明末政治波及東南沿海的動亂，鄭芝龍不願意與荷人配合貿易，加上荷人當時只是嗜利而不積極開發台灣，故一六四〇年後台灣的經貿轉口地位因而下降，才使「荷人加緊在島內擴張，同時強化殖民統治，移民與土地開發也得到較快的發展」（註41）。

然而荷蘭人在台的經營，得不到在台漢人的支持與認同，尤其是一六五〇年以後台灣的稻米、甘蔗生產大量降低，而荷人卻加強徵稅，甚至不惜派稅吏和士兵挨家挨戶搜索，人頭稅由原來的1/4 real增加到1/2 real，稅越重，漢人對荷人越反感，漢人苦不堪言（註42）。尤其他們自一六五〇年之後收入已減少，因此引起住在赤崁以北二哩的士美林（或叫油村）農民領袖首領郭懷一率領農民反抗。郭懷一為住在赤崁的農人（一種「甲螺」），為人仗義疏財，因不滿荷人欺壓漢人，才號召附近農民起來反抗，原訂中秋節宴請荷人乘機殺之而攻入赤崁，但事機不密，為大員附近村長普仔及其弟保宇（郭跑）密告，乃於一六五二年九月七日晚上起義反抗荷人，但荷人很快地的動員他們的軍隊，並且利用原住民來對抗反荷的農民。由於這次起義太過倉卒，而參與起義的農民平時沒有訓練，武器又是竹竿、鋤頭、棍棒……等等原始器具，自然很快的被打敗，郭懷一則在一次激戰中箭死亡，荷人乃利用機會大肆屠殺這些反抗的漢人，據說漢人三千多人死亡或餓

第十一章　荷、西、鄭氏王朝在台的經營與台灣的經濟、社會及文化的影響

死的，約佔在台漢人的五分之一（註43）。荷人雖屠殺了很多漢人而鎮壓反抗的漢人，但此次屠殺也引起在台及大陸漢人對荷人的仇視，因此一有機會他們必乘機報復，此即後來鄭成功的收復台灣驅荷行動。

參、鄭成功復台驅荷

　　鄭成功為鄭芝龍之子，鄭芝龍在明末已是亞洲第一海上豪強。鄭成功於一六二四年八月二十七日（天啓四年七月十四日）生於日本，一名福松，母田川氏為日人。七歲時回中國就學，十五歲考上秀才。惟時明政大壞（唐、桂、魯），及滿清入關，黃河以北全為清人所佔，接著南京新成立政府亦不保。一六四五年（明弘光元年；清順治二年）清兵大舉度江，金陵不守，唐王（即隆武帝）即位福州，繼續抗清，並力攏鄭芝龍，然鄭芝龍因內部不協，與一般官員也不合，見清軍勢力龐大、所向無敵，為保家財及生命的安全，對自己是否繼續支持南明乃動搖。鄭成功受儒家薰陶，漢賊不兩立，決與滿清對抗。唐王隆武帝對成功賞識，賜姓朱改名成功，故後有「國姓爺」之稱。一六四六年（隆武六年；清順治三年）封鄭成功為忠壽伯，賜尚方寶劍，便宜行事，掛招討大將軍印。而清軍入關隆武遇害（於汀州），鄭芝龍決定降清；然成功斷然拒絕與父親投降，矢志抗清（註44）。鄭成功隨即以儒生抗清，在烈嶼（今小金門島）誓師起兵，惟當時整個中國除閩粵浙沿海之外，均為清廷所佔，成功乃向泉州、潮州等地發展，但出師不利，直到一六五〇年（永曆四年，順治七年）才取得廈門（中左）金門（浯嶼）。一六五三年受封延平郡王，次年

338

（永曆八年；順治十一年）取得漳州府和所屬十邑及泉州府的屬邑，勢力曾一度達福州，影響力逐漸擴大，實際為一臨時政府的分府組織（註45）。

鄭成功為統御軍民，崇尚嚴刑峻法，親族犯罪絕不寬貸，有功則賞，治軍嚴整，親自督兵觀操，故軍紀肅然，其軍隊最高達二十萬以上，為維持這隻抗清部隊，餉銀來源除由大戶捐獻外，其實主要還是藉海外通商貿易，他的商船往來於日本、南洋、琉球各地，由官加以稽察，可說是一種國營貿易（註46）。據統計從「一六五○至一六六二年，鄭成功海外貿易收入每年約達二百五十萬銀兩左右，約佔其軍事、行政支出的62%強」（註47）。

鄭成功的勢力在清廷看來一直是威脅東南沿海的安寧，因此想盡各種辦法，尤其是利用他的父親、弟弟們都在清廷手中來誘降，故清廷三次遣人（永曆七、八、九年）到成功處勸降。第二次還派成功的弟弟鄭渡、鄭蔭以兄弟全家性命確保來說服他，但成功還是不為所動（註48）。為了恢復明朝大業，為了對抗滿清，一六五八年（永曆十一年）桂王冊封成功為「延平郡王」，希望他「從速進師江南，向天下伸大義」（註49），成功乃於次年率八十萬大軍（號稱八十萬，事實可能只有二十多萬人）會合兵部右侍郎張煌言北伐，不幸在羊山遭颶風，損兵折將不少，乃退回舟山休養生息。一六六○年（永曆十三年）再度出師北伐「入長江，直取瓜州，下鎮江，勢如破竹圍南京，軍勢大振，時值只一月，江南江北，計有四府、三州、二十三縣、二十九城來納款，東南震動，清廷恐懼」（註50）。南京正在旦夕可以攻下，惜成功不聽部將甘輝諫言，反受清守將郎廷佐緩兵計所騙，幾乎全軍覆沒。南京戰役鄭成功慘敗，不得以只好率殘部返廈門。清廷想乘勝追擊，乃於次年派兵攻金廈，雙方大戰於金門灣。初戰鄭軍不利，

後因風向轉變，清兵反而慘敗，死一千六百人，清統帥將軍達素自殺（註51）。

鄭成功雖保有金門及廈門，但滿清的威脅時時俱在，此外養大軍非有糧餉不可，金廈並非理想農墾地，而台灣土地肥沃，如能取得台灣，供養大軍自不成問題，台灣是他父親的產業，台灣應只是暫借荷人，而台灣卻爲荷人佔領。荷人在東南沿海貿易又時常劫掠中國船隻，迫使鄭成功「刻示傳令各港澳並東西夷國州府，不准到台灣通商。」（註52）如此使荷蘭東印度公司貿易受損甚重，而兩岸之間船隻往來亦中斷一年（一六五六年）。荷人總督揆一（Frederick Coyett）不得已派通事何斌向鄭成功請求解除封鎖，荷人「願年輸銀五千兩，箭枋十萬枝，硫磺千擔」（註53），可見荷人與鄭成功之間的摩擦。金、廈與台灣之間的依存關係甚大，一六五七年海禁重開，荷船又滿載貨物。至於何斌此次到廈門，爲揆一負責與鄭成功溝通，鄭成功提議在台徵稅，揆一答應，但未公開。以致後來何斌在台征稅變成不法，最後何斌乃投鄭成功（註54）。

對荷人而言，鄭成功控制了金門廈門，也等於控制中國東南沿海的制海權，爲了荷屬東印度公司的生存貿易權，荷鄭之間的衝突勢不可免，而荷人事實上也視鄭成功爲最大的敵人。因此，一六五〇年時荷蘭的東印度公司董事曾做決議，熱蘭遮城的守衛兵不得少於一千二百名，並且在城內準備了十個月的木材，把熱蘭遮城用「石條和木柱重修城堡的牆角和外圍的壘牆」（註55）。

鄭成功在南京戰役失敗退守金廈時，有關鄭成功將攻打台灣的謠言不斷。一六六〇年荷人在台加強戒備，並向巴達維亞總督請求加派兵力，但巴達維亞派遣的司令官燕·樊特朗卻不認爲鄭成功會出兵攻打台灣；乃留不到六百名士兵在台。但鄭成功卻在

一六六一年四月二十一日率二千五百名大軍從料羅灣啓航，直趨澎湖；四月三十日鄭軍在赤崁西北登陸，時荷人在台僅有大船兩艘，小船兩艘，以致無法阻止鄭軍登陸。鄭軍登陸頗為順利，加上在台灣漢人的協助（註56），包圍熱蘭遮城與普羅文查城，荷人雖發動反攻，但均被鄭軍打敗，海戰荷人傷亡更大（註57）。荷人派人與鄭成功談判，但鄭成功堅持立即交出城堡。荷人觀望，而荷人水源被鄭軍切斷；糧食難以為繼，彈藥有限，最後荷人被迫於五月四日繳出城堡（普羅文查城）與鄭成功簽訂投降協議。但熱蘭遮城內有荷人「一千七百三十三人，其中士兵八百七十人，砲手三十五人」，憑藉城牆的堅固擬與鄭軍對抗，同時巴達維亞亦派軍來援。九月十六日雙方大戰於大員，荷人折損二百至三百人，到一六六二年一月大員評議會終於議決放棄抵抗繳出城堡。二月一日最後總督揆一簽下投降書十八款；二月十二日荷人撤出熱蘭遮城（註58）；鄭成功收復了台灣，並在台灣建立了漢人在台灣的第一個王朝。

鄭成功的收復台灣，當然有其戰略及經濟考慮，但當時若不得到漢人何斌的投靠，提供荷人的情報，恐怕要在短期內驅走荷人是不容易的。何斌曾為荷人通事、包稅人員，熟悉兩岸有關貿易事務，將「赤崁城直入鹿耳門，水深有尺餘」報告鄭成功，此外何斌因在台頗久，熟悉荷人在台的統治及漢人對荷人的不滿，使鄭成功了解大軍入台必獲支持，加上何斌獻台灣的地形圖給鄭成功，使他掌握地理位置，故何斌對於鄭成功的收復台灣，應該是貢獻相當大的（註59）。

荷人在台灣統治三十八年之久（一六二四至一六六二），他將台灣島內和島外產品交換交流，台灣成為東南亞重要的出口與十七世紀東南亞貿易重要的據點。此外，荷人對原住民的教育、傳

第十一章　荷、西、鄭氏王朝在台的經營與台灣的經濟、社會及文化的影響

教和台灣的開發也有不少貢獻，可惜荷人在當時是以剝削高壓手段來統治漢人，因而造成漢人的反感，產生夷狄之辨，因而鄭成功贏得在台漢人的支持，在短期內驅逐荷人出台。

鄭成功驅逐了荷蘭人，但不到半年，卻在三十九歲的壯年去世，鄭成功的去世留下了很多不同的說法，但最近中外學者多少偏向鄭成功是染瘧疾而死的。至於其子鄭經私通乳母生子等，可能有加重鄭成功的病情（註60）。

鄭成功死後由其子鄭經世襲延平郡王，清對鄭經的存在自然不能容忍，乃於一六六三年與荷蘭聯合攻打金門、廈門，鄭經不敵撤退至銅山（東山）。到一六六三年三月幾乎無法立足於中國沿海，最後只好在一六六三年三月將全部軍隊撤退至台灣、澎湖。從一六六四至一六七四年十年間，在台勵精圖治，也頗有一番成果，可惜一六七三年參與「三藩之亂」，即清初開國有功的三位漢人：吳三桂（平西王）、尚可喜（平南王）、耿精忠（平南王）反清，但鄭經在抗清中耿精忠卻食言（耿原答應鄭經若參加抗清將讓其境內之漳、泉二府，後竟食言）而分裂衝突，耿精忠不敵清軍，最後乃投降清廷，並會同十餘萬的清兵攻打鄭經，六年的對抗，使鄭經勢力重創，因此一六八〇年二月鄭經全面退回台灣。

鄭經抗清失敗回到台灣，卻不力圖振作，反而每日沉醉不理政事，一六八一年去世，享年與其父同為三十九歲。鄭經死後，鄭氏王朝也陷於內鬥，原被立為監國可能繼位的鄭克臧被殺，由十二歲的鄭克塽即位，但是大權卻掌握在權臣馮錫範、劉國軒手中，他們利用機會整肅異己，朝廷內外上下頓失維繫力量，降將施琅（原鄭成功部屬）見機不可失，上疏康熙皇帝出兵台灣。一六八三年六月施琅率二萬多清兵及三百多艘戰船先取澎湖，守將劉國軒不敵，逃回台南，台灣人心惶惶，終於在八月十三日施琅

率軍攻入台灣：十八日鄭克塽率文武百官投降，鄭氏王朝自鄭成功驅走荷蘭人建立王朝，計傳二世共二十一年而亡。

鄭氏三代雖只傳三代二十一年，但他們對台灣的影響很大，今略敘述說明：

鄭成功驅逐荷蘭收復台灣，最重要的影響莫如中國沿海地區或其他地區的漢人聞風移民到台灣，台灣逐漸成為中國人移民的新天地。鄭成功到台灣時船隊即攜有犁、種子和其他開墾所需工具，他不僅鼓勵軍墾更鼓勵民墾，因之台灣南部地區大為開發，水利也逐漸修建。如果百姓要拓墾就由承天府負責，「拓墾須報開畝數，不按時呈報或申報不確實者，將田地沒官」、「文武官員頒發六個月之俸銀作為開墾之資本」（註61）。為了拓墾鄭成功把赤崁地方改為東都明京，設一府二縣（承天府、天興縣、萬年縣，改台灣為安平鎮）。鄭成功為使台灣糧食能自給自足，把兵士除留二旅兵守安平鎮及承天府外，其餘則讓士兵屯田，當時屯田之處有四十多處，屯營所在地以鹽水港，其次鳳山，再次台南，此士兵開墾的土地叫營盤田（註62）。鄭成功去世後鄭經繼位，大政委之陳永華（文為諮議參軍、武握勇衛）繼續鄭成功開墾之策「勸諸鎮開墾，栽種五穀，蓄積糧糈」，此外發展鹽業，嚴禁賭博，為維護治安教民「設立圍柵，劃分區域守衛」、「教匠取土燒瓦，往山伐木斬竹，蓋起廬舍」以代替過去的草厝，另外在台南建孔廟設學校、培植人才（鄭成功設有儲賢、育冑館），並制訂了科舉制度，「兩州三年二試，照科、歲例開試儒童。州試有名送院，院試取中，准充入大學，仍按月月課，三年取中試者，補六官內都事擢用陞轉。」（註63）最重要的當然是發展海外貿易——國際貿易，尤其日本、暹羅、越南、呂宋，並且希望收復廈門，以便開闢一個「禁止擄掠，

343 ••••••

第十一章　荷、西、鄭氏王朝在台的經營與台灣的經濟、社會及文化的影響

平價交易」的市場，以破除滿清對台灣的封鎖（註64）。鄭氏時期海外貿易之盛，連英國東印度公司亦到安平鎮及廈門兩地通商，並於台江（今台南附近）沿岸設立倉庫，以發展東亞之貿易，但後來收穫不大乃撤館（註65）。

當然，清廷對鄭氏經濟擴張、資源來源不斷也曾試圖封鎖，此乃海禁及遷界令。讓沿海居民無法與鄭氏來往，但鄭氏商人就是有辦法突破，此即在大陸沿海設「一些走私、透越的據點，從西將貨物轉運台灣。」另外即採取收買守邊官兵的方法，結果使清代的封鎖功虧一簣（註66）。故鄭氏雖歷經數次戰爭失敗，但其船隻在東南亞一直獲利，才有能力支撐軍事力量，而鄭氏政權的船隻往返貿易很廣，抵達今之中南半島、東南亞等地。「向日本輸出的商品主要有：鹿皮、砂糖、藥材、絲織品等。從日本輸入的則有銅、鉛、兵器、盔甲、黃金、白銀、錢幣等。而從東南亞等地輸入的商品則是：香料、蘇木、銅、鉛、錫、象牙、燕窩及各種布料等。」（註67）因此，台灣依然是一個東亞的貿易地方，由於台灣對外貿易的發達，台灣事實上是亞洲各地物產交換重要的港口之一，鄭氏王朝由此獲利，才能以台灣一個小島對抗滿清大帝國，讓滿清如芒脊在刺達一、二十年之久，不是沒有原因的。

總之，台灣在荷據的三十八年和鄭氏王朝的二十一年，台灣大部分的地方已逐漸開墾，漢人移民到台灣的日多，台灣儼然成為當時漢人的世外桃源。而荷人對台灣最大的貢獻莫若把台灣帶入十七世紀的國際貿易體系，台灣成為東亞重要物產的交流交換地。而鄭氏三代對台灣文經教育甚至開發都有不可磨滅的貢獻。

註　釋

1.參看劉明翰主編（1996），《世界通史：中世紀卷》，頁540-554，北京：人民出版社。

2.高亞偉（2002），《世界通史》，上冊，修訂十二版，頁：347-348，台北：文太印刷企業有限公司。

3.東嘉生（1985），《台灣經濟史概說》，頁17，台北：帕米爾書局。

4.李筱峰、林呈蓉（2003），《台灣史》，頁50，台北：華立圖書有限公司。

5.高亞偉，《世界通史》，上冊，頁348。

6.同上，上冊，頁348-349。

7.李筱峰、林呈蓉，《台灣史》，頁51。

8.李筱峰、林呈蓉，同上，頁51。

9.李筱峰、林呈蓉，同上，頁52。

10.唐贊袞（1996），《台陽見聞錄》，頁2，南投：台灣省文獻會。

11.同上，頁10。

12.楊彥杰（1992），《荷據時代台灣史》，頁71-74，南昌：江西人民出版社。

13.楊彥杰，頁73-82。

14.陳孔立主編（1996），《台灣歷史綱要》，頁43-44，北京：九州圖書出版社。

15.楊彥杰，頁82-85。

16.楊彥杰，頁87。

17.楊彥杰，頁87-88。

18.楊彥杰，頁90-91。

19.楊彥杰，頁91-93。

20.楊彥杰，頁95。

21.楊彥杰，頁97。

22.楊彥杰，頁101-114。

23.周婉窈（1997），《台灣歷史圖說》（史前至1945年），頁56-59，台北：中研院台灣史研究所籌備處。

24.楊彥杰，頁111。

25.李壬癸（2003），〈新港文書研究〉，《通訊》，頁52-57，南港：中研院學術研究諮詢總會。

26.楊彥杰，頁154-160。

27.韓家寶（2002），《荷蘭時代台灣的經濟、土地與稅務》，頁129-148，台北：播種者文化有限公司。

28.林仁川、黃福才（2002），《台灣社會經濟史研究》，頁15，廈門：廈門大學出版社。

29.楊彥杰，頁222-235。

30.東嘉生（1985），《台灣經濟史概說》，頁19-20，台北：帕米爾書局。

31.東嘉生，頁19；江樹生，〈荷據時期台灣的漢人人口變遷〉，財團法人北港朝天宮董事會、台灣省文獻會編（1985），《媽祖信仰國際學術研討會》，頁23-24。到1661年漢人不過25,000-30,000人而已。

32.楊彥杰，頁62。

33.陳孔立主編，頁44-45。

34.楊彥杰，頁64。

35.李筱峰、林呈蓉，《台灣史》，頁62-64。

36.楊彥杰，頁65。

37.陳孔立主編，頁44-45。

38.楊彥杰，頁117-121。

39.楊彥杰，頁128。

40.楊彥杰，頁121。

41.楊彥杰，頁140-153。

42.東嘉生，頁27-28。

43.楊彥杰，頁242-249；范勝武（1998），〈郭懷一抗荷事件三地點試
　　探〉，《台灣文獻》49：1，頁92-94。

44.郭廷以，頁34-36。

45.郭廷以，頁37。

46.郭廷以，頁38。

47.楊彥杰，頁257。

48.盧紹稷（1969），《中國古代名將》，頁109-111，台北：華國出版
　　社。清代曾八次試圖與鄭氏王朝和平解決紛爭與衝突，詳郭廷以，
　　《台灣史事概說》，頁76-86；吳正龍（2000），《鄭成功與清政府間
　　的談判》，台北：文津出版社有限公司。

49.吳正龍，頁111。

50.吳正龍，頁112。

51.吳正龍，頁112。

52.陳孔立主編，《台灣歷史綱要》，頁75-76。

53.陳孔立主編，頁76；楊彥杰，頁265-266。

54.楊彥杰，頁267。

55.楊彥杰，頁75。

56.楊彥杰，頁280。

57.楊彥杰，頁275-279。

第十一章　荷、西、鄭氏王朝在台的經營與台灣的經濟、社會及文化的影響

58. 楊彥杰，頁273-286。

59. 楊彥杰，頁267-273。

60. 楊雲萍（1993），《南明研究與台灣文化》，頁399-424，台北：風物雜誌社；尤其是第410頁之後；連橫（1983），《台灣通史》上冊，頁28，北京：商務印書館。

61. 連橫，上冊，頁26；黃典權（2002），《鄭成功史事研究》，頁51-53，台北：商務印書館股份有限公司；陳孔立主編，《台灣歷史綱要》，頁99-104。

62. 東嘉生，頁30-31。

63. 東嘉生，頁58-60。

64. 東嘉生，頁61；連橫，《台灣通史》，上冊，頁30。

65. 東嘉生，頁32。

66. 陳孔立主編，頁111-114。

67. 陳孔立主編，頁114。

問題討論

一、荷蘭和西班牙爲何在十七世紀會佔領臺灣？他們在台灣的經營對後來的臺灣有何重大的影響？

二、荷蘭人對原住民如何控制？對原住民文化有無影響？

三、鄭成功爲何要驅逐在台灣的荷蘭人？試說明鄭氏三代在台灣的經營對臺灣的經濟、社會和文化的影響如何？

參考書目

劉明翰主編（1996），《世界通史：中世紀卷》，頁540-554，北京：人民出版社。

高亞偉（2002），《世界通史》，台北：文太印刷企業有限公司。

李筱峰、林呈蓉（2003），《台灣史》，台北：華立圖書有限公司。

東嘉生（1985），《台灣經濟史概說》，台北：帕米爾書局。

唐贊袞（1996），《台陽見聞錄》，南投：台灣省文獻委員會。

黃秀政、張勝彥、吳文星（2004），《台灣史》，台北：五南圖書出版股份有限公司。

陳宗仁（2005），《雞籠山與淡水洋：東亞海域與台灣早期史研究：1400-1700》，台北：聯經出版事業股份有限公司。

陳國棟（2005），《台灣的山海經驗》，台北：遠流出版事業股份有限公司。

湯錦生（2005），《閩南人的海上世紀》，台北：果實出版，城邦文化事業股份有限公司。

楊彥杰（1992），《荷據時代台灣史》，南昌：江西人民出版社。

陳孔立（1996），《台灣史綱要》，北京：九州圖書出版社。

周婉窈（1997），《台灣歷史圖說：史前至1945年》，台北：中央研究院台灣史籌備處。

李壬癸（2003），〈新港文書研究〉，《通訊》，頁52-57，南港：中央研究院學術研究諮詢總會。

韓家寶（Pol Heyns）（2002），《荷蘭時代台灣的經濟、土地與稅務》，台北：播種者文化有限公司。

台灣社會、經濟與文化的變遷

林仁川、黃福才（2002），《台灣社會經濟史研究》，廈門：廈門大學
　　出版社。

江樹生（1985），《荷據時期台灣的漢人人口變遷》，財團法人北港朝
　　天宮董事會台灣省文獻會編，媽祖信仰國際學術研討會。

范勝武（1998），〈郭懷一抗荷事件三地點試探〉，《台灣文獻》，頁
　　92-94。

郭廷以（1996），《台灣史事概說》，台北：正中書局。

盧紹稷（1969），《中國古代名將》，台北：華國出版社。

吳正龍（2000），《鄭成功與清政府間的談判》，台北：文津出版社有
　　限公司。

楊雲萍（1993），《南明研究與台灣文化》，台北：風物雜誌社。

黃典權（2002），《鄭成功史事研究》，台北：商務印書館有限公司。

連橫（1983），《台灣通史》，北京：商務印書館。

第十一章　荷、西、鄭氏王朝在台的經營與台灣的經濟、社會及文化的影響

第十二章　戰後台灣經濟社會與文
化變遷

賴澤涵

中央大學榮譽教授、
玄奘大學專任講座教授、
國立交通大學客家文化學院指導委員會委員

作者簡介

賴澤涵

　　台灣省台中市人，國立台灣師範大學歷史系第一名畢業，一九六八年獲美國伊利諾大學（香檳——歐本那校區）歷史學系的Fellowship攻讀學位，獲碩士、博士學位後，留校為客座教授二年。先後曾為史坦福大學胡佛研究所高級研究員、美國伊利諾大學研究員、東海大學歷史所客座教授，中山、東海、中興、師大、文化、政大、清華等校兼任教授。

　　一九九〇年為行政院「二二八事件研究小組」委員兼總主筆、「二二八碑文」總主筆。一九九三年借調到國立中央大學設歷史研究所、客家研究中心並創客家學院。先後擔任所長、中心主任、文學院院長，並為教育部公費留學考試人文社會組召集人、教育部國中及國小課程標準委員、教育部改進基礎教育委員、總統教育獎決審委員。二〇〇〇年獲哈薩克共和國國家院士（人文組）。二〇〇三年八月一日自中大退休，獲聘為榮譽教授、玄奘大學專任講座教授、國立交通大學客家文化學院指導委員會委員。

　　賴澤涵早期研究為「廣州革命政府之研究」（先後發表六篇論文）、「中國家庭制度變遷」，後來研究台灣「二二八事件」及「白色恐怖事件」。出版專書三本：主編六本：最近研究則以中國和台灣百年的社會運動（一九〇〇至二〇〇〇）的比較，發表中外論文百篇以上。

教學目標

使學生們了解台灣戰後權威體制的建立對於人民的生活有何影響，以及台灣如何由戰後的貧困走向富裕而多元的社會的艱辛歷程。

摘　要

台灣在一九四五年因日本戰敗而回歸中華民國，戰後由於戰爭的破壞、工廠未能復元，以致人民生活困苦。當時國民收入很低，不到百元美金，後經歷「二二八事件」、「白色恐怖」，人民生活在恐怖之中，但權威體制加上美國支持，及國際的冷熱戰，使臺灣逐漸安定，經濟逐漸發展，從一九六〇年代起每年經濟成長率均高於8%以上，創造了外國所稱讚的「經濟奇蹟」，臺灣列入近代化的國家。

隨著經濟的發展，臺灣社會結構也逐漸分化，中產階級越來越多，對推動臺灣的民主和社會的安定有相當的貢獻。

但臺灣隨著經濟的發展，也產生不少工業先進國的問題：如環境污染、土地過度開發使用，以致水災與土石流不斷的問題，情況相當的嚴重，有賴政府採取行動挽救。

至於文化道德方面，隨經濟發展傳統價值體系如父權、孝道、師道逐漸式微，社會正義有待建立，而過去國民黨執政時期

重傳統、大中國思想，使本土文化遭到抹煞，今則重本土文化，
然「國際化」和「全球化」的視野則有待強化。

壹、前言

一九四五年八月十四日日本戰敗宣布無條件投降，中國歷經八年抗戰總算在勝利國的一方，按照戰時開羅會議宣言，日本在二戰前所侵略中國的土地如滿洲、台灣和澎湖都應歸還中國，中國也由國民政府主席蔣中正派臺灣行政長官陳儀到台灣接收。陳儀一行於十月二十四日抵台北松山機場，受到無比熱烈的歡迎，次日在今天的台北中山堂（日據時期稱人民公會堂）接受日本在台最後一任總督安藤利吉的投降，陳儀也宣佈台灣人從今日起成為中國人。

臺灣回歸祖國，台灣人真是歡欣鼓舞，城市到處都有歡迎祖國的牌樓，商店、電影院打折優待來台的官兵和政府人員，人民很熱心學習國語和三民主義，國旗在臺灣變成暢銷貨，甚至缺貨自己畫。台灣人大概都以為從此可以當家做主，不必再做二等國民了。可見當時日本在戰爭末期極力的推動皇民化並未成功。

但是台灣人的歡樂時光並不久，來台接收的官員和軍隊等等卻讓台灣人大失所望，因而對祖國的態度也由熱愛變成希望的幻滅，終而與政府對抗，此即台灣四百年史上最悲慘的屠殺「二二八事變」(註1)

貳、二二八事變

　　首先，台灣人民對大陸來台的接收人士相當的反感，因為政府「放任內地來的公務員以形同霸佔的方式封房子」只要稍微好的日本房子，都被這些接收人員侵占，貼封條。以至一棟房子有好多封條，台人及當時日本人無不對他們痛恨。其次台灣光復不久，政府就因反日，禁止日語與日文，而接收人員又不學台語，因此形成溝通的困難，台人的不滿可想而知（註2）。此外，台灣人民對祖國不滿可說從制度到民生各方面。從制度而言，政府接收臺灣不設省政府，卻設「行政長官公署」引起台灣人民對政府的疑慮。因為日據時期在台灣設「總督府」，它擁有行政權、立法權和軍事指揮權；而現在的「行政長官」權力可能高過「總督府」，因為它還可以指揮中央在台灣所有的機構，因而被臺灣人諷刺為「新總督府」。至於日據時期重要的民生物品如米、糖、菸酒、木材、火柴、樟腦、鴉片等十二項物品都由政府控制，臺灣既然光復，政府不但不放鬆這些管制，還對重要物品設了「專賣局」管制。至於台灣重要物品的輸出輸入則設有「貿易局」控制，商人叫苦連天無利可圖，人民則甚感不便。而日常生活及治安則比日據時期差太多，台灣產米，「一年米三年餘糧」，如今台灣光復不到一年半載，全島普遍缺米，政府力圖搜索囤積米糧，米價反而高漲，以致在一九四六年底及一九四七年初，即有人民因缺米而餓死街頭的報導，人心惶惶不可終日。加上年輕人失業者多，尤其被日人徵召到東南亞、海南島服兵役或充當伙夫的回台軍人，更是找不到工作，形成火上加油之勢。

至於來台接收官員除有些部門（工礦、電力公司等）較爲自愛外，大部分的都貪污腐化，且甚至沉溺於舞廳酒池。服務於政府部門或教職的台人與來自大陸的待遇不同（理由是大陸來台者爲邊區之加給）而辦事效率又不如日據時期。軍隊的紀律，尤爲台人的隱憂，更讓台灣人感覺氣餒的是，來台的大陸人士居然認爲高於台灣人一等（註3）。把台灣當做是征服地爲所欲爲，這些社會的現象報章雜誌曾有人批評；漫畫諷刺者不少，但卻未引起主政者的關心與注意，做及時的改進。（註4）

台灣既然光復，台灣人熱切的盼望有貢獻建設台灣的機會，尤其光復初期，台灣人熱衷政治，如今一位難求，政府卻以台人需受國語訓練才能任用，台人失望者多。服公職者至多升到科長而已。政治上不如意，批評及不滿政府者日多，對政府所有措施普遍不滿，而政府官員卻不聞不問，依然過著高於台人一等的生活。

當然一個重大歷史事件的爆發都有它錯綜複雜的背景，而導火線往往可能是一樁被認爲是微不足道的小事，所謂「星星之火，可以燎原」就是臺灣當時的寫照。台灣光復到一九四七年不到一年半，從心理面、政治面、經濟面等等來看，台灣人可說從期望到失望，由失望到完全的幻滅，當時不少報章雜誌已發出警告，台灣已在火藥庫上，可惜當時主政的人視爲媒體的誇張，以致錯失彌補機會。

但眞正導致全台反政府的爆發原因應是經濟因素，尤其米糧的缺乏，因而導致台灣走私的嚴重，此影響專賣局的收入，爲此專賣局乃嚴屬的取締走私，結果爆發了台灣史上「二二八事件」。

原來台灣人民對政府不滿在接收台灣不久的半年之後已逐漸的顯現出來，但政府官員卻陶醉在勝利和征服者的歡樂裡，後來

米糧問題嚴重，政府採取的政策卻是高壓的搜查和打擊囤積，結果反而適得其反，米價更貴。政府並未採取積極的方法以舒民困，諸如趕緊使停工的工廠復元，輔導年輕及回台的青少年軍人就業的措施，只從消極面來打擊囤積及取締走私。

台灣民生問題在一九四六至一九四七年逐漸嚴重，糧荒政府束手無策，人民為求生活不能不從事走私菸酒以維生，但走私的嚴重卻影響專賣局的收入，專賣局乃設查緝股來查緝，而查緝手段又極粗糙，引起不滿，此即一九四七年二月二十七日延平北路因查緝私煙而引起的「二二八事件」。

「二二八事件」原本是一件誤傷人命的事件，但因取締者的態度以及官員對此事件的不夠重視，以致於形成全省性反政府事件。雖然這事件只是短短的兩三星期即告平定，但帶給台人恐怖的卻是事件後的「清鄉」。名義上是要搜查首要份子及武器的流失，但卻造成全台的風聲鶴唳，不少人因之喪命、被逮捕拘禁甚至傾家蕩產。雖然後來蔣介石下令不得對台人報復，但錯誤已鑄成，人民對政府的仇恨，尤其受難者家屬更是積怨，視國府為寇讎。此埋下台灣人民對國民黨視為外來政權，勢不兩立，以及台灣人民對「祖國夢」的覺醒。很多倖存的知識分子、受難人對祖國為之改觀，開始不認同中國人，並以「支那人」為恥，可說其來有自。

「二二八事件」的傷亡雖無正確的數字，但可確定的是波及之深影響之遠，可說至今餘波蕩漾，埋下二〇〇〇年國民黨失去政權的種子。

表面上來看「二二八事件」後，國民黨清除一些可能成為對手的菁英分子。國民黨利用「清鄉」清除台灣仕紳的地方勢力，國民黨勢力得以伸入地方，對後來國民黨從事「土地改革」奠立

基礎，但是「二二八事件」卻是造成「省籍衝突」的起點，也是台灣人要獨立的源頭，而且「二二八事件」之後為清除「皇民化思想」焚禁「日本文化」甚至「鄉土文化」（包括語言，且包括原住民的語言文化等）加速台灣「中國化」。從現在來看，都是當時國民黨對台灣的不了解與無知，因此今天的「本土化」運動未嘗不是對國民黨的大力反彈與補救。國民黨只是表面解決了當時台灣人民的不滿，並以武力鎮壓下去，但卻埋下國民黨後來失去政權的因子。

「二二八事件」不久，國民黨在大陸一直在潰敗，經過「三大戰役」（遼瀋、平津和淮海）後，國民黨在大陸的崩潰已日益明顯，蔣中正最後也不能不被逼下台，但蔣下台前已做好各種準備，以便隨時可復起。到一九四九年整個大陸終於落入共產黨手中，國民政府撤退到台灣，鑑於大陸失敗的教訓。國民黨到台灣乃對黨的紀律渙散及未贏得農民的支持的問題方面痛下針砭，因而才有後來黨的改造及土地改革。

參、黨的改造

國民黨乃於一九五〇年八月五日正式成立中央改造委員會，歷經兩年三個月宣稱改造完成。事實上，當時宣稱的改造主要是針對黨內的游離分子，即對黨不夠忠誠的一些投機政客。國民黨只是希望在台灣能夠奠立所謂復興革命的基礎（註5）。另外，鑑於國民黨在大陸時期，未能獲廣大農民的支持，尤其農民生活的貧困，以致被中共「土改」煽動誘惑支持中共；而國民黨剛撤退到台灣，官員將領尚未在台取得土地，加上台灣在「二二八事件」

的鎮壓屠殺，台灣人民心生畏懼。因此蔣介石及陳誠認為是土地改革良機，因而從一九四九至一九五三年台灣乃有「三七五減租」（一九四九年）、「公地放領」（一九五○年）、「耕者有其田」（一九五三年）的土地改革，此一改革無疑是為了爭取台灣農民對執政黨的支持。農民擁有土地，生產意願頗高，農民生活大為改善，農民也逐漸有儲蓄，自己得以購田置產，因而他們的子女才可以上學，大大的改善農民生活及農村生活環境。

至於地主因只能「保留其出租耕地中等水田三甲或中等旱田六甲，其超出部分由政府向地主徵購，然後由承租戶承購」；而地主被徵收地價的補償是「以實物土地債券七成及公營事業股票（包括農林公司、工礦公司、臺紙公司和台泥公司）三成搭發（註6）。地主將無法像過去那樣再購買土地，只好投資於工商業，此有助於台灣之工業化，因而在國民黨一九五○年代統治下的台灣社會，各方面漸趨穩定下來。

農民一般是克勤克儉，即使有了儲蓄他們照樣辛勤工作，由於當時台灣還未進入工業化，因此一般人儲蓄的意願相當高。這可從一九五二年的儲蓄率是15.3％，到一九六五年則超過20％，到一九七二年後更超過30％，這就是農業改革奠定了台灣工業化的基礎（註7）。所以台灣在一九五二年經濟生產才得以恢復到戰前的水準。

農民有了生產意願，大力投入生產。結果使台灣的農產品或加工品開始外銷，幾佔台灣出口總額的80％，當時政府採取的「米糖統制和低糧價措施，通過田賦徵實、隨賦收購、肥料換穀、出口差價等政策，將農業剩餘有效地向工業轉移，加速了工業部門的資本積累」（註8）因此台灣農民在工業化初期貢獻是相當的大，但當台灣工業化成功後，資本家並未回饋，反使農民生活陷

入困境，這也是今日農民問題的所在。

　　對蔣介石而言，除黨的改造，排除一些投機政客外；對舊有派系、黨政系統排除，另培養蔣經國為接班人，國民黨逐漸成為有組織、有訓練、服從黨領袖的機關。因國民黨是以黨領政、軍各方面的機器，蔣介石深信黨的改造才是對抗共產黨有力的武器。

　　大陸的失敗原因可能很多，但未獲農民的支持則是事實，今撤守台灣，既是最後基地，如再重蹈覆轍即無死所，此次土地改革成功，實拜「二二八事件」大屠殺及宣布戒嚴（一九四九年五月二十日）等之賜，因而此後台灣不可能會有對政府不滿的農民運動了。

　　此外，為了徹底控制台灣，一九四九年五月就先實施全島戶口總檢查，五月二十日宣布台灣軍事戒嚴令。其他相關足以控制人民思想行為的法令也依序頒布如「國家總動員令」、「懲治叛亂條例」、「戡亂時期檢肅匪諜條例」、「台灣地區戒嚴時期出版物管制辦法」……可說是相當完全的一個嚴謹的控制系統（註9），在當時有效地遏阻了與共產黨有任何幻想或任何聯絡，因而製造不少「匪諜案」、「叛亂案」。據說當時被逮捕或被槍決者達數千人之多，涵蓋了本省人、外省人甚至原住民（註10）。除在台實行「白色恐怖」由特務執行外，警察機關也配合，因警察單位散布各角落，當時全台灣有十萬警察，二十個縣市警察局，八十七個分局，一百八十七個分駐所，一千二百六十八個派出所，五千零二十七個警察區，都是替政府監視人民。人民的遷徙、結社都非經過批准不可。

　　黨務系統也是垂直的控制。由中央的中央黨部到地方的鄉鎮區的民眾服務站，政府機關如學校、警察機關，甚至生產事業等

單位都有國民黨組織在控制。民意代表非經過國民黨的提名競選往往遭受打壓甚至威脅，國民黨事實上行一黨專政，人民自由受到很大的限制。

國民黨在台灣實行的是「威權體制」，他是把黨、政、軍、特務甚至傳播媒體都在蔣介石的控制下，外國則稱台灣爲特務或警察國家，而實際上掌握此特務的就是蔣經國（註11）。

肆、經濟起飛

蔣介石到一九五〇年代大體已掌控了整個台灣，但是財政問題還是惡化，一則大陸逃難來台的軍民近二百萬，軍隊所需經費相當龐大（註12）；一則通貨膨脹，從一九四五年以來臺灣歷任三位省主席（陳儀爲行政長官，魏道明和陳誠）都未能有效的控制（註13）。蔣介石在「二二八事件」之後任命魏道明爲台灣省主席是美國的壓力，到了一九四九年十二月十五日蔣介石任命吳國楨（註14）繼陳誠爲省主席，其目的除因美國人屬意外，就是想利用吳與美國政界新聞媒體的關係，以爭取美援（註15）。這一狀況到一九五〇年七月底終於獲得美援（美國以商品形式提供台灣肥料、紡織品、食用油、麵粉等其他物品）。一九五一年美國正式與以台灣經濟的援助爲期近十五年，美國共提供援助及貸款物質爲14.82億美元援助台灣；此一援助對台灣極爲重要，當然最重要的莫過於經濟的安定使台灣度過艱困的歲月，即對外匯的短絀及通貨膨脹有相當的幫助外，也使台灣度過經濟的黑暗時期（註16）。另外就是讓台灣經濟與美國的經貿建立關係，也「使有識之士找到商機，爲台灣經濟發展開始新契機」（註17）因此美援雖在

一九六五年終止，但當時卻是跨國投資觀念極盛時期，美國民間跨國公司紛紛來台投資，使台灣工業發展所需的資金不缺乏，而國內資本、資金也與外國競爭，因而出口導向的經濟也逐漸奠立基礎（註18）。台灣經濟自一九六〇年以至一九九四年的三十四年，台灣經濟成長每年平均達8.9%，台灣在一九九四年的國民所得約為一九六〇年的75倍（註19）。當然，台灣經濟的發展不只是因為美援的關係，事實上國外形勢（如越戰），也促成台灣加工出口之便得以發展，越戰結束對台灣多少有影響，但因台灣出口能力擴大，故越戰結束對台灣的影響不大，到一九七九年大陸改革開放，台灣商人又取得廣大市場得以繼續成長與發展（註20）。因之，到一九八〇年代台灣已脫離第三世界而成為新興發展國家（註21）。台灣國民所得從一九五一年的九十五美元到一九九七年的一萬一千美元（註22），但台灣經濟發展到一九八〇年代即發生變化，過去重要企業均由國營，可說在國家保護之下，這在國際經濟自由化的競爭下，非得走向民營不可，民營也不夠，應該市場自由化，讓台灣企業可與外國競爭，否則台灣經濟將會泡沫化。因此政府如何將有關經濟法令規章調整，提供民營有關國際商場，甚至金融信息變成自由化，為政府很重要的責任。

此外，由於台灣經濟過去的所得分配是被認為是世界財富相當平均的國家（註23），但從二〇〇一年已逐漸顯現不平均的現象，例如一九九七年為5.3倍；二〇〇一年為6.39倍。（註24）據經濟學者朱雲鵬的分析，「除了經濟發展的『自然力量』（註25）之外，台灣過去的勞力密集產業曾大量吸收中下層的剩餘勞動；造成所得均等化的原因已逐漸消失。此外，台灣不健全的資本市場，造成股市、房地產等不合理的上漲，形成『新富』、『新貧』階級，也是造成所得分配惡化的原因。」（註26）

儘管台灣最近經濟發展因世界性經濟不景氣而稍微遲緩，但二○○四年及二○○五年台灣經濟成長率將高於世界、美國、歐盟及日本而僅次於中國、新加坡、馬來西亞和泰國（註27）。

伍、教育的普及

　　經濟發展的影響就是教育的逐漸普及，台灣在日據時期人民識字率已達70％以上；到一九五○年國民受到小學教育已達80％；到一九五五年達97％；一九六八年實施九年義務教育，到一九八九年小學的升學率已達99％以上，而高中及高職的學生比為31.9％及68.1％；高教育在一九六六年專科有三十五所，大學二十一所，研究所五十九所。到一九八八年研究所有三百二十七所；大學院校到最近則已擴增到一百五十七所；研究所更在數千所以上。台灣受高等教育人數比歐美有過之而無不及，目前高等教育人口應有30％以上。主政者國民黨對教育極為重視，但卻想利用教育來灌輸學生意識形態及控制學生。故國中、小學、高中甚至大學有些學門有統一教科書，學校在高中以上有教官管訓學生言行，國中則有童子軍教師管訓學生，學生成為同一個模子的出產品。至於教育內容則以中國歷史文化為主，台灣歷史為副：輕台灣重中國大一統思想，但又多方打擊任何新的學說和引進新的思想，因此台灣被認為是文化沙漠的地方。

　　最近教育已開始大的改變，但教育的普及除改變過去統一教科書外，開始注重本土，多元入學，將必修課降低，學生選課較自由開放，但也產生不少問題，此即素質的降低，例如二○○四年八月的教育部長杜正勝即憂心高等教育的高中化，即是普及的

大毛病。此外，由於台灣的民主開放、家庭結構的改變、父權的降低，因而青少年的犯罪、吸毒、飆車、性開放、重功利、背教科書、注重學校成績等等，實已是當今台灣病態社會的反應。因此教育的理想及人文精神是普受批評及抨擊的（註28）。

　　教育內容既重形式、重學生成績、不重思考力、也不重開創力。學生所知外國的知識更多於本土，這種大一統的思想可以以一九六〇年代對中國文化的態度及一九七〇年中期對鄉土文學的態度來看。一九六〇年代對台灣文化頗具影響力的刊物就是蕭孟能所創的《文星》雜誌（蕭孟能於二〇〇四年八月去世）當時在一批自由分子的主編下（後來由李敖主編）對中國文化加以批評，並提倡「全盤西化」的主張。其實此時提倡「全盤西化」並不是什麼新鮮的題目，因為在大陸時期這個題目也差不多談個積尺盈寸。換言之，它要擺脫過去談文化有所謂的「中學為體，西學為用」的主張，中國要近代化就非全盤的接受西方人的一切，而不是選擇性的，這就是要批評中國文化，一些被認為負面體系的獨裁、專制、不自由面，而要求接受西方的民主與自由。

　　極端的要求台灣要西化，否定中國文化傳統，自然也影響到一些維護傳統的一些守舊分子，或對中國文化有濃厚情感的維護者，他們反對西化，提出更理想可能不切實際的所謂超越論。換言之，「要超越傳統，超越西化，超越俄化」的所謂「超越前進論」，但作為執政的國民黨為維護傳統與中共的「文化大革命」（一九六六至一九七七）對抗，自然不會忽視這群自由派論述的全盤西化而否定傳統提倡自由民主，因此國民黨乃下令停刊《文星》雜誌。知識界在威權體制下爭取自由民主的時間為時短短不到一年就被打壓下去。

　　執政的國民黨此時深怕任何運動可以影響到一般人民，為了

367

對付中共的文革與台灣的知識份子對固有文化的批評或抨擊。國民黨在一九六〇年代後期乃成立『中華文化復興委員會』，推動「中華文化復興運動」，除邀請專家對中國古書翻譯註解譯成白話文較爲具體成就外，事實上它發揮的功能相當有限。

另外在一九七〇年代，台灣的文學界對過去大陸在台作家所寫的反共文學、思鄉文學認爲是不切實際，並未關懷本土。他們認爲文學應該反應現實（台灣）社會，即對普通的老百姓生活、心態，尤其當時台灣社會充滿崇洋媚外的心態，對美軍、日本人污辱台灣婦女加以批評。

這種鄉土文學作家如黃春明、王禎和等作品深受很多人的喜愛，他們的作品把鄉土人家所講的話，活生生的出現在他們的作品內，讀起來相當的親切，打動人心。可是這種鄉土文學卻引起一些軍中作家、大陸在台作家的抨擊，認爲他們在講階級文學、工農兵文學與大陸的普羅文學相似，由於鄉土文學的作者大部分是台灣人，他們要文學回歸鄉土，站在台灣的立場來寫，以建立民族本位的文學，但在當時的環境下這些作家被認爲是台獨作家，他們也被批爲「地方主義和偏狹的階級文學」，在政府及大陸作家的聯合攻擊下，鄉土文學的壽命也在不久後壽終於正寢了。（註29）

這種對文化一尊的思想正是執政黨一黨專政的寫照，執政黨不惜一切塑造台灣文化只是中國文化的一點內涵而已，中國傳統文化是博大精深，是不容批評的，文化傳統一旦被批評勢必發生如中國大陸的「文化大革命」使台灣陷入大混亂中，這對統治台灣是相當不利的。因此執政黨用各種方法打壓台灣文化的塑造及鄉土文學的傳播。

文化的一元論在威權時代本來就有不少人懷疑，何況外國不

少學者研究中國傳統文化是妨礙中國近代的原因之一。這種文化一元論一直到一九八七年七月十五日台灣解除戒嚴，台灣文化才有機會走向多元文化。

陸、社會的發展

　　至於社會方面，台灣到光復之初除少數地主階級外，大部分為農民，少數的是工人。這種情況隨台灣土地改革、社會結構開始慢慢改變，自耕農已較先前為多，成為社會的主體。到了六〇年代台灣工業開始初步發展，工廠增加，農民人數乃逐漸減少，農業已逐漸被工業取代。因此每年農民移入城市工作的不少，到七〇年代台灣工業發展，農村收入距工業收入已差很遠，不少青壯年離開農村到都市就業，子女在都市或工廠工作的收入寄回家中補貼生活，因而農村成為老幼之所。換言之，台灣的工業化也與歐美工業化略似。一旦都市化、工業化，它吸引了鄉村的年輕人前往工廠工作，年紀大者或婦女才會留在鄉村。都市是動態之所，鄉村卻成為老弱婦孺之地。

　　政府對台灣光復初期以農業扶植工業的貢獻，早已置之腦後，現在工業發展，政府卻未能實行工業反哺農業，讓它凋零。而且國民黨控制地方農會、漁會、水利會等等，農民已明顯被資本家剝削，但政府卻未有行動。蓋此時工人已成為社會一支主要力量，工人數在一九五〇年代初只有一百萬；到一九六〇年代中期，已增至二百萬；一九八八年更達六百八十萬人，勞工佔就業人口80%以上（註30）。此後由於服務業的增加，工人階層才逐漸減少，目前台灣從事服務業者愈增，幾乎已達50%，因而工人階

第十二章　戰後台灣經濟社會與文化變遷

層的比例才逐漸被服務業者所取代。

　　農民在歷史上大部分的時間是逆來順受，除非威脅到他們的生存才會起來反政府，例如一九八八年三月十六日農民為對抗政府讓美國農產品大量輸入在全省各地示威抗爭，五月二十日雲林縣農權會為維護農民利益更不惜與軍警衝突造成數百人受傷，成為「二二八事件」後最嚴重的一次流血衝突事件（註31）。此後農民問題不論是國民黨或民進黨基本的還是未加重視，尤其台灣加入WTO後，農民的收入大受影響，他們的生存政府均未加聞問，農民苦不堪言，但沒有民意代表為他們喉舌，他們還是歷史上弱勢的一群。

　　工人由於工作環境與農民不同，他們較易聯絡組織。因此到一九八七年底與一九八八年初工人意識慢慢的覺醒爭取權益，例如爭取春節獎金、休假等問題，因而有三二怠工事件，這也是戰後最大的工潮（註32）。此外，一九八八年也發生台鐵司機「集體休假」、苗栗客運公司集體罷駛事件等等，可見工人意識已逐漸抬頭爭取自己權益了（註33）。

　　由於都市化、教育的普及，社會也產生了一批新的中產階級（middle class）。舊的中產階級指自營的小店東、自雇作業者，他們靠資本取得社經地位（註34）。新中產階級指的是受過相當的教育；從事專業的行業（如醫師、律師、會計師、教師、新聞媒體工作者等）和具有相當社經地位的一群人，他們追逐自由、民主，他們相信靠自己的努力可以提升自己的地位。他們要求討論、集會、結社和出版的自由，在政治上他們要求人民有選舉、罷免、創制、複決權；在社會上他們追求平等，對少數殘障弱勢族群他們認為政府應加照顧，訂立社會福利政策並給予教育機會。他們的這些理念主要來自歐、美中產階級，他們要求社會應

有秩序和安定。從一九七〇年代以來，至今由於工業發展、教育普及、服務業的擴張和都市化，他們在社會上形成獨特的一股力量。然而到底有多少中產階級，目前推估應有30％至40％的人，他們是社會的中堅力量，他們的特徵與歐美應無兩樣，只是台灣中產階級的素質並不是很高仍有待提升。

柒、結論

　　儘管台灣政治走向民主，經濟發展揚名國際，但由威權體制走向民主政治的過程中，它也由於社會轉型的步調與政治經濟不一致，因此在一九八〇年代，尤其是一九八〇年代威權體制的末期（尤其蔣經國的晚年），社會上因組織的趨向鬆懈，人民表達對政府不滿的聲音日多，因而有不少對政府的抗爭、甚至遊行示威，民間則有勞工與資方抗爭或舉行罷工運動，可說多不勝舉。主要的社會運動有消費者運動、環境保護運動、勞工運動、原住民運動、老兵返鄉運動、反核運動、農民運動、婦女運動、校園民主運動、教師人權運動、政治受刑人人權運動、殘障弱勢團體請願運動、新約教會抗議運動、無住屋者團結運動等等（註35），可說一日至少有一次的抗爭或遊行。一九七〇年代受重視的如消費者保護運動，對人民的日常生活的食品、飲料、藥物要求檢驗使人民生活安心；其次就是台灣工業日益發展，許多工廠隨意排放廢水、廢氣，尤其是污染性工廠的環境保護運動；到一九八〇年代最主要的由民間社會所發起主要有校園民主運動（包括學生要求大學獨立自主、參與校政及學校非政治化、大學自治等）、婦女運動（包括反對販賣人口、救援雛妓等）和原住民人權運動、

勞工運動農民運動等等。因此解嚴前後（一九八三至一九八八）街頭抗議事件不斷增加，參加成員也逐漸多元（註36）。

此外，台灣民主化過程選舉的次數一多、政客的操弄，使原來多元的社會產生族群間的不信任感甚或猜忌，因而對國家認同出現分裂無法凝聚（註37），使國家社會力量抵銷，這也是目前執政黨未來應思考如何設法消彌裂痕，促使族群和諧，凝聚共識，才能使台灣在兩岸談判中有支持力量，這應是政府不可忽視且必須面對的問題。

臺灣中產階級大約在一九八〇年代大幅成長，由於他們努力追求自由平等，甚至與威權體制對抗，才使當時的執政黨在一九八七年七月十五日解除戒嚴。台灣過去的「報禁」和「黨禁」也隨之解除，人民的自由大幅度提升，一時辦報和組黨如雨後春筍般。但目前台灣只了解自由的重要，而自由必須守法、守權的觀念則顯然還不夠成熟，還有待政府的努力提升和加強法治與民主教育。

總之，台灣在日據時期基本上是受殖民統治。在日據時期，台灣人是二等國民，在教育、宗教、語言和工作權明顯的受限於日本人，台灣的社會是一分為二的，即少數日人的統治階層和絕大部分的被統治台灣人，這時平等兩字根本談不上。到台灣光復，台灣人則希望當家做主，這一夢想隨台灣的逐漸工業化，才逐漸的實現。傳統中國社會的仕紳階層才逐漸被中產階級所取代，傳統社會結構的金字塔才被打破成為菱形，絕大部分的服務業工作者及中產階級、農業人口已喪失其重要性為勞工階級所取代，但自一九八〇年代以來勞動人口的重要性也被服務業取代，台灣已進入已開發國家。

由於台灣是一個移民社會，它過去接受並吸取了不同的文

化，使台灣文化形成多元的現象，這是它文化上的優勢，可惜這種多元文化被最近過度的「本土化」所抹殺，台灣反而有如一九六六至一九七七年的「文化大革命」否定了中國文化，形成狹隘的「台灣文化」，這是台灣近代化過程的逆流，如果不及時修正，全盤否定中國文化，台灣文化將走入死胡同，那將是台灣文化的大悲劇！

　　台灣近代化時間可說從清末沈葆楨、丁日昌和劉銘傳才有計畫的開始，歷經日本無心的近代化，到現在也有一百年的時間，台灣從純「農業社會」轉為「工業化」以服務業為主的社會，中產階級扮演功不可沒的角色，它應該是引導社會走向更開放、更平等的社會。因此，台灣未來更應向國際化而努力。惟有如此，台灣才能立足於世界開發國家之林。

註　釋

1. 有關「二二八事件」研究、資料、口述歷史已很多，可參考賴澤涵、許雪姬等人著作；檔案資料可參考行政院研究發展考核委員會編印（2001），《二二八事件檔案導引》，台北：該會。

2. 汪彝定（1991），《走過關鍵年代：汪彝定回憶錄》，頁45-53，台北：商周文化事業股份有限公司。

3. 汪彝定，頁45-53。

4. 汪彝定，頁45-53。

5. 中國國民黨中央委員會黨史委員會編（1991），《至公至誠的中國國民黨》，頁229-231，台北：近代中國出版社。

6. 陳正茂（2003），《台灣經濟發展史》，頁175-176，中和：新文京開發出版有限公司。

7. 陳正茂，頁178-185。

8. 陳正茂，頁186-187。

9. 藍博洲（1993），《白色恐怖》，頁36，台北：揚智文化事業股份有限公司。

10. 有關白色恐怖之案件可參考藍博洲，《白色恐怖》，頁48-115；及賴澤涵主持，《臺灣地區戒嚴時期政治案件：五○至七○年代》（2001），南投市：臺灣文獻委員會。

11. 吳國楨，《從上海市長到〈台灣省主席〉》，吳修垣譯（1999），頁146-150，上海：人民出版社。

12. 吳國楨，頁115-117、126。

13. 吳國楨，頁104-110。

14. 吳國楨，1903年10月21日至1984年6月6日。曾任武漢市長、重慶市長、上海市長。

15. 吳國楨，頁119-121。

16. 林鍾雄（1995），《台灣經濟經驗一百年》，頁213，台北：三通圖書股份有限公司。

17. 林鍾雄，頁12-13。

18. 林鍾雄，頁16-19。

19. 林鍾雄，頁213。

20. 林鍾雄，頁214-215。

21. 彭懷恩（2003），《中華民國政治體系》，頁284，台北：風雲論壇出版社有限公司。

22. 彭懷恩，頁284。目前可能超過一萬三千美元以上。

23. 彭懷恩，頁288。

24. 林信義，〈新世紀・新思維・新台灣：台灣經濟發展現況與展望〉，2004年1月2日由朱武獻演講，頁11。

25. 如富人的儲蓄率高於貧者；有些產業所得較其他產業為高。

26. 朱雲鵬，〈台灣所得分配的特色與前景〉，蕭新煌編（1989），《壟斷與剝削》，頁33-51，台北：台灣研究基金會；彭懷恩（2003），《中華民國政治體系》，頁289，台北：風雲論壇出版社有限公司。

27. 〈財金焦點〉，《自由時報》，2004年8月21日，頁25。

28. 陳孔立主編（1996），《台灣歷史綱要》，頁482-487，北京：九州圖書出版社。

29. 陳孔立主編，頁490-491。

30. 陳孔立主編，頁469-471。

31. 陳孔立主編，頁470-471。

32. 同上。

33.同上。

34.同上。

35.陳孔立主編，頁477。

36.同上，頁477-482；彭懷恩（2003），《中華民國政治體系》，頁52-55，台北：風雲論壇出版社有限公司。

37.彭懷恩，頁76-81。

台灣社會、經濟與文化的變遷

問題討論

一、試分析從臺灣光復到臺灣經濟起飛（1970年代）的因素。

二、試分析臺灣企業為何需民營化的原因。

三、試分析臺灣文化自光復至今的演變及未來的方向為何？

四、我們應該如何看待「本土化」、「國際化」和「全球化」諸問題？

參考書目

行政院研究發展考核委員會（2001），《二二八事件檔案導引》，台北：該會。

汪彝定（1991），《走過關鍵年代：汪彝定回憶錄》，台北：商周文化事業股份有限公司。

中國國民黨中央委員會黨史委員會編（1991），《至公至誠的中國國民黨》，台北：近代中國出版社。

陳正茂（2003），《台灣經濟發展史》，中和：新文京開發出版有限公司。

藍博洲（1993），《白色恐怖》，台北：揚智文化事業股份有限公司。

賴澤涵主持（2001），《台灣地區戒嚴時代政治案件：五○至七○年代》，南投市：台灣文獻委員會。

吳國楨（1999）吳修垣譯，《從上海市長到〈台灣省主席〉》，上海：人民出版社。

林鍾雄（1995），《台灣經濟經驗一百年》，台北：三通圖書股份有限公司。

蕭新煌編（1989），《壟斷與剝削》，台北：台灣研究基金會。

陳孔立主編（1996），《台灣歷史綱要》，北京：九洲圖書出版社。

彭懷恩（2003），《中華民國政治體系》，台北：風雲論壇出版有限公司。

———（2005），《台灣政治發展與民主化》，台北：風雲論壇出版有限公司。

林鍾雄（1986），《台灣經濟發展四十年》，台北：自立晚報社。

台灣社會、經濟與文化的變遷

張茂桂（1989），《社會運動與政治轉化》，台北：國家政策研究中心。

王振寰（1993），《資本、勞工與國家機器》，台北：台灣社會研究叢刊。

黃秀政（2004），《台灣史》，台北：五南圖書出版有限公司。

賴澤涵主編（1993），《台灣光復初期歷史》，台北：中央研究院中山人文社會科學研究所。

賴澤涵、黃俊傑主編（1991），《光復後台灣地區發展經驗》，台北：中央研究院中山人文社會科學研究所。

賴澤涵總主筆（1994），《二二八事件研究報》，台北：時報文化出版事業有限公司。

陳明通（1995），《派系政治與台灣政治變遷》，台北：月旦出版社。

張佑宗（1991），《民主轉型與台灣政治文化變遷》，台北：撰著出版。

李國祁總纂（1995），《台灣近代史・政治篇》，南投：台灣省文獻委員會。

台灣經濟、社會與文化的變遷

主　　編／賴澤涵

著　　者／王嵩山、朱德蘭、何傳坤、吳學明、許雪姬、黃萍
　　　　　瑛、賴澤涵

出 版 者／威仕曼文化事業股份有限公司

發 行 人／葉忠賢

總 編 輯／閻富萍

地　　址／222　台北縣深坑鄉北深路三段 260 號 8 樓

電　　話／(02)8662-6826　8662-6810

傳　　真／(02)2664-7633

　E-mail ／service@ycrc.com.tw

印　　刷／興旺彩色印刷製版有限公司

　ISBN ／978-986-84317-1-3

初版一刷／2008 年 10 月

定　　價／新台幣 450 元

國家圖書館出版品預行編目資料

台灣經濟、社會與文化的變遷 / 王嵩山等著. 賴澤
涵主編.-- 初版. -- 臺北縣深坑鄉：威仕曼文化，
2008. 10
　　面；　公分

　ISBN　978-986-84317-1-3 (平裝)

　　1. 臺灣史 2. 文集

733.207　　　　　　　　　　　　　97015060